项目资助：辽宁省社科规划基金（L15BJY005）

交通复杂网络的建模方法与应用

郭瑞军　田　杭　李　凡　张佳鹏　张佳垚　著

辽宁科学技术出版社

沈　阳

图书在版编目（CIP）数据

交通复杂网络的建模方法与应用/郭瑞军等著. —沈阳：
辽宁科学技术出版社，2020.11（2024.6重印）
ISBN 978-7-5591-1795-3

Ⅰ. ①交…　Ⅱ. ①郭…　Ⅲ. ①交通运输网-建立模型
Ⅳ. ①U113

中国版本图书馆 CIP 数据核字（2020）第 189134 号

出版发行：辽宁科学技术出版社
　　　　　（地址：沈阳市和平区十一纬路 25 号　邮编：110003）
印 刷 者：沈阳丰泽彩色包装印刷有限公司
幅面尺寸：185 mm×260 mm
印　　张：14
字　　数：310 千字
出版时间：2020 年 11 月第 1 版
印刷时间：2024 年 6 月第 2 次印刷
责任编辑：陈广鹏
封面设计：李　嵘
特约编辑：王奉安
责任校对：王春茹

书　　号：ISBN 978-7-5591-1795-3
定　　价：58.00 元

联系电话：024-23280036
邮购热线：024-23284502
http://www.lnkj.com.cn

前　言

　　随着我国经济的发展和城市化进程的加快，城市交通问题日益严重。城市拥堵问题的解决，一方面需要扩大道路设施的供应，进行交通需求管理；另一方面还需调整交通结构，优先发展城市公共交通。这需要交通管理工作者以更系统的视角对交通对象进行研究，应用复杂网络理论与城市交通系统相结合，分别研究城市主干路网、区域高速公路网、城市公交网络、城市轨道交通网的空间拓扑结构以及路网运行特性，从而为宏观城市交通管理提供决策依据。

　　以大连市主干路网为例，通过 Ucinet 计算城市主干路网的节点度、聚类系数、平均路径长度、网络效能等基本参数并绘制图表分析，最后根据去除节点的聚类系数、平均路径长度、网络效能的计算，对大连市路网整体结构进行分析。结果可以看出，大连市主干路网是一个典型的小世界网络，但不具有无标度特性；节点度对整个城市路网影响大，对路网稳定性、连通性以及路网效率有着直接的影响。

　　以设计时速为基准，提出了路网行程时间可靠性的计算方法，利用变异系数和遭遇指数两个行程时间可靠性指标进行对比分析，其计算大规模路网的行程时间可靠性是有效的。以高速公路网为实例，利用对偶法对某区域高速公路网进行拓扑结构建模，针对随机攻击和选择攻击，分析在不同行程系数和延迟系数条件下行程时间可靠性的变化规律，并在路网中不同道路阻断与拥挤的混合条件下，综合分析了路网可靠性的变化规律。

　　在城市道路交通中，关键路段的失效可能导致路网的大面积拥堵，考虑了城市道路网络的有向性和拥堵的局部扩散特性，对已有交通网络级联失效模型的初始负荷定义及失效负载重分配的规则进行了改进，采用破坏影响后的路网平均距离降低比例和失效路段所占比例来反映路段的破坏程度，最后对路网中的路段进行重要度排序，并结合路段在路网中的度、介数及级联失效的影响程度等指标，利用 K-Means 聚类分析对路段进行了聚类。结论表明，路网中往往还存在一些潜在的重要路段，考虑多种指标对不同路段进行聚类更具合理性。

　　以大连市公交线网为研究对象，引入复杂网络理论作为基本理论，建立公交首末站点网络模型和公交线路网络模型，统计分析网络中的特征度量指标。在以经过首末站点的公交线路数为静态权重的公交首末站点网络模型中，引入承载压力为度量标准，找出网络中的重要站点或换乘点；在以公交线路上的客流量为动态权重的公交首末站点网络模型和以首末站点的节点强度为动态权重的公交线路网络模型中，通过上述公交网络模型对特征度量指标的分析可以得到大连市公交线网中的重要首末站点，针对研究得出的重要站点及线路可为设计和优化大连市公交网络系统提供参考。

以大连市轨道交通网络为研究对象，将复杂网络的概念与实际公共交通结合，再根据大连市轨道交通发展规划概况，利用 Ucinet 软件计算复杂网络参数，由计算得出的网络参数分析大连市历年城市轨道交通网络发展变化趋势。将 2020 年大连市轨道交通网络作为研究对象，对网络的可靠性和抗毁性进行系统分析。由此得出大连市轨道交通网络节点度高、中介中间性和接近中心性大的站点表现出较强的可靠性。在研究网络结构特性的基础上，利用模糊聚类分析法对大连市轨道交通车站重要性作分析。可以按照重要性对比较重要的车站加强保护和建设，也为轨道交通管理部门提供了理论依据。

全书共 12 章，各章具体分工如下：第 1、2、3、6、8 章由大连交通大学郭瑞军撰写，第 4、5 章由辽宁铁道职业技术学院李凡撰写，第 7 章由常州铁道高等职业技术学校张佳垚撰写，第 9、10 章由青岛地铁集团有限公司张佳鹏撰写，第 11、12 章由中国铁路西安局集团有限公司田杭撰写。全书由郭瑞军负责统稿。

本书编著过程中，参考了大量书籍、期刊和研究报告，大连交通大学交通运输工程学院的同事们为本书出版也提供了宝贵的意见，在此，谨向本书参考文献作者及热心朋友表示诚挚的感谢。

目　录

1 绪 论

1.1 引言

近些年，随着复杂网络理论的兴起，复杂网络被引入各个学科中，复杂网络与交通系统的结合成为复杂网络理论研究的重点。

道路交通系统是一个复杂的系统，其中城市路网就可以看成是一个抽象复杂的网络。城市路网是城市的骨架及道路通行的动脉，其结构的稳定性、运行的高效性以及连通的可靠性是发挥城市道路资源利用率、提高城市运行效率的关键因素，所以城市的路网结构对城市交通有着重要影响。研究及明确城市路网的复杂特性，一方面能深入理解复杂网络的结构、功能与动力学内在的联系；另一方面对城市路网的规划布局和突发事件的应急措施有重要的意义和参考价值。

复杂网络是一个动态网络，而且由于城市规模和道路设施等条件的不同也会带来复杂网络特性的区别，因此交通网络，包括城市轨道交通网络、城市道路网络、公共交通网络、高速公路网络等的研究，对于城市交通的科学管理与规划、提高交通资源的利用率以及增强交通网络的平衡性和可靠性具有重要的现实意义。

1.2 国内外研究现状

1.2.1 国外研究现状

网络结构的基本理论是研究城市交通网络结构复杂特性的基础。1936 年，欧拉（Euler）的"七桥问题"，标志着复杂网络开始进入学者们视野当中。1959 年，Erdos 和 Renyi 建立一种随机网络模型（也称 ER 网络），为复杂网络的研究奠定了基础。伴随着复杂网络的兴起，各种网络模型也相继被提出。非线性动力学家 Strogatz 和 Watts（1998）在《Nature》上发表了文章《Collective Dynamics of Small-World Networks》，首次提出小世界网络模型，阐述了小世界模型的演变规律。美国物理学家 Barabasi 和 Albert（1999）在《Science》上提出了另外一种新的网络结构模型——无标度网络（也称 BA 模型），标志着复杂网络中两个典型结构模型的诞生。

在网络的拓扑结构特性方面，Sen 等（2003）研究了印度铁路网络小世界特性，他将波士顿和维也纳铁路线网聚类系数、平均路径长度和车站的度与其他随机网络的每个指标值作比较，得出二者线网都体现出了小世界效应。Latora 和 Marchiori（2002）通过分析波士顿城市地铁小世界特性，将该车站站点视为网络图节点，连接两个站点的路径视为网络边。经过对此网络计算，得出了网络效率越大，各个车站之间连接关系越好，整个网络的运行质量越高的结论。

在网络的可靠性和抗毁性方面，Albert 和 Barabasi（2000）最先对网络的抗毁性进行研究，他们将最大连通子图和平均最短路径长度作为分析指标，分析了复杂网络在不同作用方式下（随机或者蓄意破坏）的网络抗毁性，结果表明没有目的性的随机破坏表现出较强的抗毁性，而蓄意攻击会较弱。Magonii（2000）、Duimein（2003）和 Newman（2002）通过研究较小分子网络和虚拟网络等的几种不同网络，分别计算出不同网络的统计参数，验证了 Albert 和 Barabasi 的随机攻击体现出了网络抗攻击能力强，且蓄意攻击反映了网络脆弱的一面。

不同的网络系统对抗毁性的分析是不同的，针对轨道交通系统，Angeloudis（2006）把地铁线网视为一种特殊的复杂网络，分析了地铁线网模型演化过程，通过演化过程统计量的变化进而发现其规律。他认为地铁网络和其他网络的不同之处在于：它的增长方式是以线的形式扩大，而不是以单个节点增加的方式扩大。并且他对轨道交通抗毁性作了深入分析，以地下铁路线网作为例子，认为该线网对随机攻击表现出较高的抗毁性。而依据站点节点度大小作为判定标准的蓄意攻击在该地铁线网完全被破坏之前表现出一定的抵抗能力，这是由于地下铁路线网节点度为 2 的车站数目较大，节点度最大的才是 6，并且这些节点度高的车站不是影响该线网连通性的关键站点，反倒是那些节点度为 2 的站点是网络中最大子网完整性的关键。Angeloudis 对世界各地的地下铁路线网复杂性进行综合分析，提出了研究轨道交通线网可靠性新想法。

1.2.2　国内研究现状

我国学者引入复杂网络这一概念较晚，与国外有一定的差距。主要是通过网络拓扑结构功能、网络可靠性、生存性、鲁棒性等几个方面展开研究。在研究复杂网络结构方面，惠伟和王红（2008）研究了北京、深圳、上海、大连等城市的公交网络，以公交站点、公交运行路径和公交换乘 3 个不同方面对城市公交网络结构特性进行了研究，分别计算出平均路径长度、聚类系数、节点度分布等参数指标。叶彭姚（2013）对全国各个城市道路网的拓扑结构的复杂特性进行了研究，认为我国城市道路网的拓扑结构是典型的小世界网络，并具有无标度特性。

吴建军与高自友（2004）研究了北京公交网络的无标度特性。高自友与李克平（2005）利用 Nasch 模型观察了流量中的无标度现象，并将成果发表在《Chin Phys

Lett》上。Jiang 和 Claramunt（2004）按照邮政编码对城市道路进行了划分并构建拓扑网络，通过案例分析了城市路网的结构特性。吴建军和李树彬（2009）阐述了复杂网络与城市交通的结合，并进一步对复杂性在网络中应用作出了展望。

在分析网络抗毁性，李英、周伟等（2007）通过研究上海市公交停靠站点网络，分别对它的复杂网络特性指标的度分布、平均路径长度、聚类系数进行了统计分析，并模拟该网络在受到随机破坏和蓄意破坏两种不同方式作用下的抗毁性。李进（2009）研究了若干个城市的轨道交通网络复杂特性，并进一步分析了北京地铁线网的鲁棒性。

在分析网络可靠性上，马嘉琪等（2010）以北京城市轨道交通线网为研究对象，通过分析轨道线网复杂特性指标及轨道线网运营情况，说明了其连通性较好，网络运营环境便于乘客出行。王云琴（2008）通过建立北京城市轨道交通拓扑结构网络，以此为基础计算并分析了它的复杂特性指标，研究轨道线网在随机和选择攻击两种不同的攻击方式下的可靠性，并列举出了其中重要的换乘站。刘志谦和宋瑞（2010）以广州轨道交通网络为研究对象，分析出在枢纽站点失效时该轨道线网受到的影响程度及可靠性。结果表明：枢纽站点出现故障将波及乘坐轨道交通方式远距离出行的旅客，并且该线网的全局网络效率变小，但是局部网络效率与未故障时一致，站点之间的紧密程度较差。

由国内外研究人员对网络系统的研究可知，在研究城市交通网络时可以从网络拓扑结构和动力学行为特性，如可靠性和抗毁性等方面展开。

2 复杂网络基本理论

　　网络无处不在，其结构和功能的复杂性已经成为科学研究的热点之一，复杂网络作为一种重要的描述自然科学和工程技术中关联的理论，受到众多不同学科领域学者们广泛的关注。复杂网络离不开数学理论的支持，而图论是研究其特性的最重要的工具之一。

2.1 复杂网络的概念

　　我们时时刻刻也离不开复杂网络，它在我们现实的生活中随处可见，例如：社会关系网、计算机网络、分子结构网等，这些网络系统都有一个共同的特点，它们是由许多复杂元素构成，并且可以把其中元素视为网络节点而各元素之间的连接关系视为网络的边，具有这种特点的网络系统称为复杂网络（Compex network）。例如在人的交际圈中，把人作为网络中的节点，人与人之间具有某种联系作为网络的边，这样就构成了社交关系网络；电话网络中，各个电话可以看作为节点，而能完成互相通话则为连接边，这样也构成了一个复杂的电话网络。

　　复杂网络应包含以下 3 层意思：

　　（1）复杂网络是大量实际复杂系统的拓扑抽象。

　　（2）复杂网络就表面来看要比规则网络和随机网络复杂，同时生成具有真实系统统计特征的网络远远比生成规则网络和随机网络复杂。

　　（3）复杂网络的研究中，应对极为复杂的系统简单化，以便于分析。

　　目前应用较为普遍的是钱学森为复杂网络总结的定义：复杂网络是具有自组织、自相似、吸引子、小世界、无标度特征中部分或全部性质的网络（田庆飞，2013；胡海波 、王林，2005）。复杂网络研究的发展（张胜虎，2010）可见表 2.1。

表 2.1　复杂网络的研究发展

年份	人物	事件
1736 年	Euller	七桥问题
1959 年	Erdos 和 Renyi	随机图理论
1967 年	Milgtam	小世界试验
1973 年	Granovetter	弱连接的强度
1998 年	Watts 和 Strogatz	小世界网络
1999 年	Barabasi 和 Albert	无标度网络

根据国内外学者对各类复杂网络的深入研究，大多数实际复杂网络均有如下 5 个基本特点：

（1）网络行为的统计性：真实网络的节点数目可能是几十到几百，也可能是成千上万，但此网络系统均具有统计特性。

（2）节点动力学行为的复杂性（黄霞，2009）：每个节点本身都可以是非线性系统，具有分岔和混沌等非线性动力学行为。

（3）复杂的网络连接结构：很多现实网络的连接结构介于随机连接和规则连接之间，有其自身的内在连接属性。

（4）网络连接的稀疏性：在网络中，节点连接组合多种多样，基本上每个节点彼此都能相连，理论上每个节点的连接边为节点数目的平方。而对于现实的网络系统，并不是每个节点之间都存在连接关系，所以节点的连接边数往往远小于理论值。

（5）网络的时空演化复杂性：网络模型演化过程中，不是遵循本身的规则，而是随着时间和空间的变化而演化出新的模型，由于这种随时空而变化的复杂特性，也使复杂网络展现出丰富的复杂行为。

2.2 复杂网络拓扑建模的方法

复杂网络抽象方式的不同，对城市路网拓扑建模一般采用原始法和对偶法。原始法是指把城市路网中交叉口视为网络中的节点，将连接每个节点的线路作为网络的边；而对偶法是指把城市中的主干线路视为节点，将它们的衔接关系视为边。

2.2.1 图的表示方法

图的表示方法（田庆飞，2013）有以下几种：

2.2.1.1 邻接矩阵表示法

若图 $G = (V, E)$ 的节点集 $V(G) = \{v_1, v_2, \cdots, v_n\}$，用 a_{ij} 表示图 G 中的节点 v_i 和 v_j 之间的边数，则 n 阶方阵 $A(G) = (a_{ij})n \times n$，称之为图 G 的邻接矩阵。

对于图 G，其邻接矩阵具有以下性质：

（1）邻接矩阵 $A(G)$ 是一个对称矩阵。

（2）若图 G 中不存在环，则节点 v_j 的度数等于 $A(G)$ 中第 i 行（列）的元素之和。

（3）两个图 G 和 H 同构的充要条件是存在一个置换矩阵 P，使 $A(G) = P^T A(H) P$。

2.2.1.2 连通矩阵

对于 n 阶无向简单图 G，节点集 $V(G) = \{v_1, v_2, v_3, \cdots v_n\}$，令：

$$P_{ij} = \begin{cases} 1, & \text{当 } v_i \text{ 和 } v_j \text{ 连通} \\ 0, & \text{当 } v_i \text{ 和 } v_j \text{ 不连通} \end{cases} \tag{2.1}$$

则称 $(P_{ij})n \times n$ 为图 G 的连通矩阵，记作 $P(G)$。

对于图 G，它的连通矩阵具有如下 3 个性质：

(1) 连通矩阵 $P(G)$ 主对角线上的元素都为 1。

(2) 若图 G 是连通图，则连通矩阵 $P(G)$ 中的元素都为 1。

(3) 若无向图 G 中存在 $k(k \geqslant 2)$ 个连通分支 G_1，G_2，$\cdots G_k$，且

$$G_I = G \lfloor \{v_{i_1}, v_{i_2}, \cdots, v_{i_n}\} \rceil \qquad i = 1, 2, \cdots, k$$

$$P(G) \begin{bmatrix} P(G_1) & & & & \\ & P(G_2) & & & \\ & & P(G_3) & & \\ & & & \ddots & \\ & & & & P(G_k) \end{bmatrix} \tag{2.2}$$

式中：$P(G_i)$ 为 G_i 的连通矩阵。

2.2.1.3 距离矩阵

对于给定的 n 阶图 G，节点集 $V(G) = \{v_1, v_2, v_3, \cdots v_n\}$，它的距离矩阵 D 满足 $d_{ij} = d(v_i, v_j)$。距离矩阵存储的是节点之间的距离，对于图 G，其距离矩阵具有以下性质：

(1) 距离矩阵 $D(G)$ 是一个对称矩阵，即 $D^T = D$。

(2) 距离矩阵 $D(G)$ 对角线上的元素为 0。

采用 Ucinet 为辅助工具的对偶建模方法，为了更清晰地反映对偶拓扑建模的过程，下面举一个简单的例子说明。

简单路网对偶法拓扑建模过程如图 2.1 所示。

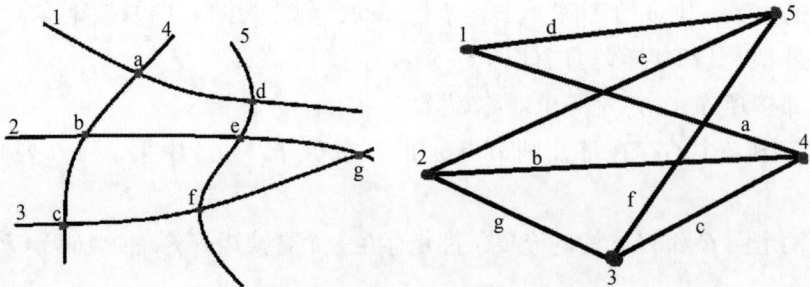

图 2.1 简单路网对偶法拓扑建模演示

2.2.2　复杂网络分析软件

2.2.2.1　Ucinet 软件概述

　　Ucinet 全称为 University of California at Irvine Network，它是一种功能强大的社会网络分析软件。它能计算分析许多网络中常用的参数指标，包括中心性、节点度、平均路径长度、聚类系数等，本文所需要的网络参数主要通过该软件完成。且该软件还包含一些其他功能，例如对矩阵的分析、因子分析、多元分析、聚类分析等（刘军，2009）。此外，Ucinet 软件还具有绘图辅助功能，利用 DrawNet 辅助软件绘制网络的拓扑结构图。利用 Ucinet 软件可以读取文本文件、KrackPlot、Pajek、Negopy、VNA 等格式的文件。它能处理 32 767 个网络节点，对于节点数庞大的网络数据，软件的处理时间会相对长一些。

　　目前，Ucinet 软件是最容易上手的网络研究软件。图 2.2 为 Ucinet 软件的主界面。

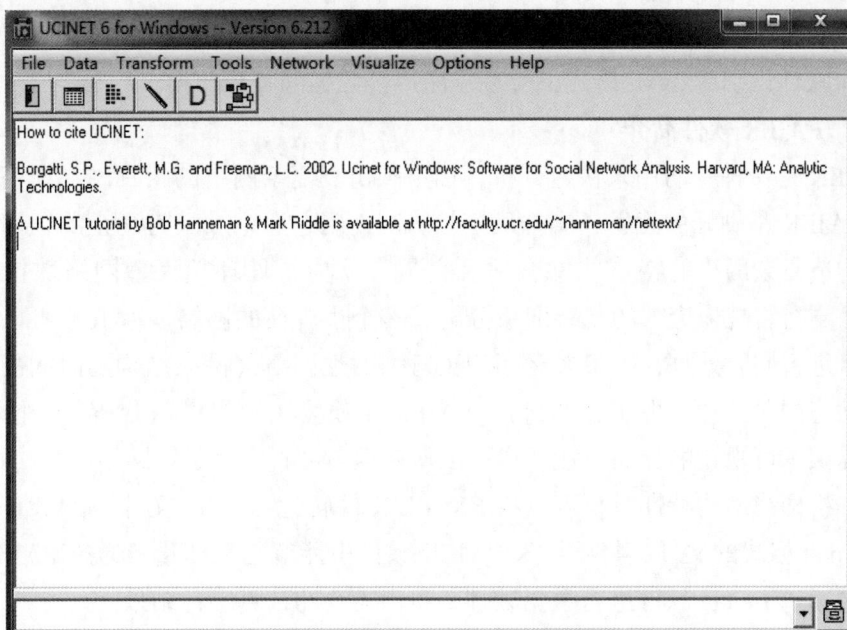

图 2.2　Ucinet 软件主界面

　　通过图 2.2 可知，Ucinet 软件包括对文件及数据处理，网络的绘制等一般常用辅助功能。此外 Ucinet 软件还能输入矩阵或者将 EXCEL 表格导入到该软件中进行处理分析，并且能保存为被该软件识别的 .##h 或 .##d 格式。

　　Ucinet 的软件中 Netdraw 程序，可用来绘制网络拓扑关系图，能实现原始数据向逻辑图示的转化。Netdraw 程序主界面如图 2.3 所示。

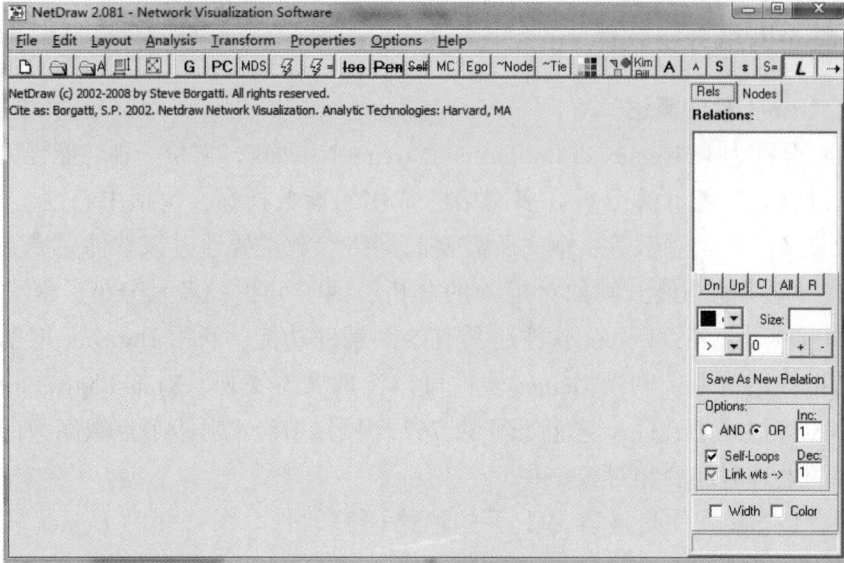

图 2.3　Netdraw 程序主界面

本书对交通网络攻击的模拟删除节点就是在 Netdraw 下进行的，Netdraw 能生成被 Ucinet 软件识别的 . ##h 格式，实现了图形与数据的互相转换。

2.2.2.2　PAJEK 软件简介

PAJEK 是一种专门用来快速分析，抽象和仿真复杂网络的工具。在斯洛文尼亚语中，PAJEK 是蜘蛛的意思，蜘蛛最擅长织网，用它那令人叹为观止的织网能力来形容其构造复杂网络的特点非常合适。它是一款为了处理超大型网络数据而设计的，并且支持将规模庞大的复杂网络分解成多个小规模的网络。PAJEK 可以对这些小型网络进行同时处理，PAJEK 还可以处理暂时性网络（网络结构随时间的发展而变化的动态网络）（王罗平，2014）。PAJEK 不仅为用户提供了分析复杂网络的算法，还提供了可视化的界面，让用户可以从视觉角度直观地了解网络的结构特性。

在分析网络结构特性时，可以将 EXCEL 文件转化为 . mat 文件，PAJEK 软件能够识别 . mat 格式的文件，将其导入 PAJEK 软件中能节约工作量。通过 PAJEK 格式的转换再通过 Ucinte 软件进行数据处理，得出需要的计算统计结果。

2.3　复杂网络模型

图是一种用点与线来描述事物某种联系方式的数学模型。假设存在这样一个无向图 $G=(N, M)$，其中 N 是包含 n 个节点非空顶点集，M 是顶点间的连接线段集合。如果集合 N、M 中的元素为无向的，故称为无向图，其中图中的边表示各个节点之间的连接关系。把无向图的各边定向之后，就构成了有向图，而有向图中倘若把图中存在的边给予固定数值，这样的网络称为有权网络，反之为无权网络。此

外，一个图有可能包含不同种类的节点，用不一样的方式表示出来方便区分。如图
2.4 所示，罗列了 4 种网络模型。

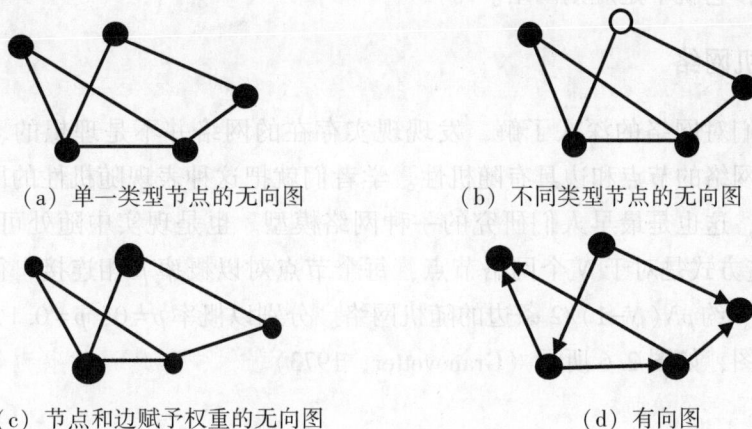

(a) 单一类型节点的无向图　　　(b) 不同类型节点的无向图

(c) 节点和边赋予权重的无向图　　　(d) 有向图

图 2.4　几种不同的网络类型

2.3.1　规则网络

最早对复杂网络的研究主要是针对规则网络，图 2.5 为几种常见的规则网络图
（Krause、Frank 等，2003）。

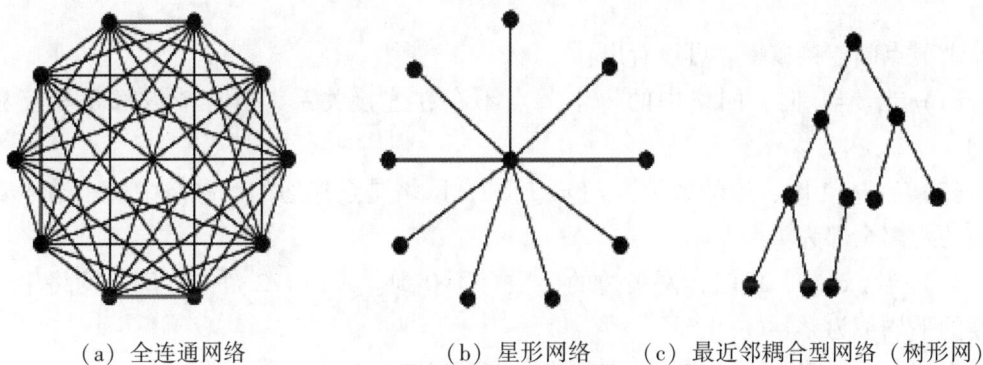

(a) 全连通网络　　　(b) 星形网络　　(c) 最近邻耦合型网络（树形网）

图 2.5　几种常见的规则网络

由图 2.5 可知，规则网络包括全连通网络、星形网络、最近邻耦合型网络。其
中最特殊的是全连通网络，该网络中每个节点都与另外其他节点相连接，网络存在
明显的对称性，而且规则网络的平均路径长度为 1，聚类系数为 1；星形网络有且只
有一个节点与各个节点相连，而其余各个节点彼此之间不存在连接关系，该网络中
节点度最大的点为中心节点，其他节点度都要比中心节点小很多，它的平均路径长
度为 $L=2-2N$，当 N 趋近于无穷时，此时的平均路径长度 L 趋近于 2；最近邻耦合
型网络的节点只与它相邻的节点连接，图 2.5 中是一种特殊的最近邻耦合网络—树

形网，这种网络与我们数学中常见到的树状图类似，每到一个节点都会分出 2 个或者多个节点作为下一次分支的节点，此外对于树形网络，如果分支节点分出的节点个数不固定，它就不是规则网络。

2.3.2　随机网络

随着人们对网络的深入了解，发现现实存在的网络并不是理想的、规则的网络，而组成网络的节点和边具有随机性。学者们就把这种表现随机性的网络结构称为随机网络，这也是最早人们研究的一种网络模型。也是现实中随处可见的网络。ER 模型构造方式是对于 N 个网络节点，每个节点对以概率 p 相连接，得到一个具有 N 个节点、约 $pN(N-1)/2$ 条边的随机网络。分别以概率 $p=0$，$p=0.1$，$p=0.2$ 构造随机网络图，如图 2.6 所示（Granovetter，1973）。

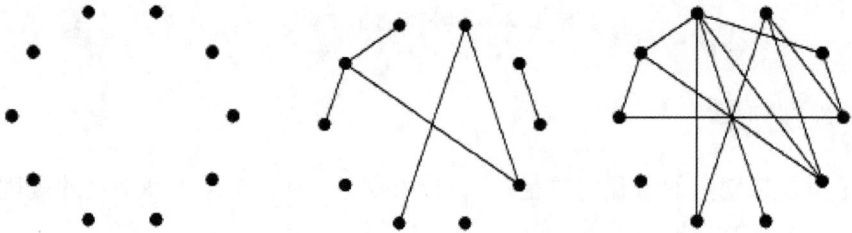

图 2.6　随机网络演化示意图

由节点间连接概率 p 可以看出：

（1）当 $p=0$ 时，网络中的每个节点不存在连接关系，所有节点都是相互独立的。

（2）当 $p=1$ 时，边的数量为 $n(n-1)/2$，网络是全连通的，网络中每个节点对之间的距离全部为 1。

（3）当 $p\in(0,1)$ 时，网络边的个数介于 0 到 $n(n-1)/2$ 范围之间，网络中节点度的平均值为 $k=p(n-1)$。

根据上面构建方法可知其节点的度分布可以表示为：

$$p(k)=C_n^k p^k(1-p)^{n-k} \tag{2.3}$$

当网络中的节点数目 n 非常大时，每个节点之间的连接边存在或者不存在都是独立的，此时 ER 随机网络的度分布近似于 Poisson 分布：

$$p(k)=e^{-pn}\frac{(pn)^k}{k!}=e^{-k}\frac{\bar{k}^k}{k!} \tag{2.4}$$

式中，$\bar{k}$ 为网络的平均度。

由图 2.6 可知，当网络中的节点数 n 接近于无穷大时，式（2.3）和式（2.4）是等价的。所以，ER 随机图也称为 Poisson 随机图。图 2.7 为节点的度分布。

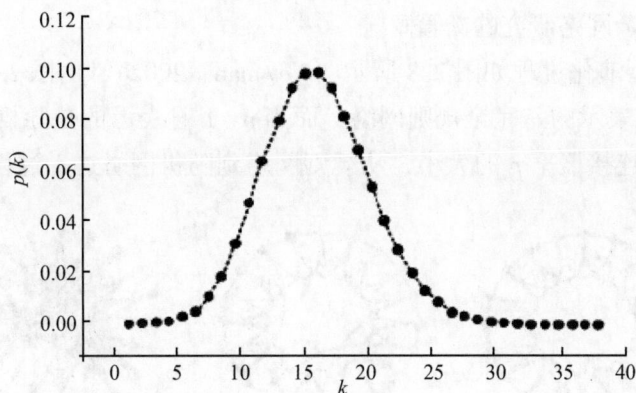

图 2.7　节点的度分布

2.3.3　小世界网络

20 世纪中期，专家学者以上述两种模型为研究重点。随着人们对复杂网络的研究发现，虽然随机网络普遍存在，但也不是所有的网络都是完全随机的。有一些实际网络的拓扑结构既不具有规则网络的高聚类特性，也不拥有随机网络的小的平均距离和不大的聚类系数，而是具有较大的聚类系数和较小的平均距离，如表 2.2 所示（刘霞霞，2008）。

表 2.2　实际网络的小世界现象

网络	规格	$<k>$	L	L_{rand}	C	C_{rand}
万维网	153 127	35.21	3.1	3.35	0.1078	0.000 23
Internet	3 015~6 209	3.52~~4.11	3.7~3.76	6.36~6.18	0.18~0.3	0.001
演员圈	225 226	61	3.65	2.99	0.79	0.000 27
医学（共著）	1 520 251	18.1	4.6	4.91	0.066	$1.1E^{-5}$
数学（共著）	70 975	3.9	9.5	8.2	0.59	$5.4E^{-5}$
大肠杆菌	315	28.3	2.62	1.98	0.59	0.09
电网	4 941	2.67	18.7	12.4	0.08	0.005

表中，$<k>$ 表示网络的平均度；L 表示网络的平均路径长度；L_{rand} 表示同等规模网络的平均路径长度；C 表示网络的平均聚类系数；C_{rand} 表示同等规模网络的平均聚类系数。

随着学者们对复杂网络研究的深入，寻找出了一种网络能真实地反映出现实的网络结构特性。Watts 和 Strogatzt（1998）发现了一种新的网络结构图，通过对相关参数的统计分析发现它具有较小的平均路径长度和较大的聚类系数（Newman，2002），他们把具有这种现象的网络结构称作小世界网络结构图（WS 网络），从此揭开了人们对复杂网络研究的新篇章。

WS 网络模型演化过程如图 2.8 所示（Newman，2002），由图 2.8 可知，节点的连接概率 $p=0$ 时表示的是完全规则网络，而当 $p=1$ 时表示的是随机网络。WS 网络模型是根据改变连接概率 p 的大小，从规则网络到随机网络这一过程中演化形成的。

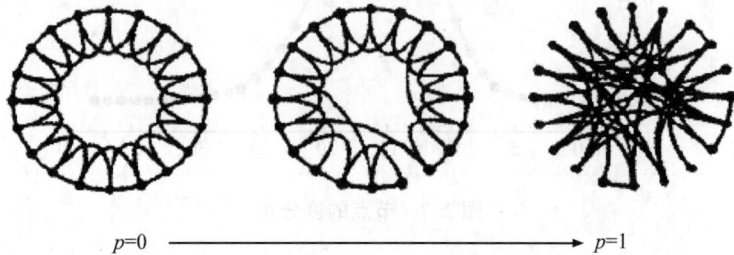

$p=0$ ——————————————→ $p=1$

图 2.8　WS 小世界网络模型的演化

WS 小世界模型的构造算法如下（Watts 和 Strogatz，1998；黄霞，2009）：

（1）从规则图开始：在一个拥有 N 个节点的最近邻耦合网络，这些节点组成了一个环，其中任意一个节点均同它左右邻接的各 $K/2$ 个节点相连，其中 K 是偶数。

（2）随机化重连：将用边联系的两个节点中的一个节点位置不变，另一个节点以概率 p 随机连接其他节点。需要注意，网络图中任意两个节点最多只有一条边，且每个节点不能有边同自身连接。

根据上述小世界网络模型的构造可以发现，完全规则网络的节点连接概率和完全随机网络的节点连接概率分别是 $p=0$ 和 $p=1$，通过调节连接概率 p 的值能够使网络从规则网络过渡到随机网络，并得到具有小世界特性的复杂网络。

研究发现，判断一个实际网络是否具有小世界特性，可以把实际网络中的 L 和 C 与具有同样的节点数和边数的随机网络的值 L_{rand} 和 C_{rand} 进行比较（周明，2009），当符合式（2.5）、式（2.6）时，这个实际网络具有小世界特性。

$$L \sim L_{\text{rand}} \tag{2.5}$$

$$C \gg C_{\text{rand}} \tag{2.6}$$

$$L_{\text{rand}} = \ln N / \ln \langle k \rangle \tag{2.7}$$

$$C_{\text{rand}} = \langle k \rangle / N \tag{2.8}$$

2.3.4　无标度网络

在多种特殊结构被发现之后，人们又发现了一种新的复杂网络：无标度网络（Scale-free network）。

具有小世界特性的网络不仅有较小的平均路径长度，还有较大的聚类系数，与现实存在的网络比较接近，通过对其网络复杂参数分析发现，小世界网络的节点度服从指数分布。但通过大量对现实网络的研究统计结果显示，现实中的网络存在一种与随机网络和小世界网络的度分布都不相同的网络，它存在另外一种特殊的拓扑结构，这类特殊网络的度分布具有幂律形式：

$$p(k) \sim N(k) \sim k^{-\gamma} p \tag{2.9}$$

通常情况下，该网络幂指数 γ 取值介于 2 与 3 之间。把其度分布具有幂律形式称为网络的无标度特性。

综上所述，通过计算并绘制所研究网络的度分布曲线是否服从幂律分布来判断该网络有没有无标度特性。由于当网络度分布是幂律函数，则满足 $p(k) \propto k^{-\gamma}$，并且累积度分布函数符合幂指数为 $\gamma-1$ 的幂律分布（周明，2009）。

$$p(k) \propto \sum_{k'=k}^{\infty} k'^{-\gamma} \propto k^{-(\gamma-1)} \tag{2.10}$$

1999 年，Barabasi 和 Albert 发现现实存在的网络具有一定的特殊性，它们中每个节点的度数不均匀，并且其中会有几个节点度较大的节点，而且这些网络的度分布函数为幂律分布函数。现实中许多网络都具有无标度的特性，例如 Network、Citation、Sexual contacts 网络等。他们把这样的具有无标度特性的网络模型称为 BA 网络模型。

复杂网络模型中也有如下两个特点引起了重视（Wang W X，Wang B H. Hu B 等，2005）：

（1）增长特性：网络并非是固定不变的，就是说网络的规模是不断扩大的。

（2）优先连接特性：新出现的节点更倾向于与具有较高节点度的节点相连接。这种现象也称为"富者更富（rich get richer）"或者"马太效应（Matthew effect）"。

BA 网络模型的增长性和优先连接性能更好地反映实际网络的特性，例如在学术论文网站中，每个星期或者每个月都会产生新的论文，就是 BA 网络的增长特性；新发表的文章在引用文献时也会选择那些被广泛应用的文献，这就是 BA 网络的优先连接特性。

2.4　复杂网络的统计特性

研究复杂网络的基本统计特征，就得了解这些统计特征代表的含义及性质。学者们已发现的复杂网络统计特征指标有度及度分布、平均路径长度、聚类系数。其中平均路径长度和聚类系数是用来评价网络的"小世界"效应，而度分布表现出来的函数性质则是用来判定网络有无"无标度"特性（莫辉辉、王姣娥等，2008），这也是区分一般网络和复杂网络的重要特性。

2.4.1　度和度分布

度（Degree，符号 k）是研究网络特性的一个最简单、最基本、最深入的概念，表示的是在网络中存在这样一个点，存在一定数量的边与其连接，这些边的数量值称为该节点的节点度。网络整体的节点度则是用节点度的平均值来表示，数学符号为<k>。节点在网络中的"地位"，取决于节点度的大小，节点度越大，地位越高，节点也越重要（袁荣坤、孟相如等，2012），反之亦然。

网络中节点的度分布用 $p(k)$ 表示：

$$p(k) = \frac{n_k}{N} \tag{2.11}$$

式中，n_k 为节点度为 k 的节点个数，N 为网络中节点总数。

节点的度分布可以用来表示网络拓扑特性，它表示的是网络中所有度值为 k 的节点的概率，也反映了节点度为 k 的节点个数占整个网络总节点数目的百分比，一般用 $p(k)$ 来表示。

在图 2.9 中，一共有 8 个节点。节点集合 $V = \{v_1, v_2, v_3, v_4, v_5, v_6, v_7, v_8, \}$，各节点的度为 $v_1 = 1$，$v_2 = 3$，$v_3 = 4$，$v_4 = 1$，$v_5 = 2$，$v_6 = 3$，$v_7 = 1$，$v_8 = 1$，各节点的度分布为 $p(1) = 4/8 = 1/2$，$p(2) = 1/8$，$p(3) = 2/8 = 1/4$，$p(4) = 1/8$。

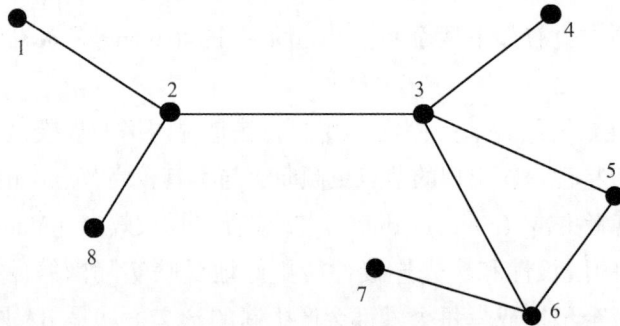

图 2.9　8 个节点的网络图

随着对复杂网络节点度分布研究的深入，发现在规则网络中所有节点的度基本趋向于同一个值，度分布呈现一个峰尖。随着网络规模的不断扩大，网络具有随机性，度分布大致表现为泊松分布 $p(k) = e^{-\lambda}\lambda^k/k!$。

近些年研究发现，存在许多网络的度分布不满足泊松分布，网络的度分布服从幂律形式，其函数曲线要比泊松分布函数下降的要缓慢，如图 2.10 所示（金雷，2008），并且服从这样的度分布的网络中的许多节点的度很低，但是也会存在许多节点度较大的节点。实际网络中很多都满足幂律形式的，如前所述，这样的网络为无标度网络。

2.4.2　平均路径长度

在研究的复杂无权网络中，节点距离 d_{ij} 是一个抽象的概念，它表示从节点 i 到 j 之间所经过的边数。p 网络的直径（Diameter，符号 D）是网络中两个相距最远的节

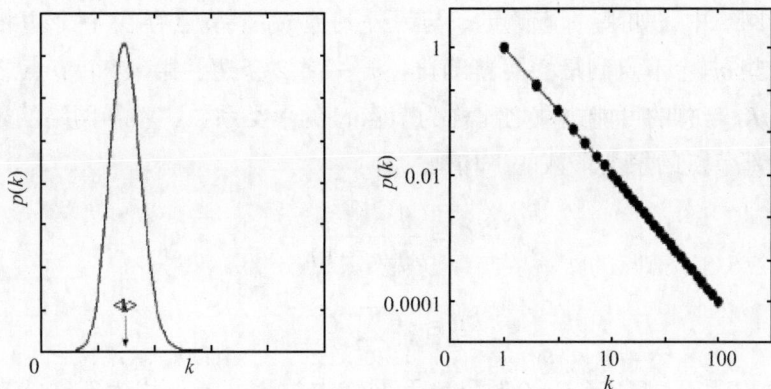

图 2.10　两种分布的对比

点之间所经过的边数，即

$$D = \max_{i,j \in G, i \neq j} d_{ij} \tag{2.12}$$

复杂网络的平均路径长度（Characteristic Path Length，符号 L）也称平均距离，是所有节点对之间距离的平均值，描述了网络节点的空间分布特点，即网络的大小。表达式为：

$$L = \frac{1}{N(N-1)} \sum_{i, j \in G, i \neq j} d_{ij} \tag{2.13}$$

式中，N 为网络的节点数量。

以图 2.11 所示的一个网络图为例来具体说明网络中的平均路径长度和直径，其具有 6 个节点和 7 条边，依据定义及式（2.12）和式（2.13）可得网络直径 $D=3$，平均路径长度 $L \approx 1.6$。

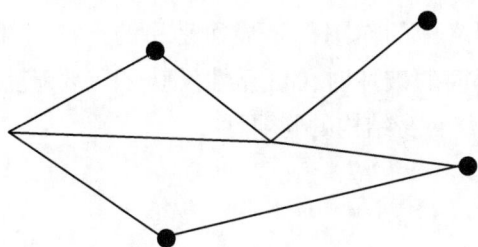

图 2.11　6 个节点简单的网络

2.4.3　聚类系数

在朋友圈中，可能存在这样一种关系：他既是你的朋友也是你其中一个或多个朋友的朋友，这种现象被称为聚类特性。定量评价网络的聚类特性的指标为：聚类系数（Clustering coefficient，符号 C）。聚类系数可以用来表示网络中节点的聚集状况，即节点之间连接紧密程度（Lloyd、May，2001）。

在复杂网络中，如果一个节点 v_i 与另外其他 m_i 个节点存在 e_i 个边将它们连接在一起，这些 m_i 个节点间最多可能有 $m_i(m_i-1)/2$ 条边，第 m_i 个节点之间的实际存在的边数 K_i 与总的可能边数之比称为节点 v_i 的聚类系数，整个网络的聚类系数就是其包含全部节点的聚类系数的平均值，即：

$$C_i = \frac{2K_i}{m_i(m_i-1)} \tag{2.14}$$

$$C = \frac{1}{N} \sum_{i \neq 1}^{N} C_i \tag{2.15}$$

很明显，$0 \leqslant C \leqslant 1$。当 $C=0$ 时，表示网络中的全部节点均为孤立状态，即不存在与其相连接的边；当 $C=1$ 时，表示此时的网络是一个完全连通网络，即网络中每个节点对之间都存在边将它们连接起来。此外当网络中节点数无穷大时，聚类系数 C 趋近于 0，但这不能说明网络的节点是孤立的，而实际生活中常见的大规模复杂网络都具有这一特点，它们的聚类系数远比 1 要小，且比 0 大（Barrat、Barthelemy，2004）。

如前所述，我们的朋友圈网络，我的朋友中是否会出现彼此是朋友关系会随着我朋友数量的扩大而导致可能性的降低，这就是网络规模的不断扩大而导致聚类系数趋向于一个不是 0 的常数。

2.5　复杂网络的可靠性和抗毁性

网络的可靠性包括生存性和抗毁性（赵娟、郭平等，2010），有研究者基于网络可靠性理论分析网络的抗毁性（陈卓林，2014）。无论对网络抗毁性还是对可靠性研究，两者在实际网络中的作用都是显而易见的，它们都与网络的拓扑结构有关。在网络受到不同程度的破坏时，可靠性反映了重要节点对实际网络的影响程度；抗毁性反映实际网络自身结构的脆弱性。

2.5.1　网络的可靠性

本节主要利用接近中心性、中介中心性、连通可靠性等参数指标分析复杂网络的可靠性。

2.5.1.1　接近中心性（Closeness centrality）

接近中心性反映出网络中节点与节点之间的关系紧密程度（贾炜，2012），也称为节点的紧密度，网络中节点 i 的紧密度 $C_c(v_i)$ 表示任何节点 i 与其他节点 j 的距离总和的倒数，其真实反映出网络中每个节点经由网络到达其他节点的接近程度。全部节点紧密度的平均值称之为网络的紧密度 C_c。节点 i 的接近中心性指标可表示为：

$$C_c(v_i) = 1 / \sum_{k=1}^{N} d(v_i, v_k) \tag{2.16}$$

式中：$d(v_i, v_k)$为节点v_i到v_k的最短路径，若将网络大小考虑进去，接近中心性指标又可以表示成：

$$C'_c(v_i) = (N-1) / \sum_{k=1}^{N} d(v_i, v_k) \tag{2.17}$$

在实际的轨道交通网络中它可以用来描述车站与非直接连接车站的接近程度，其数值越大，说明该车站的作用及服务范围越广。轨道交通网络中全部节点的接近中心性均值反映出整个轨道交通网络的运输效率，其数值越大，轨道交通运输效果越好。

2.5.1.2 中介中心性（Betweenness centrality）

中介中心性指标与节点度相似，同样可以用来评价网络中节点的重要性，不同的是中介中心性反映的是节点在网络路径选择中的重要程度，最短路径经过该点的频率越高该点的中介中心性越大。中介中心性的计算式为：

$$C_B(v_i) = \sum_{j=1}^{N} \sum_{k=1}^{j-1} \frac{p_{ijk}}{p_{jk}} \tag{2.18}$$

式中，p_{jk}为j到k之间的最短路径数量；p_{ijk}为j到k之间通过i节点的最短路径数量。

如果将网络的规模考虑其中，中介中心性还可以表示成：

$$C'_B(v_i) = \frac{2C_B(v_i)}{(N-1)(N-2)} \tag{2.19}$$

在轨道交通网络中，中介中心性越高的站点，经过该站点的最短路径数量越多，在整个轨道交通网络中枢纽换乘作用越明显，对分析轨道交通网络运行效率有重要作用。

2.5.1.3 连通可靠性（Connectivity reliability）

连通可靠性是描述城市轨道交通网络的一种能力，指在网络受到不同方式的攻击造成某种程度的破坏时，能够维持其本身的连接现状，也可以反映出轨道交通网络中任意两个站点之间至少存在一条线路连通的概率（陈菁菁，2007）。而对于整个轨道交通网络只要任意两个站点间存在通路则认为轨道交通网在某种程度上是可靠的。关于轨道交通网络连通可靠性指标的表达式如下：

$$R_C = \frac{\sum_{j=1}^{\omega} N_i(N_i - 1)}{\omega \sum_{j=1}^{\omega} N_i(N_i - 1) d_i} \tag{2.20}$$

式中，R_C表示连通可靠性，取值范围$0 \leqslant R_C \leqslant 1$。当全连通时，$R_C = 1$；$\omega$为去除节点所生成子网数量；$N_i$为第$i$个子网所能连通的节点数量；$d_i$为第$i$个子网的平均最短路径。

1982年由日本学者最先提出，认为实际网络中两点之间的连线即两点间路径中的各个路段只有断开和连接两种状态,可以用 0、1 表示(Asakura,1999)。

此种方法简单、直接明了,作为城市轨道网络可靠性研究的基础能够直观反映所研究轨道交通线网的拓扑结构。但忽略了轨道交通线网中各个轨道线路的通行能力和实际出行选择时的运输量,因此无法客观评价现有轨道交通网络的可靠性,只有在极端情况下轨道交通网络中某个节点或路段因自然灾害受到破坏后无法使用的情况下才能适用。

2.5.2 网络的抗毁性

2.5.2.1 最大连通子图相对大小

最大连通子图就是把网络包含的全部节点用尽可能少的边连接起来。最大连通子图相对大小则表示的是在一个网络中,其最大连通子图中包含的所有节点数和这个网络包含的全部节点数的比,一般用英文字母 S 表示。

为了更好地理解最大连通子图相对大小的定义,以图 2.12 为例,在对其破坏之前,网络最大子图的节点个数为 8,破坏节点 A 之后,网络中被分离出 5 个孤立的子图,显然在破坏之后最大子图包含的节点个数为 2,此时 $S=2/8=0.25$。

此外,在节点 A 未受到攻击时,网络中最大子图包含的节点数就是该网络本身包含的节点数,故 $S=1$,此时为全连通网络。随着节点受到攻击,被攻击的节点就被孤立出来,并且最大连通子图总节点数会发生相应变化,从而导致 S 发生变化,间接反映出网络的连通性(吴俊、谭跃进,2005)。因此通过分析网络的 S 对于研究交通线网的抗毁性有重要作用。

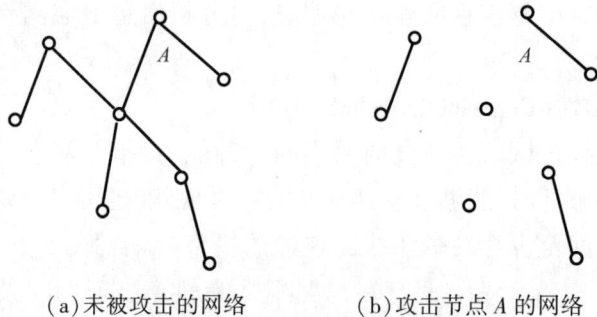

(a)未被攻击的网络　　　　(b)攻击节点 A 的网络

图 2.12　节点破坏前后网络的变化

2.5.2.2 网络效率

网络效率(Efficency)对研究网络抗毁性具有重要意义,并且它也是衡量城市交通网络连通性的有效指标。研究复杂网络初期,人们通常用平均路径长度来分析网络抗毁性,通常网络的平均路径长度越小,网络的连通性越好,网络的抗毁性越好;反之,网络的抗毁性越差。

用网络的平均路径长度来衡量网络抗毁性有一定的缺陷和局限性。以图 2.12 为例。网络未受到攻击时,平均路径长度为 2.286;网络中节点 A 受到攻击时,网络的平均路径长度为 0.107。研究发现:在网络受到攻击时网络的平均路径长度反倒是变小,但是通过节点 A 受到攻击的网络(b)可以看出,其实此时的网络连通性并没有变好,而且网络中还存在着许多孤立的节点。

综上可以看出,用平均路径长度来评价网络的抗毁性并不具有代表性,它只限于网络中不存在孤立的点。如果网络中存在孤立节点时,那么孤立点与其他节点之间的最短距离为无穷大,因为网络效率反映的是节点之间最短距离的倒数,因此被孤立节点与其他节点之间的效率为 0,即当 $d_{ij} = \infty$ 时,$\varepsilon_{ij} = 0$。所以,用网络效率来评价网络抗毁性更具有说服力,它将网络中孤立的节点也考虑到其中。网络效率的表达式为:

$$E = \frac{1}{N(N-1)} \sum_{i \neq j} \varepsilon_{ij} = \frac{1}{N(N-1)} \sum_{i \neq j \in V} \frac{1}{d_{ij}} \tag{2.21}$$

式中,E 为网络效率;N 为网络总节点数;d_{ij} 为网络中节点 i 与节点 j 之间的最短距离。

为了更好地说明网络效率能更好地评价整个网络的连通特性,以图 2.13 为例。从图 2.13 可以看出,对于网络的连通性 G_1 明显好于 G_2,这是由于 G_2 中有孤立的节点。利用网络效率的公式计算得到 $E(G_1) = 0.9$,$E(G_2) = 0.5$,由于 $E(G_1) > E(G_2)$,故 G_1 的连通性比 G_2 好,亦即网络 G_1 的抗毁性比 G_2 要强。

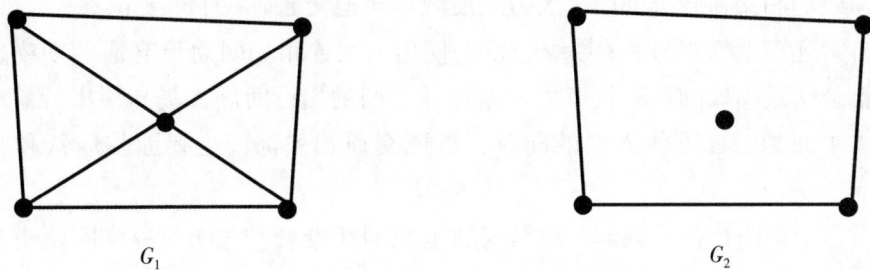

图 2.13 攻击前的网络 G_1 和攻击后的网络 G_2

所以利用网络效率这一指标能够更加合理地分析城市轨道交通网络抗毁性。E 越大,抗毁性也就越强;反之,抗毁性就越弱 (赵亚龙, 2013)。

3 城市轨道交通网络参数及特性分析

3.1 研究的背景及内容

3.1.1 研究背景及意义

我国正处在城市化发展加速时期，随着居民生活水平的提高，城市机动车保有量飞速增长，这给城市交通带来了巨大压力，一系列社会常见的问题也由此产生，例如交通拥挤、资源浪费、环境污染等。面对这些问题，交通管理部门鼓励人们使用公共交通方式。根据国外城市的发展经验，城市轨道交通是解决当今我国现有交通问题的重要手段之一，它容量大、速度快、无污染，被称为城市公共交通的动脉。我国政府和交通管理部门把大力发展城市轨道交通放在了重要位置。

随着大连市地铁 1 号、2 号线的投入使用，大连市民对轨道交通的期望也越来越高。轨道交通高效的运输效率大大缩短了人们的出行时间，提高了出行效率，为人们提供了便利。在方便人们的同时，轨道交通相关部门也要面临运营和管理的考验。

随着复杂网络理论的兴起，将其与轨道交通相结合，对于研究实际轨道交通网络结构特性、改善轨道线网布局有着重要意义。但是，城市轨道交通也存在着诸多问题，例如，地下的轨道线路，在发生自然灾害或人为蓄意破坏时造成损害反而更大；修建轨道交通网络系统的成本较高，而且短期之内不能使整个轨道网络完善。在这样一个多元化发展的社会中，对轨道交通出行的安全性和结构的稳定性的要求也越来越高。如何能更好地完善轨道交通网络系统是学者们一直研究的目标。

城市轨道交通高效、稳定、安全地运行对城市的发展具有重要意义。通过复杂网络理论与城市轨道交通网络结合，为研究轨道交通网络结构的复杂性开辟了新道路。网络拓扑结构能反映出实际轨道交通网络的运行效率和可靠程度，在研究网络结构的基础上，将可靠性和抗毁性的概念引入其中，能详细分析出网络结构中的特殊性，确定轨道交通重要车站，为相关部门运营建设轨道交通提供宝贵经验。

现阶段，整个大连市轨道交通网络可以看作为复杂网络，对其研究时需借助复杂网络的研究方法，分析不同攻击方式对整个轨道交通网络结构及功能特性的影响

（张建华，2012），对整个大连市轨道交通线网具有实际应用价值，具体有如下研究意义：

（1）轨道交通网络是轨道交通系统的基础结构，支撑着整个城市轨道交通系统的运行，影响着其运行效率、出行者人身安全、公共交通稳定。因此，轨道交通线网合理的规划以及线路铺设能够有效维持轨道交通系统的稳定。

（2）通过计算分析各个时期轨道交通网络拓扑结构参数，能够清晰了解到城市轨道交通线网发展状况，发现其结构布局存在的不足，为其今后发展提供理论支持及改善策略。此外，通过计算轨道交通复杂网络参数能够有效地定位出整个轨道交通枢纽车站或较为重要的站点，实现对特定车站采取行之有效的管理措施，对维持整个轨道交通线网的稳定性和提高服务质量起着重要作用。

（3）轨道交通抗毁性和可靠性研究可以为管理者提供可靠依据。利用可靠性和抗毁性分析，从行为方式上来辨识轨道线网中关键站点，而这些站点影响整个轨道交通网络结构。因此，需要加强对这些重要站点保护，从而提高轨道交通网络可靠性和抗毁性，提高轨道交通网络运输安全性与应急能力。

（4）轨道交通网络抗毁性和可靠性的研究还能丰富轨道线网规划建设改造，借助复杂网络研究轨道交通线网的抗毁性和可靠性，能为合理有效地轨道线网规划布局奠定基础。

因此，对城市轨道交通线网规划和管理显得越来越重要。复杂网络理论为其发展规划提供了新思路和方法，全面研究轨道交通网络的复杂网络结构特性有助于了解及控制轨道交通系统，有助于轨道交通网络规划发展。因此，对于城市轨道交通网络的研究，会对其规划布局、管理控制、项目运营等提供决策依据。

3.1.2 研究内容

将实际的城市轨道交通线网视为一个复杂的网络图，轨道交通车站为图的节点，车站之间的轨道路径视为图中的边，并将大连市轨道交通线网视为无权网络。

基于复杂网络拓扑结构来研究大连市轨道交通网络的可靠性和抗毁性，结合实际并通过复杂网络的统计特性指标对轨道交通车站重要性的影响进行分析。主要研究内容如下：

（1）根据复杂网络理论，把实际大连市轨道交通线网看作是以轨道车站作为节点、车站之间的轨道路段作为连接节点的边的复杂网络，由此分析复杂网络的统计参数。

（2）以大连市轨道交通为例，通过复杂网络理论，分析大连市轨道交通发展过程中各个时期的复杂网络参数变化，并依据 2020 年大连市轨道交通发展规划图，以 2020 年大连市轨道交通线网作为研究对象来分析两种攻击方式作用时的抗毁性和可靠性。

（3）通过网络参数对实际轨道交通车站的影响，基于模糊聚类分析法对大连市轨道交通车站的重要性进行研究，依据节点重要度对地铁车站进行分类。

研究步骤如图 3.1 所示。

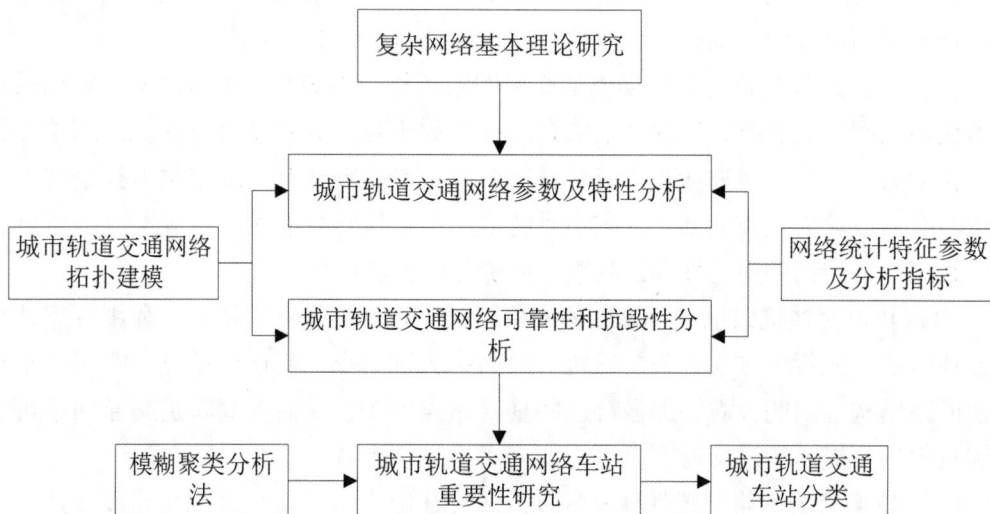

```
                    ┌──────────────────────┐
                    │   复杂网络基本理论研究    │
                    └──────────┬───────────┘
                               │
                               ▼
           ┌──────────────────────────────────┐
           │   城市轨道交通网络参数及特性分析        │ ◄──┐
           └──────────────────────────────────┘    │
┌────────────┐                                  ┌──────────────┐
│ 城市轨道交通网络 │                                 │ 网络统计特征参数 │
│  拓扑建模    │                                 │  及分析指标    │
└────────────┘   ┌──────────────────────────┐  └──────────────┘
           │   │  城市轨道交通网络可靠性和抗毁性分  │ ◄──┘
           └──►│           析              │
               └──────────────┬───────────┘
                              │
  ┌──────────┐   ┌──────────────────────┐   ┌──────────────┐
  │ 模糊聚类分析 │──►│   城市轨道交通网络车站     │──►│  城市轨道交通  │
  │   法     │   │    重要性研究          │   │   车站分类   │
  └──────────┘   └──────────────────────┘   └──────────────┘
```

图 3.1　技术路线

3.2　大连市轨道交通网络构建

3.2.1　大连市轨道交通概况

大连市轨道交通开始于 1903 年沙俄统治时期，这也是大连市轨道交通发展的标志。随着时代的变迁，大连市现在已经有自己的完善的轨道交通体系，从有轨电车、轻轨电车再到快轨（孙明，2004）。随着地铁 1 号线一期工程和 2 号线的一期工程投入使用，大连市已经成为了全国拥有地下铁路的城市之一，由此标志着大连市进入了新时代。

截至 2017 年 6 月，大连市城市轨道交通总运营里程为 170 km，大连市地铁 1 号线从富国街到姚家共 14 站，运营里程为 17.3 km；地铁 2 号线从机场到会议中心共17 站，运营里程为 19.3 km；大连市快轨 3 号线分为金石滩线、保税区线、九里线、九里支线共 18 个车站；大连市有轨电车 202 线从兴工街到小平岛前共 19 站。大连市轨道交通远景规划示意图如图 3.2 所示。

大连市轨道交通网络规划布局大致呈现为"五纵六横，环形布局"的结构。为了方便，本书研究大连市轨道交通网络采用的标号规则是按照从地铁 1 号线至 7 号线至 202 线至金普线至 R1 线的顺序，将河口站、海之韵站、大连火车站、旅顺口、九里、营城子、虎滩新区、三八广场、蔡大岭、陶瓷城作为每个线路的起点依次标号，整个轨道交通网络共计 137 个车站（节点）。

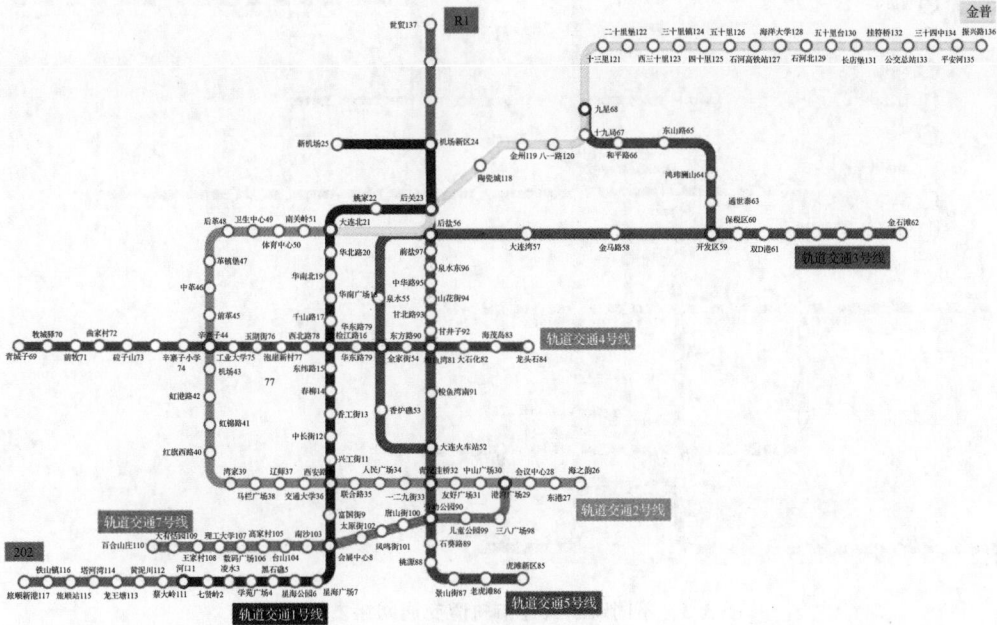

图 3.2 大连市轨道交通远景规划

3.2.2 网络模型的构建

大连市轨道交通网络可以抽象地看作复杂网络。根据大连市轨道交通网络规划图，采用拓扑建模中的原始法构建网络模型，也就是把每一个轨道交通车站视为拓扑网络中的节点，把连接每个车站的轨道路径视为拓扑网络边，构建大连市轨道交通网络的结构图。根据不同时期车站通车的情况绘制出大连市轨道交通网络发展规划图，如图 3.3 所示。表 3.1 为不同时期大连市轨道交通通车线路。

用 N 表示轨道交通车站数；M 表示连接各个轨道交通车站的轨道路段数；用 β 表示增长系数（Rui Ding、Norsidah Ujang 等，2015）$\beta = \dfrac{M}{N}$；$<k>$ 表示平均节点度；E 表示网络效率；C 表示聚类系数；L 表示平均路径长度。将轨道交通车站之间的关系矩阵导入 Ucinet 软件中计算网络的各个参数，如表 3.2 所示，表中的每个数据将在下一节作详细分析。

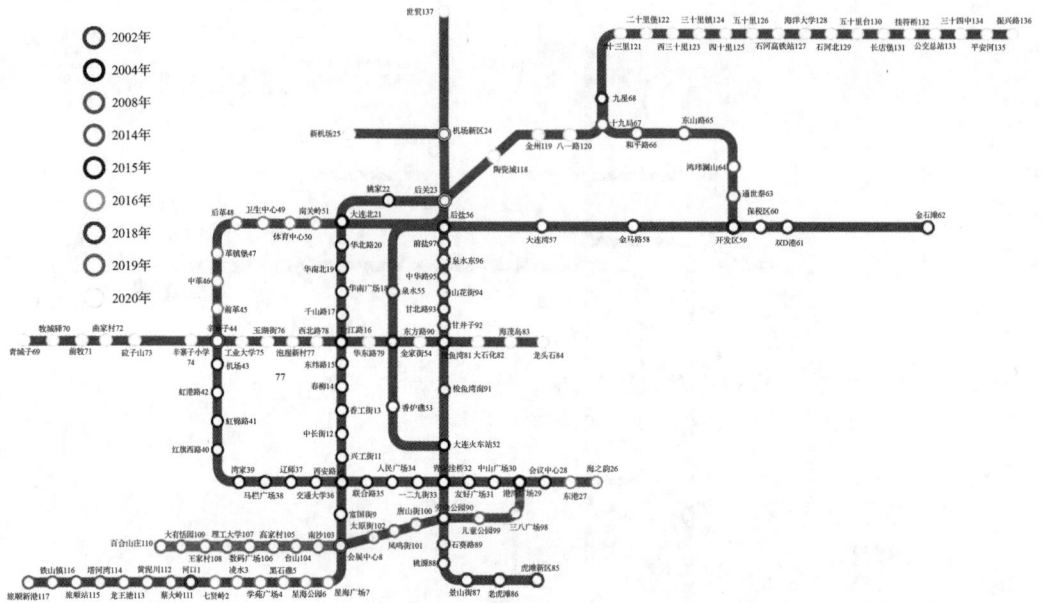

图 3.3　不同时期大连市轨道交通网络发展规划

表 3.1　不同时期大连市轨道交通通车线路

通车年份	轨道线路名称	途径车站
2002 年	轨道交通 3 号线	香炉礁—金家街—……—双 D 港—金石滩
2004 年	轨道交通 3 号线	大连站—香炉礁—……—双 D 港—金石滩
2008 年	轨道交通 3 号线	开发区—通世泰—……—十九局—九里
2014 年	202	河口—蔡大岭—……—铁山镇—旅顺新港
2015 年	轨道交通 1 号线一期 轨道交通 2 号线一期	富国街—西安路—……—大连北站—姚家 会议中心—港湾广场—……—虹港路—机场
2016 年	轨道交通 1 号线二期 轨道交通 2 号线二期	河口—七贤岭—……—大连北站—姚家 海之韵—东海—……—南关岭—大连北站
2018 年	轨道交通 5 号线	虎滩新区—老虎滩—……—前盐—后盐—后关
2019 年	轨道交通 7 号线	百合山庄—大有恬园—……—三八广场—港湾广场
2020 年	1 号线延长线 轨道交通 4 号线 R1 金普	后关—机场新区—新机场 营城子—牧城驿—……—海茂岛—龙石头 机场新区—世贸 大连北站—后盐—……—平安河—振兴路

表 3.2　各个时期的大连市轨道交通网络参数

年份	N	M	β	<k>	C	L	E
2002 年	10	9	0.900	1.800	0	3.667	0.429
2004 年	11	10	0.909	1.818	0	4.000	0.404
2008 年	17	16	0.941	1.882	0	5.074	0.322
2014 年	25	24	0.960	1.840	0	4.720	0.192
2015 年	55	54	0.982	2.000	0	7.087	0.105
2016 年	72	73	1.014	2.028	0	11.650	0.147
2018 年	85	89	1.047	2.024	0	11.643	0.140
2019 年	98	104	1.061	2.082	0	11.406	0.138
2020 年	137	145	1.058	2.131	0	13.152	0.124

3.3　大连市轨道交通网络参数分析

3.3.1　增长系数

根据表 3.2 数据的结果分析，β 表示网络的增长情况，如图 3.4 所示。

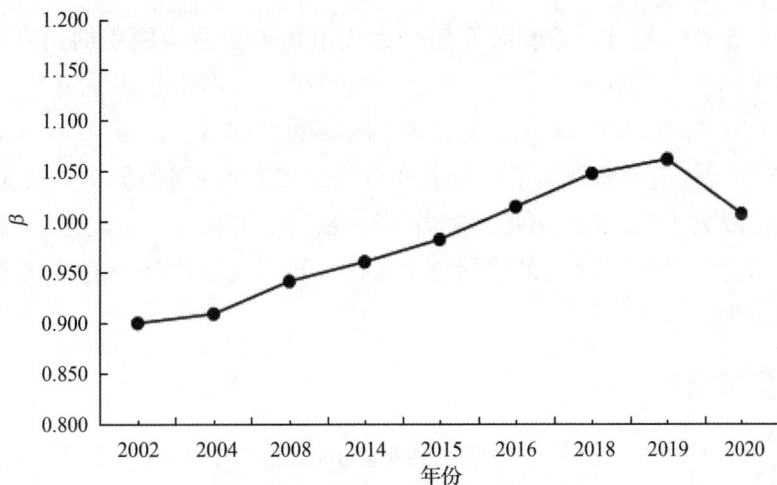

图 3.4　大连市轨道交通网络增长趋势

由图 3.4 可知，大连市轨道交通网络的发展处于稳定增长，在 2019 年之前发展非常迅速。而到 2020 年大连市轨道交通网络的发展基本处于稳定状态，在这一年大连市轨道交通主要是延长线路的建设工作，除了修建的地铁 4 号线与其他 2020 年之前完成的线路存在连接关系之外，其余线路延长线相对于整体轨道交通线网呈发散状。2020 年轨道线路建设完成之后，大连市轨道交通基本上覆盖全市，大连市轨道交通线网基本上处于成熟阶段。

3.3.2　平均节点度

根据大连市各个时期轨道交通发展状况，绘制出网络的平均节点度变化趋势图，如图 3.5 所示。

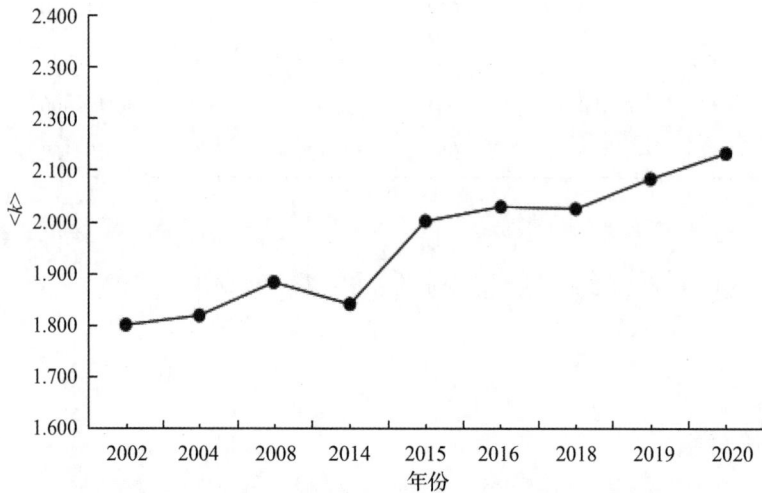

图 3.5　平均节点度变化趋势

通过图 3.5 可以看出，随着时间变化大连市轨道交通线网中的站点数量增加，各个时期的平均节点度也随之增加，大连市轨道交通线网也越来越复杂，站点之间的连接越紧密。在 2015 年以前，轨道交通网络的平均节点度在 1.8~1.84 范围变化；到 2015 年，轨道交通网络平均节点度为 2；2020 年网络的平均节点度为 2.131，平均节点度已经大于 2。由此可见，随着网络规模的增加，平均节点度也随之增加。2015 年以后轨道交通网络之间的连接更为紧密，轨道交通网络中的站点之间的作用程度也明显增加。

3.3.3　聚类系数

通过表 3.2 可以看出，各个时期大连市轨道交通网络 $C=0$，并不能说明大连市轨道交通网络中的站点是孤立的。与相关文献（郭兰兰，2013）深圳轨道交通网络聚类系数（$C=0.024\,5$）相比，可以反映出大连市轨道交通线网的密集程度较差。一方面，反映出大连市轨道交通网络结构的特点，大连市轨道交通网络属于南北—东西横纵跨越，轨道线路交替现象不明显，整个网络不能很好地形成闭合回路。对于这种特点的轨道交通网络其中的某个车站被破坏而失效时，会造成与该车站相连的轨道线路阻断；另一方面，大连市轨道交通属于发展阶段，而深圳轨道交通网络发展远早于大连市，较具有相对成熟的轨道线网的城市有一定的差距且不够完善，也是目前大连市轨道交通发展现状。

3.3.4 平均路径长度

图 3.6 是各个时期大连市轨道交通网络的平均路径长度。

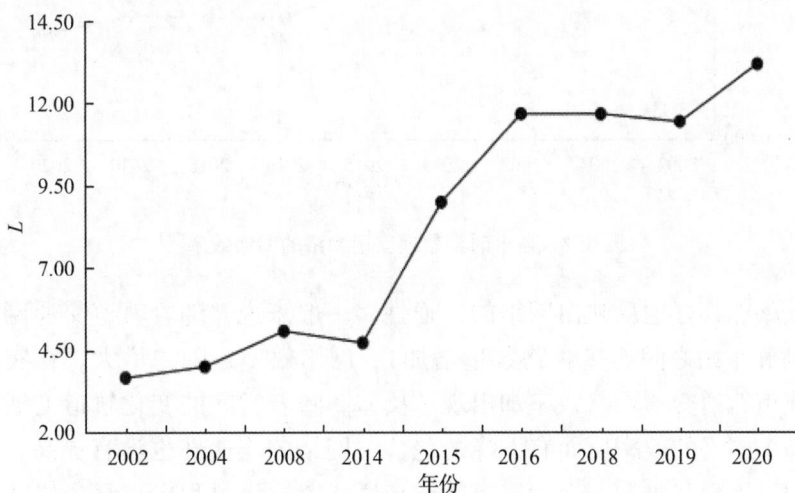

图 3.6   各个时期轨道交通网络的平均路径长度

通常，随着轨道交通网络规模扩大，车站数目增加，站点之间的连接更为紧密，网络的可达性越好，车站之间的网络最短距离随之变小，整个网络的 L 也随之变小（赵鹏，2014）。而实际上大连市轨道交通网络的 L 随时间变化有明显上升趋势。可以这样认为：轨道交通网络规模扩大时，从一个车站到另一个车站的距离也随之变大，而从实际大连市轨道交通规划图上可以看出，一个车站最多与 5 个车站相连，并且轨道网络平均节点度在 1.8~2.131，通过节点度值可以看出大连市轨道交通网络大致呈"一"字形，每条线路只靠几个站点相连接。所以说这样并没有改变两个车站之间的网络最短距离。因此整个网络的 L 会有增加的趋势，也符合大连市轨道交通网络发展特点。假设以 2020 年大连市轨道交通网络的平均路径长度为基础，随着大连市轨道交通的发展，轨道线路的增加，轨道交通网络规模的扩大，预计 2020 年以后整个网络的平均路径长度会有下降的趋势，站点之间的联系越来越紧密。随着今后大连市轨道交通发展，会大大减少人们的出行距离，从而缩短了人们出行所花费的时间，为公共交通出行提供了便利。

3.3.5 网络效率

图 3.7 为各个时期大连市轨道交通网络效率。

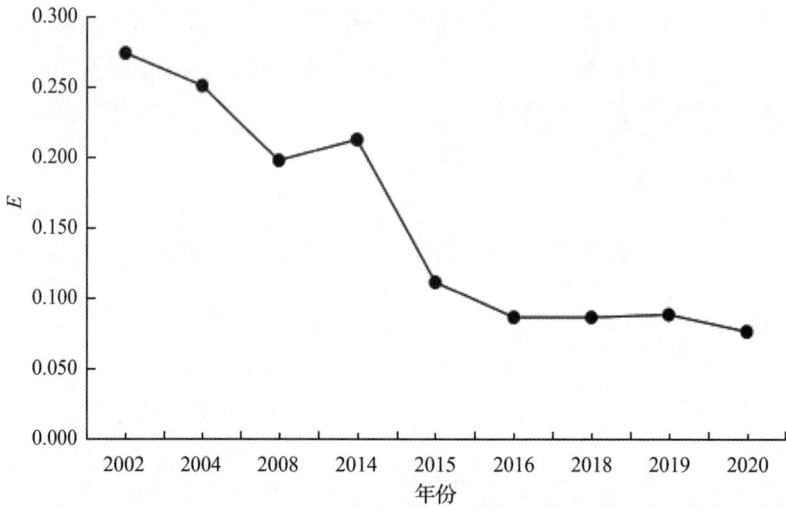

图 3.7　各个时期轨道交通网络的网络效率

　　网络效率能很好地反映出网络的连通性。一般来说，随着轨道交通网络规模的扩大（车站和车站之间连接线路数量增加），网络效率也随之增大。在实际分析各个时期大连市轨道交通网络效率却出现了反差。随着时间的变化轨道交通网络规模的扩大，整个网络的效率反而有下降的趋势，网络的连通性也没有提高。结合大连市轨道交通发展现状来看，在大连市轨道交通线路建设过程中，每条修建的轨道线路可能彼此不存在直接的联系，也就是它们之间的节点不存在连接边，由于整体的网络规模的扩大，节点数量会相应增加，根据网络效率公式（2.21）可以看出，两个节点不相连他们的距离 d_{ij} 可以看作无限大，这样就使 E 值变得很小，因此整个轨道交通线网的网络效率就会降低。

　　到 2016 年之后，网络效率有了明显上升的趋势，这是因为在 2016 年修建的轨道线路基本上彼此存在连接点，在此基础上继续修建新的轨道线路，使节点之间的最短距离缩短，也就是实际中某个车站到另一个车站的所需经过的站点数目减少，根据路网效率公式，d_{ij} 减小，E 就会增加。这就是为什么大连市轨道交通网络效率在开始修建时网络效率较高，随时间变化降低到一定值的时候，又有上升的趋势。

　　但在 2020 年大连市轨道交通网络基本成型时，整体的网络效率才 0.124，也反映了大连市轨道交通网络效率较低，整体连通性较差。这也是许多城市处于轨道交通发展初期存在的普遍现象。

3.4　大连市轨道交通网络特性分析

　　利用 Ucient 软件 Network 程序中 Centrality 的 Degree，计算出 2020 年大连市轨道交通网络各个车站的节点度，如表 3.3 所示。

表 3.3 2020 年大连市轨道交通网络各个车站的度

车站序号	度	车站序号	度	车站序号	度	车站序号	度	车站序号	度
1	2	29	2	57	2	85	1	113	2
2	2	30	2	58	2	86	2	114	2
3	2	31	2	59	3	87	2	115	2
4	2	32	4	60	2	88	2	116	2
5	2	33	2	61	2	89	2	117	1
6	2	34	2	62	1	90	4	118	2
7	2	35	2	63	2	91	2	119	2
8	4	36	2	64	2	92	2	120	2
9	2	37	2	65	2	93	2	121	2
10	4	38	2	66	2	94	2	122	2
11	2	39	2	67	3	95	2	123	2
12	2	40	2	68	2	96	2	124	2
13	2	41	2	69	1	97	2	125	2
14	2	42	2	70	2	98	2	126	2
15	2	43	2	71	2	99	2	127	2
16	4	44	4	72	2	100	2	128	2
17	2	45	2	73	2	101	2	129	2
18	2	46	2	74	2	102	2	130	2
19	2	47	2	75	2	103	2	131	2
20	2	48	2	76	2	104	2	132	2
21	4	49	2	77	2	105	2	133	2
22	2	50	2	78	2	106	2	134	2
23	4	51	2	79	2	107	2	135	2
24	3	52	3	80	2	108	2	136	1
25	1	53	2	81	4	109	2	137	1
26	1	54	4	82	2	110	1	—	—
27	2	55	2	83	2	111	2	—	—
28	3	56	5	84	1	112	2	—	—

以往专家对轨道交通网络的研究发现,城市轨道交通线网大多数都具有无标度特性。根据表 3.3 中节点度值,绘制出 2020 年大连市轨道交通网的累计度分布,如图 3.8 所示。其中,水平轴 $\lg k$ 表示节点度对数,垂直轴 $\lg p(k)$ 表示度分布对数。

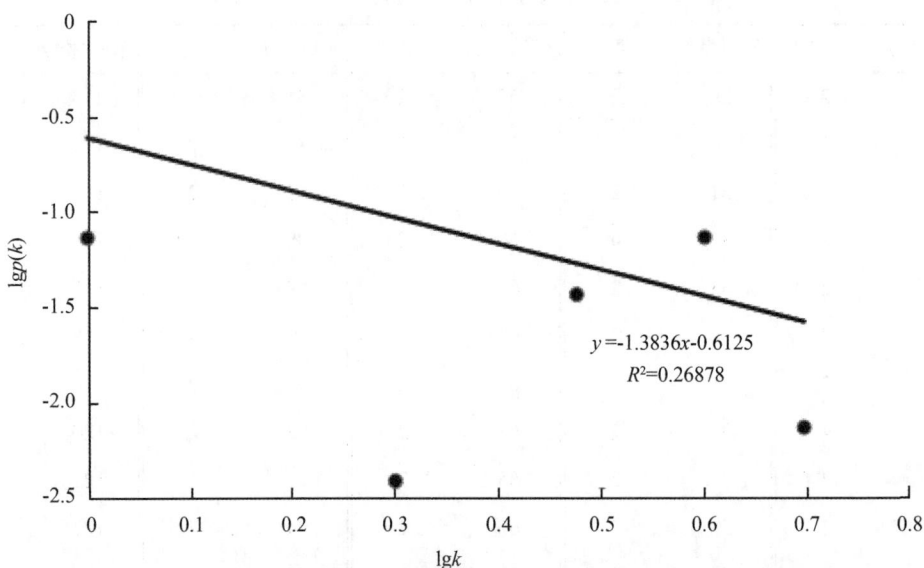

图 3.8　2020 年大连市轨道交通网络的累计度分布

拟合函数为：$y = -1.383\ 6x - 0.612\ 5$，$p(k) = k^{-2.33}$

计算可得 $\lambda = 2.238 \in (2, 3)$，通过对拟合函数中的 $R^2 = 0.268\ 78$ 进行相关性检验可知，R^2 不符合结果，所以大连市轨道交通网络不具有无标度特性。

此外，通过本章各个时期大连市轨道交通网络的参数分析可知，2020 年大连市轨道网络聚类系数为 0，不符合小世界特性。因此，2020 年大连市轨道交通网络是一个既不具有小世界特性也不具有无标度特性的网络。简言之，大连轨道交通网络不是复杂网络。

本章小结

本章以大连市城市轨道交通网络为例，根据复杂网络的基本理论，利用 NetDraw 软件，将实际轨道交通网络的车站作为网络节点，连接车站的轨道路径作为网络的边绘制轨道交通网络拓扑结构图，利用 Ucinet 软件计算各个时期大连市轨道交通网络特性指标并分析，并对 2020 年大连市轨道交通网络结构特性进行了研究。

可以发现，大连市轨道交通网络整体处于快速发展阶段，各个指标都有明显增加的趋势，但聚类系数一直为 0，说明大连市轨道交通线网的闭合回路较少，网络聚集性较差；此外大连市轨道交通网络效率较低、连通性较差，与其他发展轨道交通较早的城市存在着一定的差距。但综合来看，大连市轨道交通网络处于稳定的发展中。此外，2020 年大连市轨道交通线网是一个既不具有小世界特性也不具有无标度特性的网络。

4 城市轨道交通网络可靠性和抗毁性分析

关于城市轨道交通网络的可靠性，一方面，城市轨道交通是居民出行的重要交通载体，是科学进步和城市发展的产物，是公共交通发展的重要标志，它能更好地解决人们的出行问题，提高人们的出行效率，保障人们的出行安全，为人们提供快捷、方便的出行服务；另一方面，随着轨道交通行业的不断发展，存在着许多未知因素影响着轨道交通运输网络的运输能力与服务水平。例如，自然灾害、恐怖袭击、轨道交通设备的故障以及轨道交通运营变动等。因此，研究城市轨道交通网络的可靠性就是要预防突发及不可预知事态发生情况下对轨道交通网络的影响。为了能够及时有效地减轻及避免对轨道交通运营的损害，要尽可能提高城市轨道交通网络的可靠性，为轨道交通运输服务提供质量保证，进而满足社会运输服务及人们的出行需求。

分析城市轨道交通网络可靠性时需要借助更为科学的方法，以一个城市的轨道交通网络作为研究对象，利用不同的参数指标进行分析，从而找到轨道交通网中关键的线路或节点，有目的地对所研究的轨道交通网络可靠性进行评估和改善。

轨道交通网络的抗毁性是轨道交通网络在受到自然条件下的干扰或人为因素的破坏，其能够保持自己连通性的能力。它可以用来评价网络抗击破坏能力的大小。研究网络的抗毁性要通过模拟攻击实验来分析，依据作用目标的不同可以对网络的节点选或者连接边进行破坏；攻击方式不同又可以分为随机攻击和蓄意攻击两种作用方式，这两种方式又分别体现了网络本身的容错能力和抗攻击能力（吴俊、谭跃进，2005）。

分析轨道交通网络抗毁性，要结合复杂网络的基本理论，选择合适的参数指标进行分析。最早分析网络抗毁性通常借助于网络的平均路径长度这一基本指标，通过网络中节点的删除破坏对整个网络的平均路径长度影响（汪涛、吴琳丽，2010）。但是通过对许多不同网络的研究发现，平均路径长度并不能反映理想的规律，而是随着攻击程度的扩大，平均路径长度一般会出现先增大然后降低，特殊的情况下还会出现先减小然后在攻击继续进行情况下有增减不确定。这种现象为研究带来了很大的困难，所以平均路径长度不能用来分析网络的抗毁性；聚类系数虽然也是复杂网络中一个最基本最常见的概念，反映了网络中的节点间的紧密程度，但是由于聚类系数有一定的约束性，对一些相对稀疏的网络其聚类系数可能是 0，本书研究的大连市轨道交通网络的聚类系数就是为 0，因此本书在研究轨道交通抗毁性没有选择用聚类系数作为分析指标。借助最大连通子图相对大小和网络效率来分析网络的抗毁性，通过分析这两个网络指标，能更好地、更全面地分析网络抗毁性。

本章将 2020 年大连市轨道交通规划线网作为研究对象，利用轨道交通网络分析方法得出轨道交通网络相关参数，进而分析大连市城市轨道交通网络的可靠性和抗毁性。

4.1 轨道交通网络分析方法

在复杂网络里有"攻击"的概念，指的是边的失效或断裂，在轨道交通网络中，"攻击"可以理解为站点失效，如由自然灾害引起的站点故障或网络自身引起的损坏，甚至可认为是由于恐怖袭击所造成站点失效等。选择攻击是一种恶意的、有目的性的对轨道交通网结构的破坏，目的是使得轨道交通网尽快瘫痪；而随机攻击则对攻击的站点不做选择，逐条进行攻击，最终也可使得道路网瘫痪。

本书研究轨道交通网络可靠性和抗毁性就是在这两种攻击模式作用下，计算网络中相关参数的变化。

4.1.1 随机攻击假设

一般来说，随机攻击不具有某种目的，对节点破坏时具有偶然性，对于研究对象——大连市城市轨道交通网络，采用随机攻击时每次对一个轨道交通车站进行破坏。本书借助 EXCEL 中的 RAND（）运算程序来随机选择节点，137 个车站用相应的 1~137 个数字表示，从中随机产生一个数字，作为被攻击车站，直到整个轨道网络各个车站彼此相互独立不存在连接。整个随机攻击过程如图 4.1 所示。

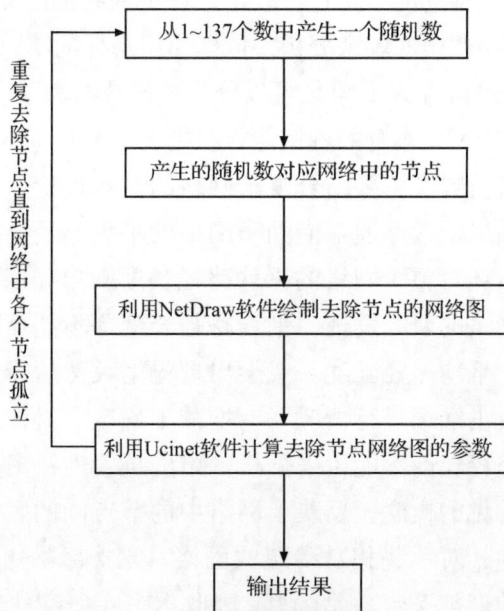

图 4.1 随机攻击流程

　　例如，攻击松江路站（16），去除16号节点之后的网络图，如图4.2所示。其中标识符号较大的节点为被攻击的松江路车站。

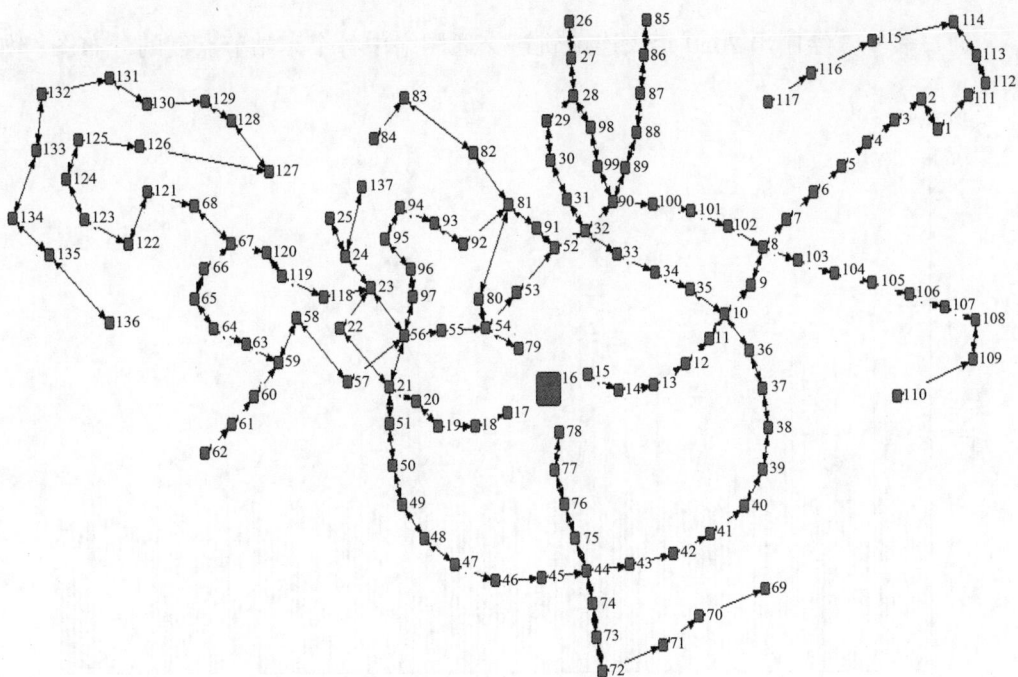

图 4.2　去除 16 号节点的网络

4.1.2　选择攻击假设

　　一般来说，选择性攻击具有一定的目的，对网络中的节点采用某种策略进行破坏。研究轨道交通网络时，对轨道车站采用按照节点度大小为攻击顺序的攻击策略。

　　选择攻击的方式是依次按照轨道交通网络中车站节点度从大到小逐个对它们进行破坏，最后直到网络中各个车站之间彼此相互孤立，不存在连接路径。例如，在研究大连市轨道交通网络时，其节点度最大为 5，按照选择攻击的攻击方式，依次删除网络中节点度为 5、4、3、2 的节点，直到整个轨道交通网络失效。

4.2　城市轨道交通的可靠性分析

　　城市轨道交通网络可靠性研究是以复杂网络的基本理论为依据，按照拓扑建模把城市轨道线网中的站点视为网络的节点，站点之间的连接路线作为网络的边。

　　本节主要根据图 3.3 的轨道交通网络站点之间的连接关系，建立关系矩阵并利用 NerDraw 软件生成拓扑关系图，再通过 Ucinet 软件处理，综合分析节点的度、接近中心性、中介中心性 3 个要素对整个网络的影响。最后通过连通可靠性，进一步分析大连市轨道交通网络的整体可靠性。

4.2.1　节点度

通过表 3.3 绘制出 2020 年大连市轨道交通网络中各个车站节点度的分布图，如图 4.3 所示。

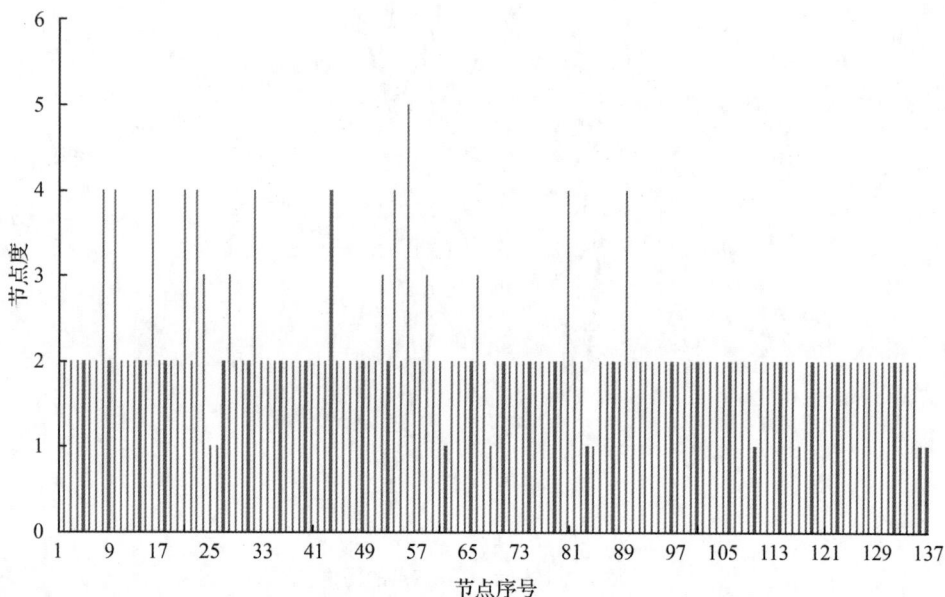

图 4.3　2020 年大连市轨道交通网络中各个车站节点度

通过图 4.3 可知，大连市轨道交通线网的第 56 号车站节点度最大，值为 5；其次是 8、10、16、21、23、32、44、54、81、90 号车站，值为 4。节点度为 2 的车站有 111 个，约占整个大连市轨道交通网络的 81%。说明 2020 年大连市轨道交通站点连接性较差，换乘车站所占比例较低；综合大连市城市概况，对于节点度大于 2 的站点分布来看，例如 56 号车站后盐站、10 号西安路站、32 号青泥洼桥站、21 号大连市北站、54 号金家街站等多个站点分布在大连市居民区和商业区较为密集的地方，起到较好的枢纽作用，能很好地带动大连市居民的出行活动。而其他节点度小于等于 2 的站点是轨道线路沿途经过的站。

在发生自然灾害或人为地对轨道交通网车站进行破坏时，分布在居民商业区附近的站点的旅客疏导能力远高于途径车站，可靠性相对更大。在未来修建轨道交通线路时，更应该考虑站点的布局与城市规划的实际情况相结合，使布局更加合理化。提高轨道交通网络整体的可靠性，在加强节点度大的换乘站建设的同时，也要合理地分配其他节点度较小的站点，根据实际情况提高站点的节点度，即增加轨道线网换乘站的数量，从而提高轨道交通网络的可靠性，提高网络的运行效率。

4.2.2　接近中心性和中介心性

接近中心性表示复杂网络中任意某个点到其他各点的平均最短距离，在实际城市轨道交通网络中体现了某个车站与其他车站的接近程度（邓亚娟，2010）。在本例中生成的复杂网络拓扑图是通过拓扑思想得到的，大连市轨道交通网络接近中心性描述的是车站与非直接连接车站的接近程度。

通过 Ucinet 软件计算轨道交通网络中各个节点的中介中心性和接近中心性，如表 4.1 所示，部分结果显示的指标值为 0，是由于对结果只保留了 3 位有效数值。

表 4.1　2020 年大连市轨道交通网络各个节点的接近中心性和中介中心性

节点序号	接近中心性	中介中心性	节点序号	接近中心性	中介中心性	节点序号	接近中心性	中介中心性	节点序号	接近中心性	中介中心性
1	0	9.837	23	0.223	29.605	45	0	5.428	67	0	23.410
2	0	11.155	24	0.049	2.93	46	0	5.202	68	0	20.915
3	0	12.451	25	0.010	0	47	0	5.320	69	0	0
4	0	13.725	26	0		48	0	5.798	70	0	1.471
5	0	14.978	27	0	1.471	49	0.002	6.626	71	0	2.919
6	0	16.209	28	0	3.137	50	0.010	7.632	72	0	4.346
7	0	17.418	29	0	1.656	51	0.046	8.659	73	0	5.752
8	0	29.35	30	0	2.849	52	0.002	36.258	74	0	7.135
9	0	9.802	31	0	4.21	53	0.009	31.042	75	0	7.225
10	0	16.245	32	0	38.66	54	0.044	44.109	76	0	8.077
11	0	4.662	33	0	7.482	55	0.191	36.484	77	0	9.094
12	0	4.769	34	0	6.959	56	0.877	44.075	78	0	10.133
13	0	5.041	35	0	6.643	57	0.190	9.314	79	0.009	13.449
14	0	5.504	36	0	9.135	58	0.040	8.214	80	0.009	4.842
15	0	6.157	37	0	8.111	59	0.009	8.050	81	0.002	8.729
16	0.002	17.231	38	0	7.109	60	0.002	2.919	82	0	2.919
17	0.001	2.259	39	0	6.168	61	0	1.471	83	0	1.471
18	0.002	1.685	40	0	5.758	62	0	0	84	0	0
19	0.010	1.471	41	0	5.918	63	0.002	3.475	85	0	0
20	0.046	1.799	42	0	6.190	64	0	2.495	86	0	1.471
21	0.222	12.477	43	0	6.653	65	0	1.558	87	0	2.919
22	0.090	2.691	44	0	14.385	66	0	1.754	88	0	4.346

续表

节点序号	接近中心性	中介中心性	节点序号	接近中心性	中介中心性	节点序号	接近中心性	中介中心性	节点序号	接近中心性	中介中心性
89	0	5.752	102	0	19.394	115	0	2.919	128	0	11.155
90	0	30.525	103	0	9.837	116	0	1.471	129	0	9.837
91	0.001	4.922	104	0	8.497	117	0	0	130	0	8.497
92	0.001	2.504	105	0	7.135	118	0.047	24.586	131	0	7.135
93	0	1.621	106	0	5.752	119	0.010	23.606	132	0	5.752
94	0.002	1.251	107	0	4.346	120	0.002	22.658	133	0	4.346
95	0.008	1.155	108	0	2.919	121	0	19.771	134	0	2.919
96	0.040	1.875	109	0	1.471	122	0	18.606	135	0	1.471
97	0.190	3.204	110	0	0	123	0	17.418	136	0	0
98	0	2.870	111	0	8.497	124	0	16.209	137	0.010	0
99	0	4.232	112	0	7.135	125	0	14.978	—	—	—
100	0	20.405	113	0	5.752	126	0	13.725	—	—	—
101	0	19.815	114	0	4.346	127	0	12.451	—	—	—

由表 4.1 可以看出，接近中心性指数高的节点意味着其对于所在网络的影响范围和程度要大于其他节点，在发生外界干扰或破坏时，影响速度传播得更快。此外，轨道交通整体的接近中心性为各个节点接近中心性的平均值，它可以用来衡量整个网络运行效率，其数值越大轨道交通网络运输效率越高，整个网络越可靠。

中介中心性反映了轨道交通线网中选择任意两点之间的最短路径时所经过某一节点的频率，中介中心性越高说明轨道交通线网中最短路径经过该点次数越多。所以在表 4.1 中，中介中心性越高的点代表的是相应的车站在轨道交通网络最短路径选择时通过的次数越多，该车站在轨道交通网络中的重要程度越高。

通过表 4.1 发现，有许多节点的接近中心性为 0，相比 56 号节点的接近中心性最大为 0.877，由此可以看出大连市轨道交通网络各个站点的可达性差距明显，接近中心性小的站点要想达到另一个非直接相连的其他站点可能要经过很长的距离才能到达。此外，通过表 4.2 对比发现，中介中心性大的点其接近中心性也有增大的趋势，例如 56 号和 23 号。

通过图 4.3 可以看出，节点度大于 2 的节点一共有 16 个。根据接近中心性和中介中心性的数值分别对 137 个节点排序并筛选出数值最大的 16 个节点序号，如表 4.2 所示。

表 4.2　3 种参数指标数据值

节点序号	节点度	节点序号	接近中心性	节点序号	中介中心性
56	5	56	0.877	54	44.109
8	4	23	0.223	56	44.075
10	4	21	0.222	32	38.660
16	4	55	0.191	55	36.484
21	4	57	0.190	52	36.258
23	4	97	0.190	53	31.042
32	4	22	0.090	90	30.525
44	4	24	0.049	23	29.605
54	4	118	0.047	8	29.350
81	4	20	0.046	118	24.586
90	4	51	0.046	119	23.606
24	3	54	0.044	67	23.410
28	3	58	0.040	120	22.658
52	3	96	0.040	68	20.915
59	3	19	0.010	100	20.405
67	3	25	0.010	101	19.815

从表 4.2 的数据可以看出，节点度大并且接近中心性和中介中心性也相对较大的节点序号为 23、54、56，在实际的大连市轨道交通网中，3 个节点分别代表着后关、金家街、后盐站 3 个车站。从大连市轨道交通线网上看，它们处于轨道交通网络的中间位置，连接着大连市两个重要的交通枢纽—大连北站和大连站；从 3 个车站在大连市地理位置上看，在它们附近是大连市比较集中的居民区。在大连市轨道交通线网中，后关站、金家街站和后盐站相对于其他站点的可达性高，对整个轨道交通网络的可靠性影响最大。

综合来看，整个大连市轨道交通网络平均节点度为 2.131，而平均接近中心性和平均中介中心性分别为 0.018 和 9.001，因此，大连市轨道交通网络整体通达性相对较差，可靠性较低。如果轨道交通线网某一个车站、几个车站点或一定区域范围内发生自然或人为因素的破坏时，整个轨道交通线网的可达性下降幅度很大，可靠性也会降到很低，严重时会影响整个轨道交通线网运行效率，影响乘车居民的出行。未来发展大连市轨道交通时，要注意增强轨道交通线网密集性，从而提高网络整体可靠性。

4.2.3　连通可靠性

根据第 3 章叙述的方法，分别计算随机攻击和选择攻击下逐个破坏节点时大连市轨道交通网络的连通可靠性。

用 W 表示攻击车站后生成的子网数，N 表示最大子网的车站个数，RC 表示移除节点后轨道交通线网可靠性，字母后的 1、2 分别代表随机攻击和选择攻击，不同攻击情况下新生成网络的部分数据如表 4.3 所示，其完整数据表格参照附录 A。

表 4.3　选择攻击和随机攻击下攻击车站后的部分网络参数

被攻击的车站数/个	随机攻击				选择攻击			
	节点序号	W_1	N_1	RC_1	节点序号	W_2	N_2	RC_2
1	59	3	133	0.025 1	56	2	136	0.032 2
2	52	4	132	0.016 7	10	3	135	0.020 0
3	10	6	86	0.014 7	54	6	74	0.013 6
4	62	7	86	0.012 6	21	8	59	0.013 3
5	132	9	81	0.010 8	81	12	48	0.009 4
6	5	11	81	0.009 1	23	15	48	0.007 7
7	35	11	81	0.009 1	32	18	41	0.006 4
8	70	13	79	0.007 9	8	22	37	0.006 0
9	94	14	78	0.007 3	44	26	31	0.005 8
…	…	…	…	…	…	…	…	…
131	133	137	1	0.000 0	85	137	1	0.000 0
132	93	137	1	0.000 0	26	137	1	0.000 0
133	33	137	1	0.000 0	25	137	1	0.000 0
134	90	137	1	0.000 0	117	137	1	0.000 0
135	71	137	1	0.000 0	84	137	1	0.000 0
136	44	137	1	0.000 0	136	137	1	0.000 0
137	51	137	1	0.000 0	137	137	1	0.000 0

由图 4.4 可知，不管是随机攻击还是以节点度大小为攻击顺序的选择攻击，大连市轨道交通网络整体的连通可靠性都会下降，随机攻击时需要经过 118 步才能使网络的连通可靠性降为 0，选择攻击需要 124 步，此时轨道交通网络的车站都是孤立的，表现为网络瘫痪，所有车站均不连通。

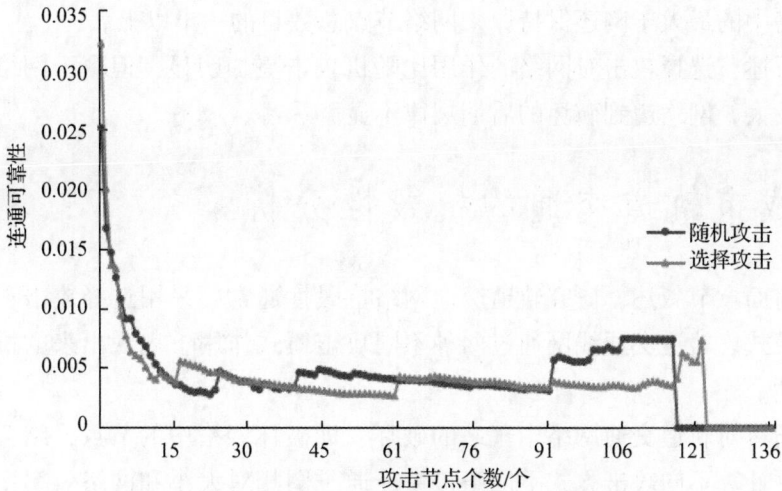

图 4.4 不同攻击下轨道交通网络连通可靠性

由图 4.5 可知，从网络的连通可靠性来看，随机攻击使网络崩溃更快一些，但是从网络瓦解速度来看，在攻击第 4 个车站时，选择攻击把网络分解成 8 个子网，随机攻击分解成 7 个子网。随着对车站攻击的继续，选择攻击使网络分解的速度明显快于随机攻击。但当攻击进行到第 40 步时，随机攻击使网络分解速度要较快于选择攻击，是因为随机攻击下的网络节点还会存在大于 2 的高节点度的节点，而选择攻击剩下的全是节点度小于等于 2 的节点。

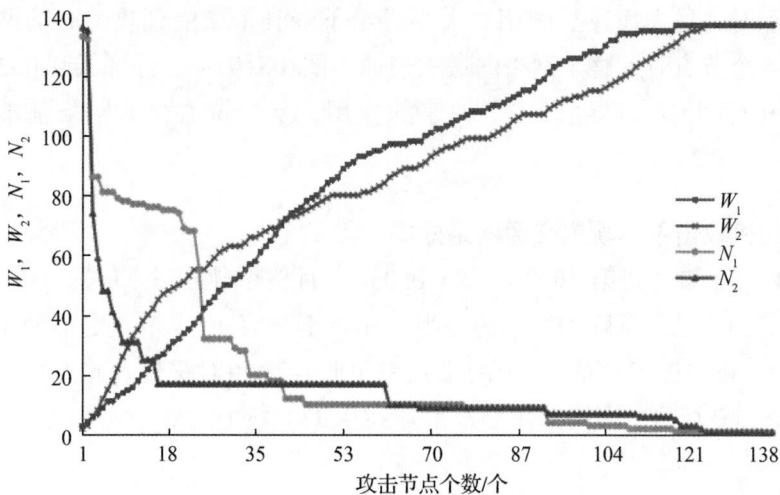

图 4.5 两种攻击下的子网数和最大子网节点数

同时，从受到攻击下的最大子网的节点数来看，选择攻击下的最大子网节点数变化速度快于随机攻击。当选择攻击进行到第 16 步时，也就是网络节点度大于 2 的全部节点都遭到攻击，网络中的最大子网节点数小于 20；而在随机攻击进行到 16

步时，网络中的最大子网还保持原来网络节点总数目的一半以上。

综上所述，选择攻击对网络的作用比随机攻击更加明显，但由于网络复杂且节点数量比较大，网络遭到破坏的后期规律不显著。

4.3　城市轨道交通的抗毁性分析

通过前面章节叙述，研究轨道交通网络抗毁性通常要采用选择攻击和随机攻击两种作用模式。轨道交通线网通过两种不同攻击模式作用下表现出来的抗攻击能力称为抗毁性。

本书通过对轨道交通网络中车站的破坏，即破坏网络中的节点，结合复杂网络理论，通过计算不同攻击方式下网络最大连通子图相对大小和网络效率变化情况进而分析 2020 年大连市轨道线网抗毁性。

4.3.1　随机攻击下的轨道交通网络抗毁性分析

通过第 3 章叙述的随机攻击计算流程，依次计算轨道交通网络的最大连通子图相对大小 S 和网络效率 E，并分析它们变化情况。

4.3.1.1　随机攻击下的轨道交通网络最大连通子图相对大小

由图 4.6 可以看出，从第 3 个节点开始，整个网络的最大连通子图相对大小下降较快，网络的最大连通子图相对大小下降到 0.6 左右。随着节点继续被破坏，到第 22 个节点时，最大连通子图相对大小已经下降到未遭受到攻击时的网络值的一半。到第 34 个节点时，整个网络的最大连通子图相对大小已经降低到 0.2 以下，此时的网络中的各个节点已经失去了原来的作用，整个轨道交通网络基本处于崩溃状态。

4.3.1.2　随机攻击下的轨道交通网络效率

由图 4.7 可知，到第 16 步时 $E = 0.056$，而整个轨道线网未受到攻击前 $E = 0.124$，与其相比已经下降到原来的一半；在攻击到第 42 个节点之前网络效率下降的速度很快，攻击进行到第 43 步网络效率下降速度相对缓慢。此外，在网络的第 36 个节点受到破坏时，网络效率已经下降到 0.02，整个网络的效率已经很小，整个轨道交通网络处于崩溃。

4.3.2　选择攻击下的轨道交通网络抗毁性分析

通过前面章节的叙述，本节选择攻击的策略是对轨道交通网络的站点按照节点度大小依次逐个进行攻击，一直攻击到网络中的最后一个车站都遭到破坏时，计算网络的最大连通子图相对大小和网络效率。

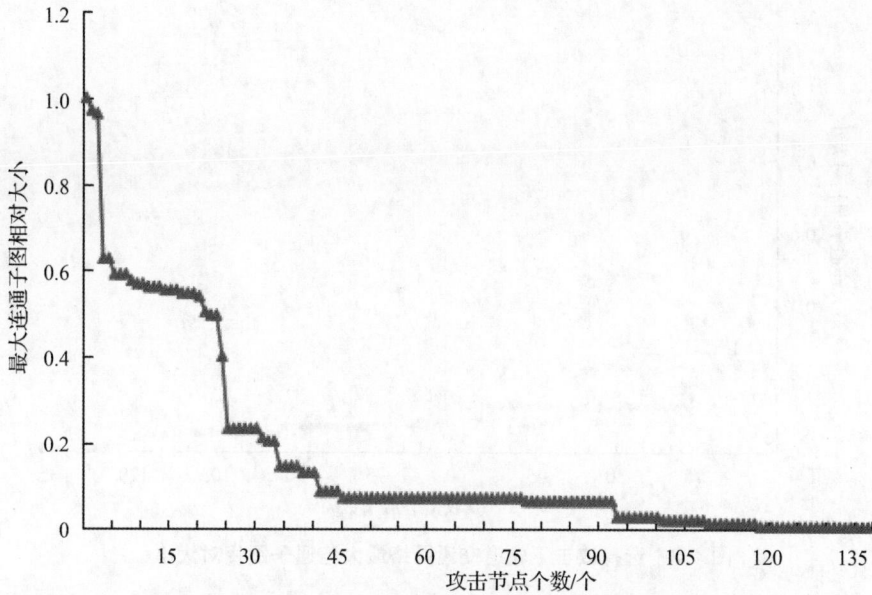

图 4.6　随机攻击下轨道交通网络最大连通子图相对大小

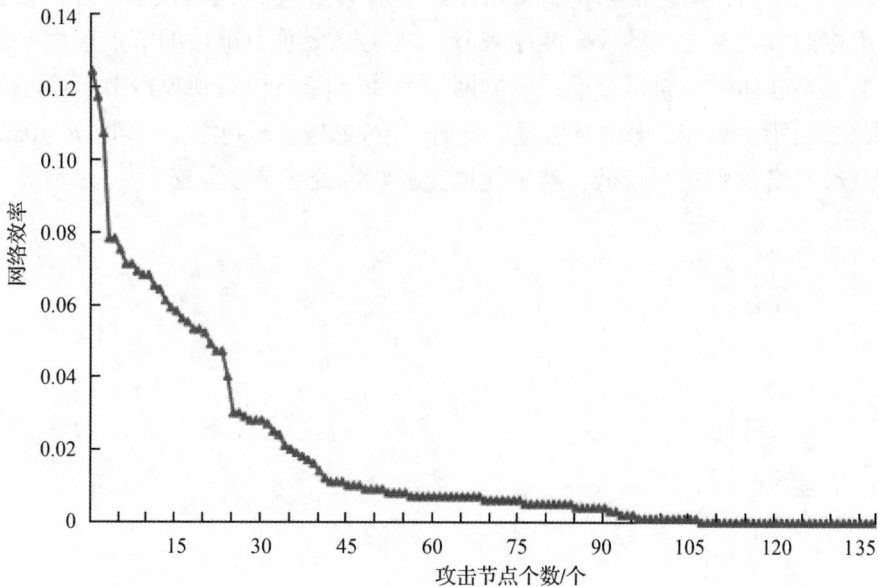

图 4.7　随机攻击下的网络效率

4.3.2.1　选择攻击下轨道交通网络最大连通子图相对大小

图 4.8 可以看出，在攻击进行到第 7 个车站之前，整个轨道交通网络的最大连通子图相对大小下降迅速，从第 8 个车站之后网络最大连通子图相对大小变化相对缓慢。在攻击到第 13 步时，连通子图相对大小已经小于 0.2，网络中最大连通子图的节点数已经相对较低，网络处于崩溃状态。

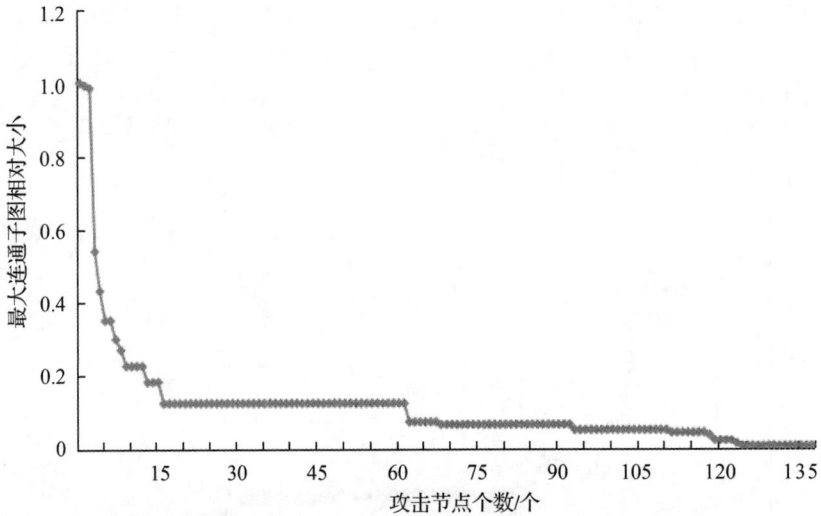

图 4.8　选择攻击下轨道交通网络最大连通子图相对大小

4.3.2.2　选择攻击下的轨道交通网络效率

由图 4.9 可知，从攻击第 1 个车站开始到第 17 个车站网络效率下降得最快，考虑到采用按照节点度大小的攻击顺序来看，在轨道交通中车站的节点度大于 2 的全部车站都遭到破坏时，轨道交通线网的网络效率下降最快，到攻击节点度小于等于 2 的车站时，网络效率变化相对缓慢。此外，在攻击进行到第 17 步时 $E = 0.02$，此时轨道交通网络效率相对较低，整个轨道交通线网处于崩溃状态。

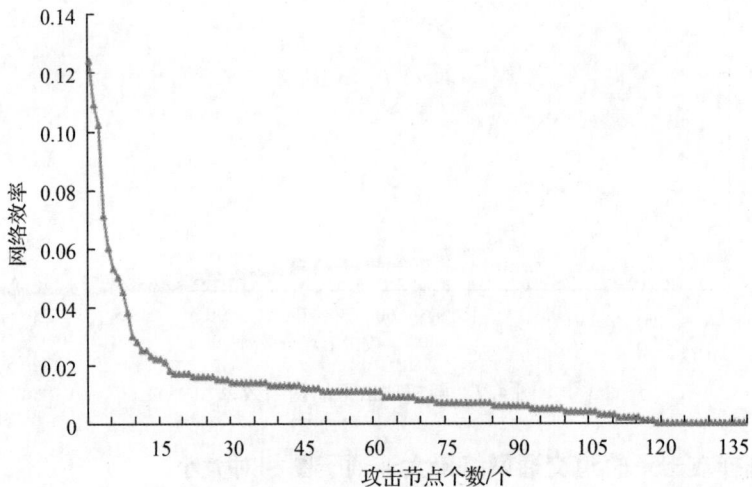

图 4.9　选择攻击下的网络效率

4.3.3　两种攻击方式下的轨道交通网络抗毁性分析

上面几节依次采用随机攻击和选择攻击两种不同方式对轨道交通线网的最大连

通子图相对大小和网络效率变化情况进行分析。为了能够更深刻地反映大连市轨道线网在两种攻击方式下的抗毁性变化，分别将这两个特性指标变化情况绘制出折线图，如图 4.10 和图 4.11 所示。

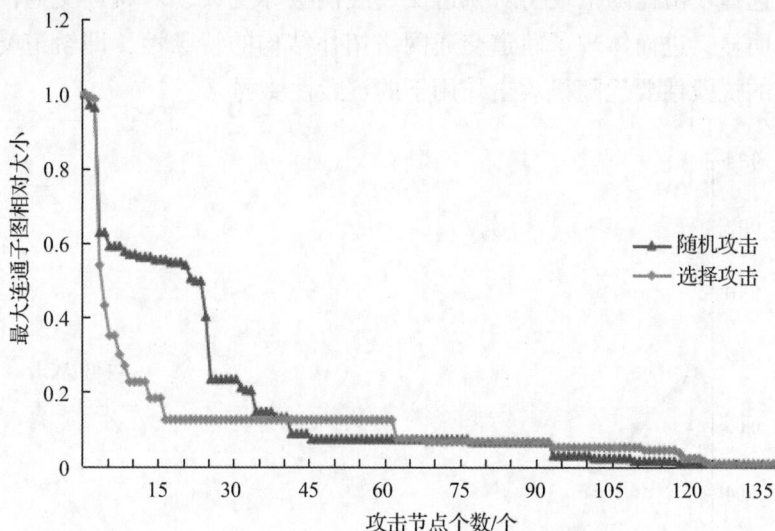

图 4.10　两种攻击方式下的最大连通子图相对大小

图 4.10 是两种方式作用下轨道交通网络最大连通子图相对大小的折线图，在轨道交通网络遭到破坏开始，采用选择攻击方式作用时最大连通子图相对大小下降速度比随机攻击作用时快；选择攻击在攻击到第 16 个车站时，最大连通子图相对大小下降速度开始趋于平缓，而随机攻击则是在攻击到第 45 个车站时下降速度才变缓慢；将 $S=0.2$ 作为判断网络失效的评价指标基准，选择攻击需要进行到第 15 步时网络基本处于失效状态，而随机攻击则需要进行到第 34 步。由此可以看出如果想要使轨道交通网络失效，不非要全部站点都遭到攻击，而是有目的地对节点度大的站点优先破坏，从而整个轨道交通网络失效更迅速。

轨道交通网络的最大连通子图相对大小代表其遭受破坏后的网络规模，可以形象而直接地表示网络在受到破坏时的变化情况。一般来说城市轨道交通网络中节点度为 2 的车站所占比例较大，对于这些车站遭受攻击比较容易形成许多孤立连通子图，从而导致最大连通子图变化迅速。

然而对于距离较短的出行，实际受到的影响没有那么大。因此利用最大连通子图相对大小对轨道交通网络抗毁性分析就有一定的片面性。可用另一个指标——网络效率 E，分析它在两种不同攻击模式下的变化，从而得到轨道交通网络抗毁性。

由图 4.11 可知，在两种不同攻击方式作用下，网络开始破坏时选择攻击比随机攻击使轨道交通线网的网络效率下降速度快。选择攻击从破坏到第 19 个车站开始，网络效率变化相对缓慢；随机攻击则是破坏到第 47 个车站之后速度也变得缓慢。选择攻击在攻击到第 18 步时网络效率 $E=0.018<0.02$，而随机攻击在攻击到第 36 步时，网络效率 $E=0.019<0.02$。当轨道交通网络效率 $E\leqslant0.02$ 时，轨道交通网络连通性很差，各个轨道交通线路形成阻断不连接状态，轨道交通线网整体基本已经失效。因此，选择攻击比随机攻击对轨道交通线网破坏更大，对轨道交通网络整体连通性影响更明显，进而体现了轨道交通网络拓扑结构的特殊性，即轨道交通在选择攻击作用下的抗毁性要比随机攻击作用下的抗毁性要弱。

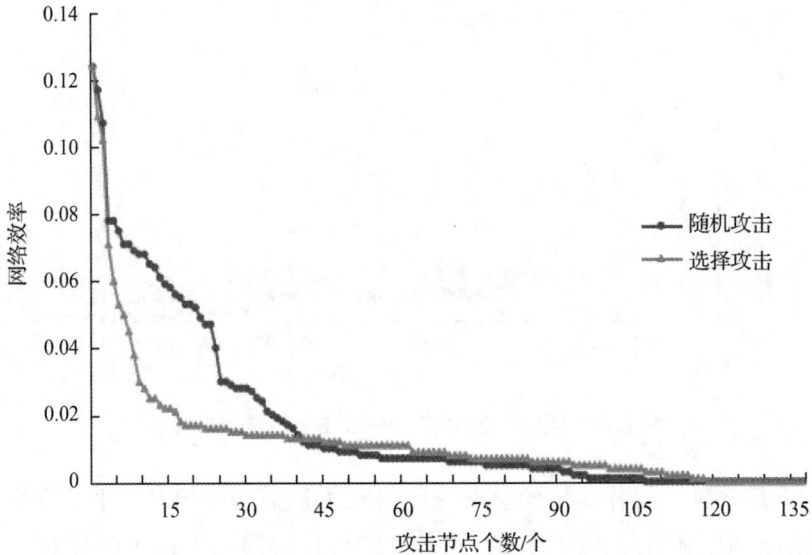

图 4.11　两种攻击方式下的网络效率

本章小结

　　本章以实际的轨道交通网络作为研究对象，对规划 2020 年大连市轨道交通网络先进行可靠性分析，通过计算轨道交通线网接近中心性、中介中心性和连通可靠性并与网络节点度相结合分析轨道交通网络整体可靠性。然后通过实际轨道交通网络在选择攻击和随机攻击两种不同攻击方式作用下的最大连通子图相对大小和网络效率变化情况进行分析。最后，通过两种不同攻击方式对比研究大连市轨道交通网络的抗毁性。分析大连市轨道交通网络可靠性时，节点度、接近中心性和中介中心性越高的车站对轨道交通网络整体可靠性影响越大；在不同攻击方式作用下，轨道交通线网连通可靠性也表现出选择攻击比随机攻击作用明显；分析轨道交通网络抗毁性时，轨道交通线网在选择性攻击作用下的抗毁性比随机攻击作用时要弱。综上所述，轨道交通网络的可靠性和抗毁性与网络拓扑结构存在紧密的联系，加强重要站点或枢纽站的建设和保护对实际轨道交通网络运行有重要的理论意义。

5 城市轨道交通车站重要性研究

城市轨道交通线网中的车站重要性，关系着整个轨道交通网络的运行情况，针对某一个或几个重要的车站采取重点保护措施，加强车站的运营管理建设，对提高整个轨道交通网络运行效率起着关键作用。结合系统分析的方法——模糊聚类分析法，将节点度、接近中心性、中介中心性、网络效率、最大连通子图相对大小和连通可靠性作为影响因素，研究规划年大连市轨道交通线网车站的重要性。

5.1 轨道交通车站重要性影响因素分析

结合本书前面的研究，与站点重要性有关的网络指标有多个，如图 5.1 所示。

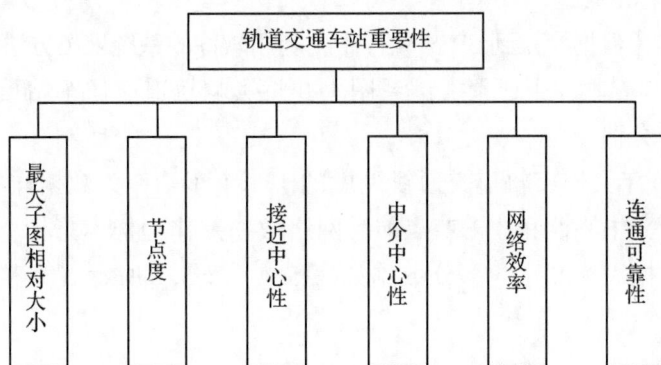

图 5.1 评价轨道交通车站重要性的网络指标

根据图 5.1 显示的几种指标，可以看出节点度、中介中心性和接近中心性都能直观地反映车站的重要性。通过数据分析，在轨道交通网络站点遭到攻击时，网络效率、连通可靠性和最大子图相对大小也会发生改变，间接地反映了车站重要性。

利用最大连通子图相对大小和连通可靠性这两个指标来评价轨道交通车站重要性的影响具有一定的局限性，不能直接有效体现出站点的重要性，故本章只对另外4 个具有代表性的指标进行研究，本章下面会验证为什么不将最大连通子图相对大小和连通可靠性作为评价指标。特别是对网络效率的计算时，要采用对轨道交通网中每个站点分别进行攻击，计算网络效率并与没遭到攻击前的轨道交通线网的网络效率的差值作为分析参数。

5.2 轨道交通站点重要性的聚类分析

聚类，通俗地讲就是从实际的事物中挑选出一些作为聚类对象，按照这些事物的不同特征将它们分成若干种类。对于现实的聚类问题，其划分这些事物的界线一般都不具有固定的原则，对它们进行分类就会具有一定的模糊性。因此聚类问题用模糊数学的方法解决更确切，采用模糊数学语言对事物按一定的要求进行描述和分类的数学方法称之为模糊聚类分析（孙宇锋，2006），一般先是选取影响指标因素，在因素抽取完成之后就将 m 个事物按照 n 个指标进行分类，再根据研究对象本身属性来构造模糊矩阵。由于对现实某些事物进行聚类，它们之间界定边界存在着模糊性，没有固定的规律可以遵循，所以采用模糊聚类分析法对现实事物进行分类比较切合实际，更容易被人们所接受。本文借助 SPSS 软件，对轨道交通网络车站重要性指标进行模糊聚类分析，具体步骤如下：

（1）确定影响轨道交通车站重要性的指标，建立指标样本数据。

（2）分别选出样本数据表中每一列的最大值与最小值，按照 $X_{ci} = (X_i - \min) / (\max - \min)$ 将其标准化。

（3）将标准化数据导入到 SPSS 软件中，利用软件的系统聚类方法将其聚类分析。

（4）通过 SPSS 软件生成聚类谱系图，并将影响轨道交通车站重要性的指标按照需要分成若干类别。

将规划 2020 年大连市轨道交通线网中的 137 个车站作为数据样本，以节点度、接近中心性、中介中心性和攻击节点前后网络效率差作为样本指标，建立样本数据表，并将样本数据表标准化，部分数据如表 5.1、表 5.2 所示（完整的数据表请参照本文附录 B、C）。

表 5.1　大连市轨道交通车站重要性评价部分指标

车站序号	度	接近中心性	中介中心性	删除节点前后网络效率差
1	2	0	9.837	0.007
2	2	0	11.155	0.008
3	2	0	12.451	0.009
4	2	0	13.725	0.010
...	...	...	...	...
134	2	0	2.919	0.003
135	2	0	1.471	0.002
136	1	0	0	0.001
137	1	0.01	0	0.002

表 5.2　大连市轨道交通车站重要性指标部分数据标准化

车站序号	度	接近中心性	中介中心性	删除节点前后网络效率差
1	0.25	0	0.223	0.273
2	0.25	0	0.253	0.318
3	0.25	0	0.282	0.364
4	0.25	0	0.311	0.409
5	0.25	0	0.340	0.455
6	0.25	0	0.367	0.500
…	…	…	…	…
133	0.25	0	0.099	0.091
134	0.25	0	0.066	0.091
135	0.25	0	0.033	0.045
136	0	0	0	0.000
137	0	0.011	0	0.045

将表 5.2 样本标准化数据导入到 SPSS 软件中，利用 SPSS 软件中系统聚类分析程序，选择组间连接聚类方法，采用区间为"平方 Euclidean 距离"度量标准，得到聚类分析结果树状图，如图 5.2 所示。

由图 5.2 可知，按照聚类分析的结果可以将大连市轨道交通车站分成 3 类，第一类是网络中节点序号为 56 的车站，也就是实际轨道交通的后盐车站；第二类包括会展中心（8）、泉水（55）、十九局（67）、后关（23）、大连火车站（52）、劳动公园（90）、金家街（54）、青泥洼桥（32）、大连北站（21）、梭鱼湾（81）、辛寨子（44）、松江路（16）、西安路（10），第二类从节点度、删除节点前后网络效率差等指标上来看，指标数值都低于第一类；第三类为其他剩下的车站，各个指标与其他两类相比相差最大。

按照上面同样的方法，将包括最大连通子图相对大小和连通可靠性等 6 个指标再一次利用 SPSS 软件聚类分析，得到聚类分析结果树状图如图 5.3 所示。

通过图 5.3 可以看出，将轨道交通车站分成 4 类，第一类包括 56 号车站；第二类包括 8、67、68 号车站；第三类包括 10、16、21、23、32、52、54 号车站；第四类为其他车站。从分类情况来看，第二类和第三类包括的车站分类效果没有 4 个指标的分类效果好，并且将有的枢纽站点归为最后一类，例如劳动公园（90）、辛寨子（44），这两个车站从大连市轨道交通网络图上可以看出也是比较重要的换乘车站，并且这两个车站的其他指标值比第二类的九里站（68）要大得多。

综上所述，在评价轨道交通站点重要性时，不将最大连通子图相对大小和连通可靠性作为聚类分析指标。

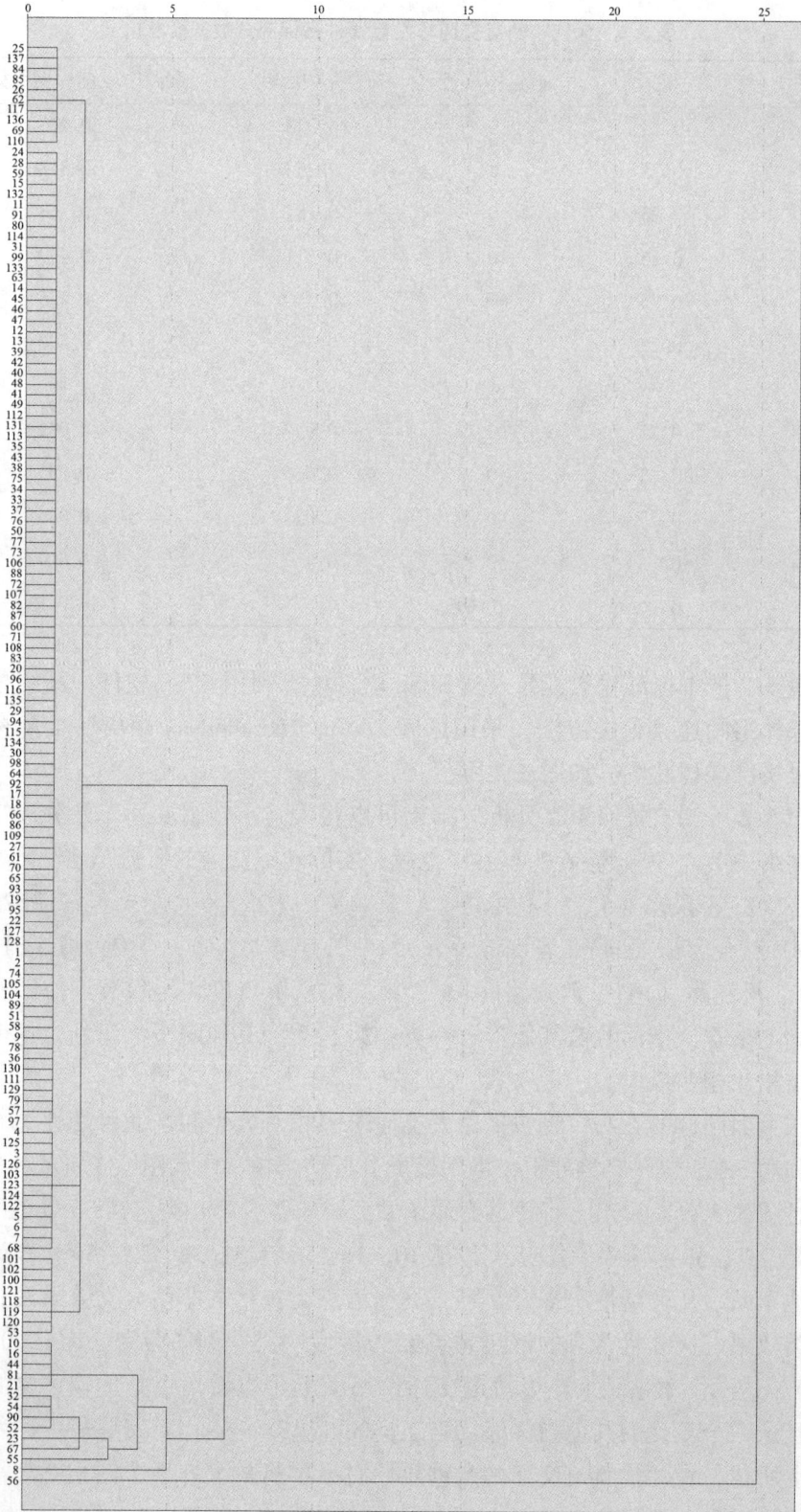

图 5.2　聚类分析结果树状图（4 个指标）

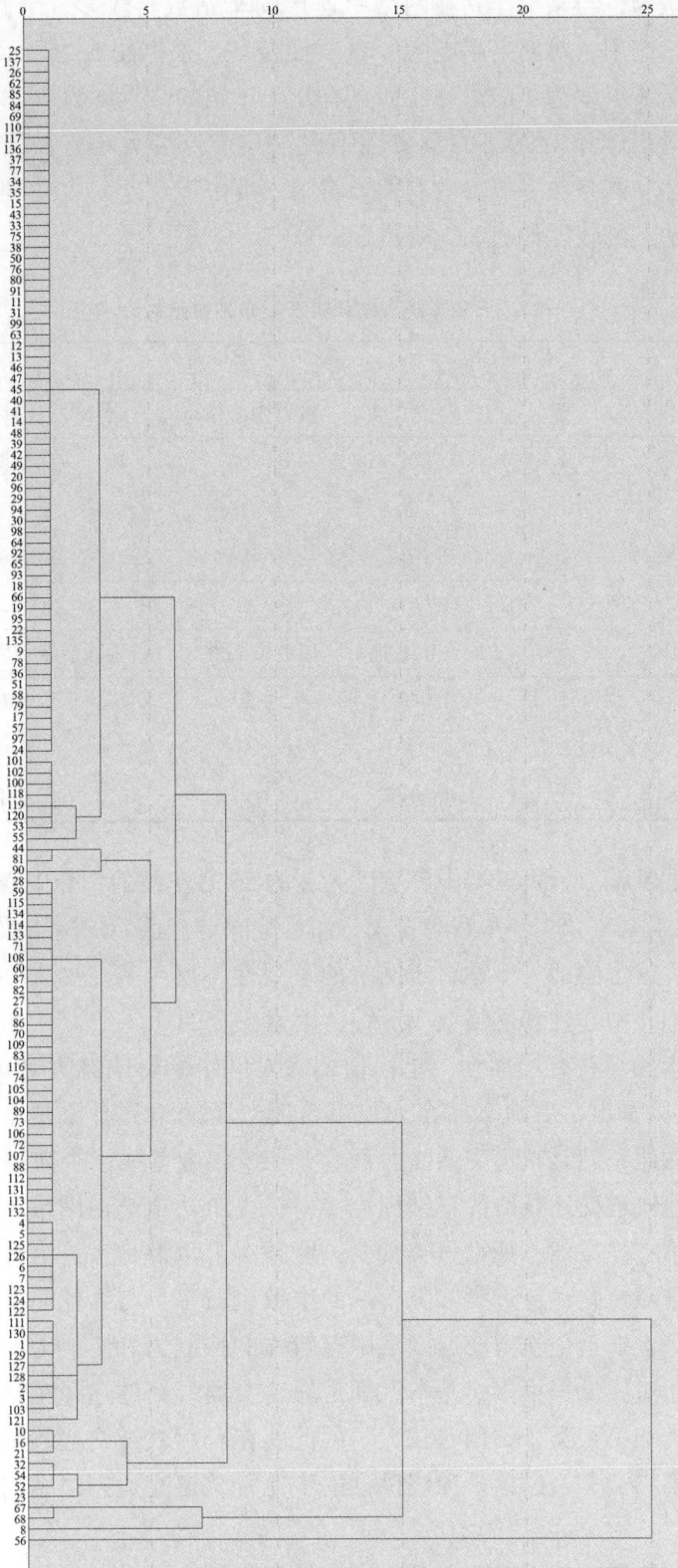

图 5.3 聚类分析结果树状图（6 个指标）

一般我们认为，与某个车站在网络中连接的车站数目较多（节点度较大），在网络中起到枢纽作用，对网络影响大、重要性较高。根据图 5.2 显示的第二类车站来看，不仅包括节点度为 4 的车站，而且有几个车站的节点度为 2、3 也是属于第二类。由此可以看出车站对网络的重要性不仅仅与节点度大小有关，还与接近中心性、中介中心性和网络效率等参数有关。将第二类中节点度为 2，3 的车站与第三类节点度为 3 的站点比较，如表 5.3 所示。

表 5.3 第二类车站和第三类车站参数对比

车站序号	第二类			
	度	中介中心性	接近中心性	删除节点前后网络效率差
52	3	0.002	36.258	0.124
67	3	0	23.410	0.124
55	2	0.191	36.484	0.124
车站序号	第三类			
	度	中介中心性	接近中心性	删除节点前后网络效率差
24	3	0.049	2.930	0.006
28	3	0	3.137	0.005
59	3	0.009	8.050	0.124

从表 5.3 可以看出，第二类中节点度为 2 的 55 号车站的中介中心性和接近中心性比第三类的 24、28、59 号车站的要大，而且删除节点前后的网络效率差也不小于第三类的车站。这也验证了车站对于网络的重要性不仅与节点度大小有关，也是由接近中心性、中介中心性和网络效率等综合因素决定的。

由于所有指标都具有同向性，指标值越大对网络的影响越大（郭瑞军、张勇，2006）。综上可以看出，后盐车站在大连市轨道交通网络具有重要作用，从轨道交通线路来看，后盐车站是轨道交通 1 号线、4 号线和金普线 3 个轨道线路经过的站点，与 5 个其他轨道交通线路的车站相连接，在整个轨道交通网络中起着重要的枢纽作用；其次第二类虽然不如第一类重要，但基本上也都是大连市轨道交通的换乘车站，并且网络最短路径经过第二类车站的次数也较多，与其他非直接连接的车站接近程度也较好，在整个轨道交通网络中有较强的控制力和影响力；其余第三类中的车站重要性相对要低得很多，基本上都是轨道交通线路的途径车站，并且综合指标值都与第一类和第二类车站相差较大。因此，在今后轨道交通的规划发展中，要加强第一类和第二类车站的保护和建设，逐步完善轨道交通网络结构，提高整体运行效率。

本章通过对轨道交通网络特征参数指标计算，结合聚类分析的数学方法，利用

SPSS 软件，按照指标参数对车站重要性的影响，将轨道交通网络中每一个车站进行聚类。结果表明，可以将大连市轨道交通网络中的车站分成 3 类，第一类是在轨道交通线网中重要性最高的后盐车站；第二类包括除了第一类之外其他换乘车站，也是网络中重要的一部分；而第三类车站的重要性相对较差，基本上是各个线路途径站点。聚类分析法得出的车站重要性只是相对而言，不代表第三类车站发挥的作用就小，实际轨道交通网络中的每个车站都是网络的组成部分，缺少哪个节点整个网络都不是完整的。

5.3 结论

基于复杂网络的基本理论，以大连市轨道交通网络为研究对象，计算并分析了2002—2020 年这 19 年发展其间轨道交通网络的增长系数、节点度、平均路径长度、聚类系数和网络效率等参数的变化。

在此基础上以 2020 年大连市轨道交通网络作为研究对象。通过模拟实际可能发生的恐怖袭击和自然灾害这两种破坏方式，采用以节点度大小为攻击顺序的选择攻击和借助 EXCEL 产生随机数的随机攻击。选取节点度、中介中心性、接近中心性和连通可靠性定量的描述轨道线网可靠性；选取最大连通子图相对大小和网络效率定量分析轨道线网抗毁性。

最后，通过模糊聚类分析对大连市轨道交通车站重要性研究。得出以下结论：

（1）研究发现，大连市轨道交通网络在 2002—2020 年这 19 年一直稳定快速发展，大连市轨道交通网络密集程度逐年增加。对于大连市轨道交通网络的 $C=0$，主要是轨道线网中相交形成闭合回路较少，导致其整体聚集性较差；而网络效率值也低于其他城市的轨道交通网络，间接反映出大连市轨道交通线网存在的不足。在今后对大连市轨道交通网络规划发展时，要重点提高整个轨道线网密度。

（2）通过 2020 年大连市轨道交通网络的累计度分布的拟合函数可以看出，它不具有无标度特性；由于整个轨道交通线网 $C=0$，所以它不具有小世界现象。因此大连市轨道交通网络是一个随机网络，既不具有小世界特性，也不具有无标度特性。

（3）根据可靠性的指标显示，节点度、中介中心性、接近中心性越大的轨道交通车站对整个轨道线网的影响越大；轨道交通网络连通可靠性在选择攻击作用下比随机攻击作用下的下降速度更快；而对于轨道交通网络瓦解速度也是选择攻击比随机攻击变化得更快。

（4）采用两种不同攻击方式作用下分析大连市轨道交通线网抗毁性，在选择攻击时，线网的抗攻击能力比随机攻击要差，说明了轨道交通线网在选择攻击下的脆弱性；在随机攻击时，轨道交通线网反映了其一定的抗攻击能力，体现了线网抗毁性。

（5）利用模糊聚类的系统分析方法，将大连市轨道交通车站分成了3类，第一类是在大连市轨道交通网络中最重要的枢纽车站，并起到对整个轨道交通线网支撑作用；第二类是包括大连市轨道交通其他换乘的车站以及轨道交通网络最短路径所经过频率较高的车站；第三类主要是线路的途径站。通过对车站的分类，在今后轨道交通建设中重点对第一、第二类车站进行规划建设并对其采取有效的保护措施。

本书未全面研究其他因素对轨道交通网络的影响，下面几个方面可以作为今后的研究方向：

（1）轨道交通车站受到破坏时，被破坏车站所在的线路就会完全失效。在研究轨道交通网络复杂特性时，也可以利用对偶法，即将轨道线路作为节点，各个轨道车站作为边进行拓扑建模，研究轨道线网复杂性也具有实际意义。

（2）对于节点攻击假设，本书只考虑了轨道交通车站的破坏导致连接线路失效，并且被攻击的车站还属于整个轨道网络中的一部分。根据实际可能发生的情况，还会存在车站受到攻击时失效，使得整个车站在轨道网络中不存在，但是连接车站的轨道线路继续存在，导致了与被攻击车站相邻站点直接连接。

（3）在研究可靠性时，没有考虑轨道交通运行速度、运行时间等运营指标，今后研究时要注意与实际轨道交通运营情况相结合，更好地反映出实际的运行效率。

（4）本书只是针对轨道交通这单一的公共交通网络研究，今后可结合城市的公交线路全面研究城市公共交通网络系统，如果某种出行方式的一个站点失效，通过公共交通网络换乘系统，出行者可以通过选择其他交通方式到达目的地，为以后对公共交通网络研究提供了一个新的研究思路。

6 城市主干路网的拓扑特性

6.1 大连市主干道路的网络建模

大连市中心城区道路网为"网状式+自由式"布局。干路系统呈"四纵四横"格局,"四纵"包括联合路、东北路、长春路和西安路;"四横"包括中山路、人民路、五四路、高尔基路和长江路。其中大连市主干路 40 条,支路等街道 50 条,本书为研究大连市城区的路网结构特征,主干路更能符合研究要求,因此通过城市的电子地图,对大连市 40 条主干路进行统计,并对这 40 条道路进行标号 1~40。实际路网如图 6.1 所示。

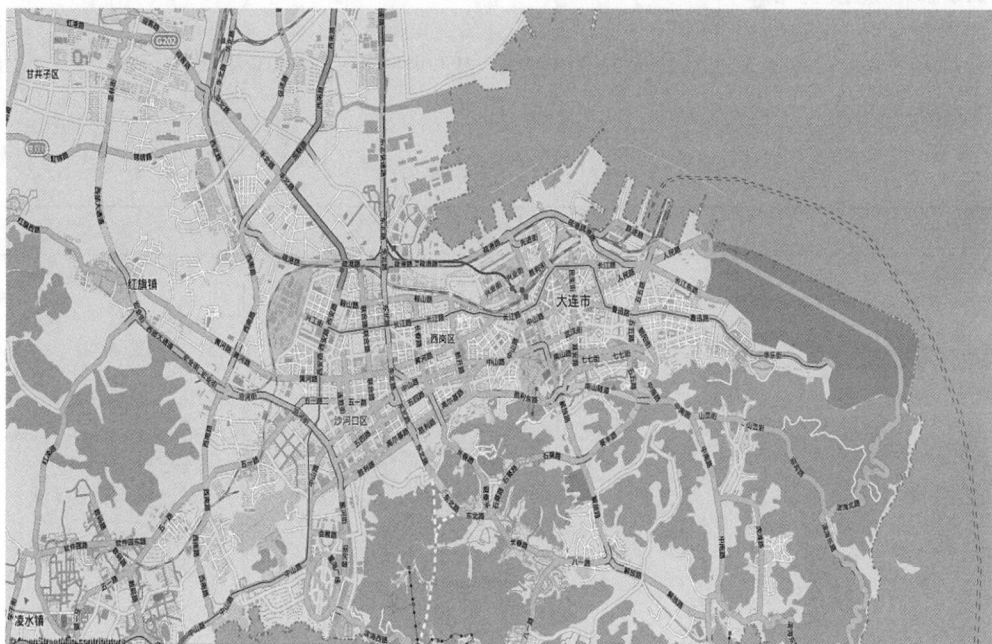

图 6.1 大连市主干路网

通过各条主干路之间的关系,将 40 条主干路的位置关系转化成为数学关系,即关系矩阵,将关系矩阵导入 Ucinet 软件中,根据对偶法生成大连市主干路网的拓扑结构模型,如图 6.2 所示。

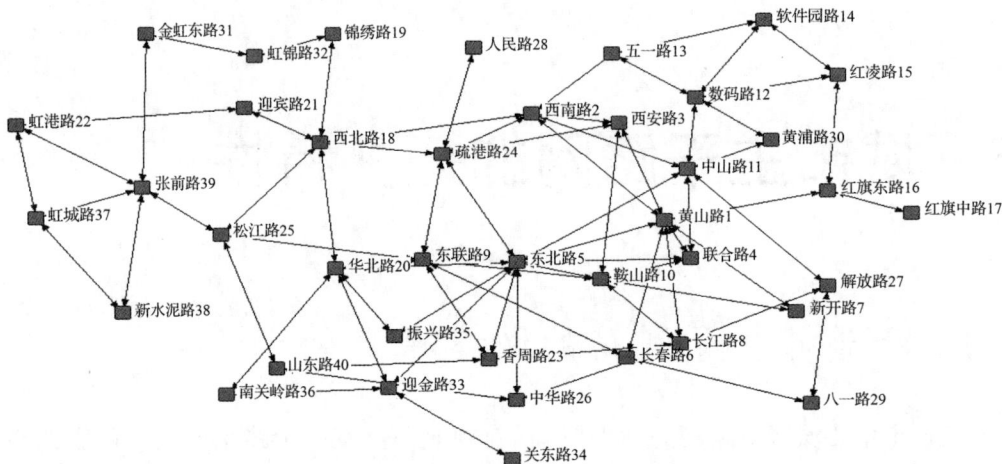

图 6.2　大连市路网拓扑结构

6.2　大连市主干路网的拓扑结构分析

6.2.1　节点度分析

通过 Ucinet 软件，计算步骤：Network →Centrality→ Degree。得出各个主干路的度，见表 6.1。

表 6.1　各个主干路的度

序号	度	序号	度	序号	度	序号	度
1	8	11	6	21	2	31	2
2	6	12	5	22	3	32	2
3	4	13	3	23	4	33	4
4	4	14	3	24	6	34	1
5	10	15	3	25	4	35	2
6	3	16	3	26	3	36	2
7	2	17	1	27	3	37	3
8	5	18	6	28	1	38	2
9	6	19	2	29	2	39	5
10	6	20	6	30	2	40	3

经计算得知，大连市主干路网的平均度值$<k>=3.7$，即平均每个主干路都与大约 4 条干路相连接。而度值相对较高的 1、2、5、9、10、26 的节点主要分布在大连市较为繁华的地段，是大连市路网的"骨架"。

6.2.2 无标度和小世界特性分析

绘制大连市主干路网的累积度分布散点图，它们的对数关系如图 6.3 所示，其中横坐标 $\lg k$ 表示路网度的对数，纵坐标 $\lg p_k$ 表示度的累积概率的对数。

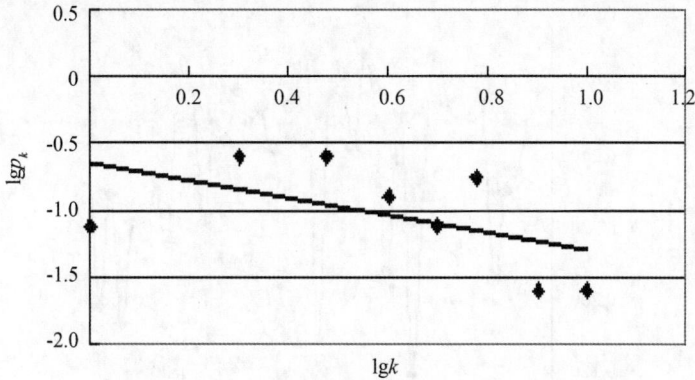

图 6.3 大连市主干路网的累计度分布曲线

通过图 6.3 得到累积度分布散点图的拟合函数：

$$y = -0.642\,3x - 0.657\,6$$

根据式（2.10）推导的 $\gamma - 1 = -k$，k 为分布曲线拟合函数的斜率，即度分布函数的幂指数 $\gamma = 1.64$。其中 x 轴表示 $\lg k$，y 轴表示 $\lg p_k$。通过拟合函数可以看出，大连市主干路网的度分布的对数函数大致趋向于直线形式。也就是说大连市主干路网的累积度分布呈幂律函数的关系，且幂指数 γ 的取值小于 2。因此，大连市主干路网的拓扑结构不具有无标度特性。

通过 Ucinet 软件计算出路网的平均路径长度、聚类系数如下：

$$L = 3.025 \qquad C = 0.243$$

根据上面的计算结果得出节点度 $N = 148$，平均节点度 $<k> = 3.7$。根据式（2.7）和式（2.8）得出，$L_{rand} = 3.82$，$C_{rand} = 0.025$。

由此可知，$L/L_{rand} = 0.839$ 接近于 1，$C/C_{rand} = 9.72$，说明结果满足式（2.5）和式（2.6）。

以上数据可以看出，大连市实际路网有较小平均路径长度且具有较大的聚类系数，所以说大连市城市路网是一个典型的小世界网络，但不具有无标度特性。

从大连市主干路网是一个不具有无标度特性的小世界网络可以看出：一方面，在大连市实际的交通出行中，仅需要经过很少的主干路就能到达目的地；另一方面，大连市实际路网中的个别主干路与其他各个主干道路相连通的数量较少，仅有 3 条主干道的节点度为 1，有 13 条主干路的节点度 $k \leqslant 2$，大部分主干道路的连通性较好，有 17 条主干路的节点度 $k \geqslant 4$。也反映了大连市实际主干路网的连通性相对较好。

6.2.3　删除节点后的参数分析

模拟删除节点实验，对 40 个节点分别进行"破坏"，也就是节点数失效，分别计算删除每个节点的路网的聚类系数和平均路径长度，如图 6.4 所示。

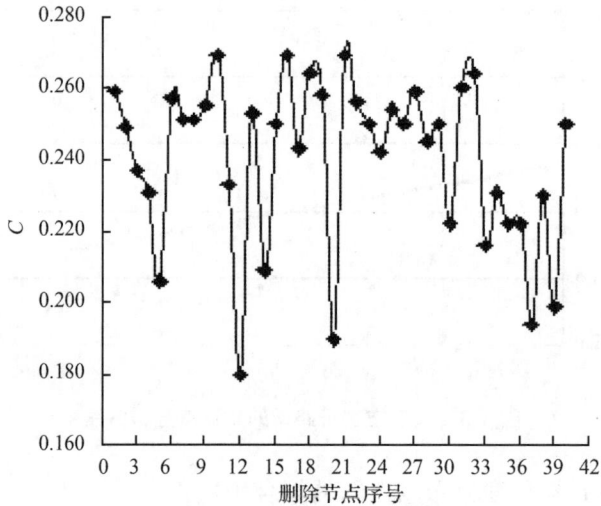

图 6.4　删除节点序号对应的路网的聚类系数

节点的聚类系数越大，说明路网中节点之间联系越紧密，而路网整体的聚类系数就是所有节点的聚类系数的平均值。因此，路网的聚类系数越大，路网结构越稳定。

通过图 6.4 可以看出，删除 5、12、14、20、37、39 号节点，路网的聚类系数相对较小，通过与删除节点前整个路网的平均聚类系数 $C = 0.243$ 相比，明显小于删除节点前的聚类系数，因此删除这些节点可能会破坏整个路网的紧密性。

平均路径长度越小，表明路网中相邻节点的拓扑距离越小，网络的整体可达性越好。

通过图 6.5 得到，删除 1、5、11、18、25 号节点，路网的平均路径长度明显变大，与之前删除节点前的平均路径长度 $L = 3.025$ 相比更大，此时分别删除这些节点之后，整个路网的相邻节点对被"拉远"，也就是说节点对直接的最短距离增大，同时也导致了整个城市路网的可达性降低。

通过对比计算删除节点后的聚类系数和平均路径长度，可以发现在同时删除节点度较大的 5 号节点时，路网的紧密性和可达性都相对变化明显，从而间接证明了节点度大的节点，所代表的路段重要性越高，在路网中起的作用越大。另一方面，在删除节点度稍小的 14、37、39 号节点时，聚类系数也相对变化明显，聚类系数不仅受节点度高的影响较大，而且可能与路网空间布局等其他因素有关；而平均路径长度可能受除了节点度之外的其他因素影响相对较小。

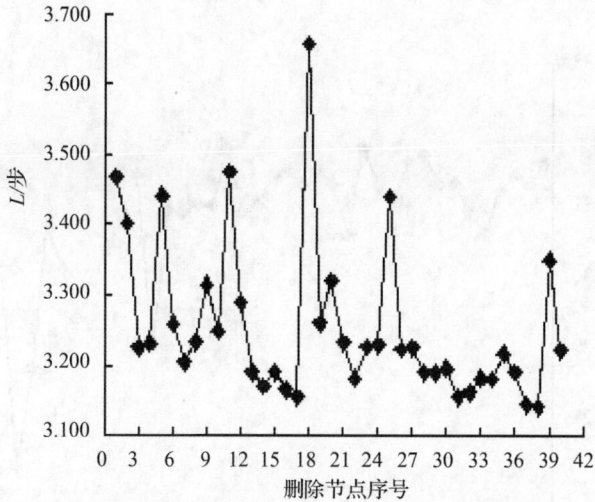

图 6.5　删除节点序号对应的路网平均路径长度

6.2.4　城市路网效率分析

根据网络效率公式（2.21），计算大连市主干路网的网络效率 $E=0.331$。再根据前面删除节点实验的数据结果得出删除节点之后的网络效率，见表 6.2。

表 6.2　删除各个节点的网络效率

序号	E	序号	E	序号	E	序号	E
1	0.288	11	0.287	21	0.309	31	0.317
2	0.294	12	0.304	22	0.314	32	0.316
3	0.310	13	0.313	23	0.309	33	0.314
4	0.309	14	0.315	24	0.309	34	0.314
5	0.290	15	0.313	25	0.290	35	0.311
6	0.306	16	0.315	26	0.310	36	0.313
7	0.312	17	0.316	27	0.309	37	0.318
8	0.309	18	0.273	28	0.313	38	0.318
9	0.301	19	0.306	29	0.313	39	0.299
10	0.307	20	0.301	30	0.313	40	0.310

按照节点度从小到大的顺序，依次删除相应节点后的路网效率的变化趋势，如图 6.6 所示。

综上可以看出，删除任意一个节点的效率值 E 比删除节点之前的 E 值要小，也就是说对任意路段进行随机或者有意的破坏，都会导致对大连市实际路网的连通性

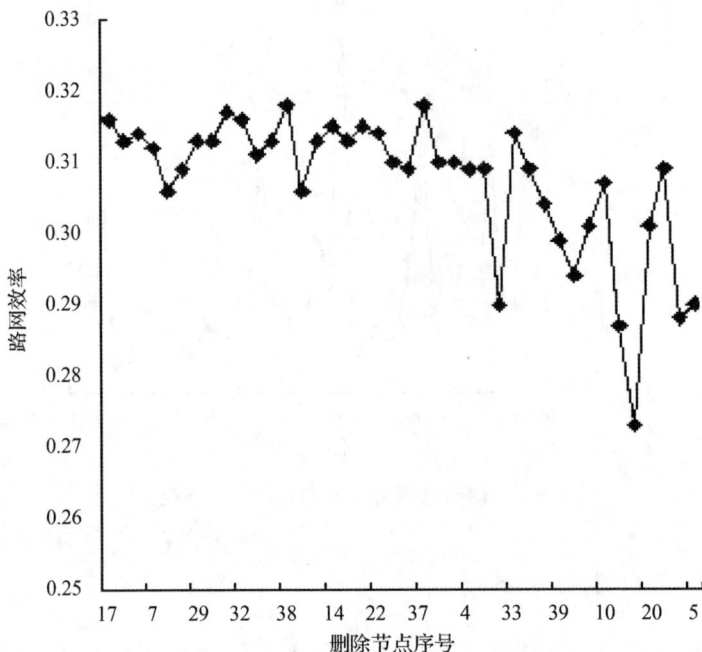

图 6.6 删除节点度从小到大对应的路网效率

降低；另一方面，节点度越大对路网的效率影响越明显，对节点度大的 1、5、9、18 号节点进行破坏时，网络效率会下降到更小，从中反映出节点度高的节点对路网连通性也有着重要的关联。

6.3 结 论

要评价一个实际的城市路网，网络的可达性、结构的稳定性和连通性是关键因素。而聚类系数、平均路径长度、节点度及路网效率等因素对其有重要的决定作用。综上所述，通过聚类系数、平均路径长度的数据分析，可以看出节点度大的点对路网整体的结构起着支撑作用，通常称作"枢纽"；通过网络效率分析，可以看出大连市主干路的连通性相对较好，也反映出大连市实际路网的稳定性。假设路网中节点度大的节点遭受的人为或者自然灾害，造成失效，整个城市会受到冲击，严重的甚至会发生瘫痪。

本章从复杂网络的角度对大连城市路网进行了分析，运用对偶法对大连城市路网进行拓扑建模，通过计算，大连城市路网不具有无标度特性，是典型的小世界网络。从平均路径长度、聚类系数、节点度等特性上分析实际路网存在的问题，并为城市中出现的拥堵、布局等难题提供了参考意见。交通管理部门可以根据节点度越高的路段在城市中的重要度越大的结论，在高峰期对节点度高的路段加以重视，实行人工或智能的道路交通管理。对道路突发事故的模拟，可以看出节点度高的路段对城市路网具有支撑作用。当其中某一条或几条路段出现问题，就可能导致整个城市道路通行能力的下降，直接影响我们的正常交通出行。最后通过路网效率，节点度较大的道路失效会使得实际城市路网连通性降低较快。

7 区域高速公路网络可靠性研究

7.1 引言

路网可靠性是道路交通网络达到某种服务水平的可靠程度（Taylor，2012），综合评价特定路网的可靠性，对于道路管理者来说不仅有助于针对不同时段的交通流量对路网进行优化，提高路网整体的通达性，也能够在路网中出现事故或自然灾害而导致路网整体结构被破坏时提出合理可行的应急方案，减少道路使用者的行程时间，提高运输效率。

研究路网结构及运行的指标有抗毁性、可靠性和鲁棒性等，道路运输系统的抗毁性（Berdica，2002）是其对于交通事件的敏感程度，交通事件可导致道路网络服务能力的减少。1995 年日本神户发生大地震，交通学者对交通网络可靠性进行了深入研究，特别是在出行时间可靠性方面有了许多研究成果（Bell、Shield 等，1997；Clark、Watling，2005；Yang、Tang，2000）。Uno、Iida 等（2002）研究动态信息对于行程时间可靠性的影响概率，指出旅行时间的显示信息可能导致行程时间的降低。Akito 等（2009）利用实地采集数据研究了 Hanshin 高速公路网络行程时间可靠性。Keemin 等（2009）提出了估计路段行程时间动态变化的方法，为准确计算行程时间可靠性奠定了基础。Sumalee 等（2013）指出动态行程时间可靠性的关键是动态行程时间分布估计，设计了一种抽样过程估计路段行程时间的概率质量函数，分析了路段行程时间在随机和动态变化下的分布特征，并在此基础上计算了行程时间可靠性。裴玉龙等（2005）用 MonteCarlo 方法模拟了公路网运营的行程时间可靠性。许良（2006）选取了连通可靠性、出行时间可靠性和能力可靠性指标作为城市道路交通网络设计问题的优化目标，分别建立了相应的城市道路交通连续网络设计模型。唐小勇等（2007）借助已有的交通流理论，基于路段故障率分析，建立了行程时间可靠性估计模型。陈琨等（2009）分别考虑路段相关和路段独立两种情况，建立了基于对数正态分布的路径行程时间可靠性评价模型。郭志勇等（2010）利用浮动车调查数据，在不同的时间段内计算出了路径的行程时间可靠性，并基于此建立了城市区域控制系统运营效率的评价模型。柏喜红（2014）总结了变异系数、缓冲时间、延迟行程及行程时间分布等行程时间可靠性指标。

本章利用对偶法对某区域高速公路网的拓扑结构建模，求出了拓扑网络的节点度，针对随机攻击和选择攻击，分析路网连通可靠性的变化。并提出了计算行程时间可靠性的新方法，研究在不同行程时间系数和延迟时间系数下，路网行程时间可靠性的变化规律，综合分析在道路阻断与拥挤的混合条件下路网的可靠性。

7.2　公路复杂网络的可靠性相关参数

复杂网络的指标有节点度、中介中心性、接近中心性、平均路径长度、聚集系数、网络全局效率、可靠性等指标，其中可靠性包含连通可靠性、行程时间可靠性以及路网可靠性3种指标。

7.2.1　连通可靠性

连通可靠性描述了路网节点之间保持连通的概率，可以定义为路网中任意两个节点之间至少存在一条路径连通的概率（Higatani、Kitazawa，2009）。而对于整个路网只要任意两点间存在通路则认为该公路网在某种程度上是可靠的。其计算同式（2.20）。

7.2.2　行程时间可靠性

7.2.2.1　路段行程时间

一般以 BPR 函数计算路段行程时间，具体形式如下：

$$T_a = t_a \left[1 + \beta \left(\frac{x_a}{C_a} \right)^{n_v} \right] \tag{7.1}$$

式中，T_a 为路段 a 上的行程时间；x_a 为路段 a 上的交通流量；C_a 为路段 a 的通行能力；β、n_v 参数需根据实际情况标定。

7.2.2.2　基于变异系数的行程时间可靠性

行程时间可靠性描述了交通出行能在某一时间范围内完成的概率。可以通过统计车辆的行程时间数据，将其变异系数作为行程时间不可靠性（唐小勇，2007），其计算公式如下：

方差 $S(t)$ 为：

$$S(t) = \frac{1}{n_v} \sum_{i=1}^{n} (t_i - \bar{t})^2 \tag{7.2}$$

标准差 σ 为：

$$\sigma = \sqrt{S} \tag{7.3}$$

变异系数 $CV(t)$ 为：

$$CV(t) = \sigma / \bar{t} \tag{7.4a}$$

式中，n_v 为统计车辆的个数；t_i 为 i 时刻的行程时间。

本文将 R_{cv} 定义为基于变异系数的行程时间可靠性，引入邻近阻断状态的单位行

程时间 t_d，详见 7.2.2.4，则 R_{cv} 的计算公式为：

$$R_{cv} = \frac{t_d - 6}{\bar{t}} \tag{7.4b}$$

式中：$\bar{t}$ 为平均行程时间。

7.2.2.3 基于延迟行程指标的行程时间可靠性

基于延迟行程方法是将行程时间按照从小到大顺序排列，利用行程遭遇指数来表示路网的不可靠性（Lomax、Schrank 等，2003），计算公式为：

$$MI = \frac{M_{(t_i > t_{80\%})} - \overline{M}}{\overline{M}} \times 100\% \tag{7.5}$$

式中，MI 为遭遇指数；M（$t_i > t_{80\%}$）为按由小到大排列的后 20% 的行程时间均值；$\overline{M}$ 为所有出行车辆的行程时间均值。

7.2.2.4 基于延迟时间系数的行程时间可靠性

利用变异系数指标可以消除不同路径长度对行程时间的影响，而遭遇指数则是用来评价偶发因素对行程时间的影响。两种方法在计算单条道路的行程时间可靠性是有效的，但对于大规模路网，由于各条道路设计速度不同，实际车辆速度差异很大，统计所有车辆速度并求平均速度进行计算，较难准确反映实际路网运行的可靠程度。而利用 BPR 函数计算路段行程时间的方法中，行程时间不易确定，且该方法只计算单条路段的行程时间，同时并未直接反映其可靠性。

基于上述 3 种方法的局限性，为更直观描述公路网络的车辆运行的可靠程度，提出了基于延迟时间系数的行程时间可靠性计算方法。

以最大限速为 v 可得单位距离的行程时间，作为最小单位行程时间 $t_{\min}$。由每条高速公路的平均行程速度可以计算其单位行程时间，并求第 i 条（$i = 1, \cdots, n$，n 为道路条数）高速公路的单位行程时间 t_i，其与最小单位行程时间 $t_{\min}$ 的相对比值称为行程时间系数 Δ_i，其均值为 Δ_x，如式（7.6）所示。设定邻近阻断状态的单位行程时间 t_d（如当车辆平均速度为 10 km/h 时），计算此时的行程时间系数 Δ_d，称为阻断系数，如式（7.7）所示。设第 i 条高速公路的 80% 行程时间 $t_{i,80}$（将行程时间按照从小到大顺序排列，后 20% 的行程时间的均值，即行驶速度按照从小到大顺序排列在前 20% 的速度均值）与最短单位行程时间 $t_{\min}$ 的相对比值称为延迟时间系数 $\Delta_{i,80}$，其均值为 $\Delta_{x,80}$，如式（7.8）所示。最后利用 Δ_x、Δ_d 和 $\Delta_{x,80}$ 计算行程时间可靠性 R_t，如式（7.9）所示：

$$\Delta_x = \frac{1}{n} \sum_{i=1}^{n} \Delta_i = \frac{1}{n} \sum_{i=1}^{n} \frac{t_i - t_{i,\min}}{t_{i,\min}} \tag{7.6}$$

$$\Delta_d = \frac{1}{n} \sum_{i=1}^{n} \frac{t_{i,d} - t_{i,\min}}{t_{i,\min}} \tag{7.7}$$

$$\Delta_{x,80} = \frac{1}{n} \sum_{i=1}^{n} \frac{t_{i,80} - t_{i,\min}}{t_{i,\min}} \tag{7.8}$$

$$R_t = 1 - \sqrt{\frac{\Delta_x + \Delta_{x,80}}{2\Delta_d}} \tag{7.9}$$

式中，Δ_x 为行程时间系数；Δ_d 为阻断系数；$\Delta_{x,80}$ 为延迟时间系数；R_t 为行程时间可靠性；t_i 为第 i 条公路的单位行程时间；$t_{i,\min}$ 为第 i 条公路的最小单位行程时间；$t_{i,d}$ 为第 i 条公路邻近阻断状态的单位行程时间；$t_{i,80}$ 为第 i 公路的 80% 行程时间；n 为道路条数。

7.2.3　路网可靠性

连通可靠性和行程时间可靠性分别表征了路网结构和交通运行的可靠程度，实际路网可由路网可靠性综合表征，并由连通可靠性和行程时间可靠性加权求得，路网可靠性 R 的计算公式为：

$$R = \alpha_c R_c + \alpha_t R_t \tag{7.10}$$

式中，α_c 为连通可靠性的权重；α_t 为行程时间可靠性的权重；$\alpha_c + \alpha_t = 1$。

引用文献（Sumalee、Pan 等，2013）中结论，当发生突发性交通拥堵时，行程时间的权重较大，为 0.625；当发生自然灾害导致道路拥堵时，结构连通的权重较大，为 0.691。

7.3　高速公路网建模及拓扑指标计算

对于某区域高速公路网，对其 32 条公路进行标号，如图 7.1 所示。

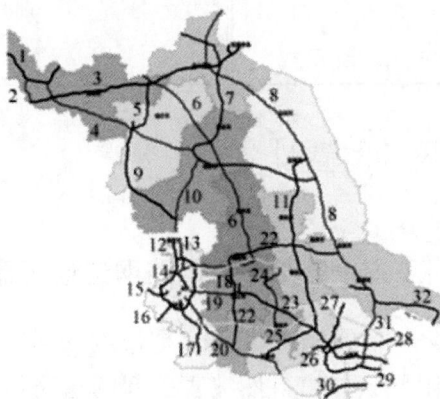

图 7.1　区域高速路网标号图

利用对偶法得到区域高速路网拓扑结构，如图 7.2 所示，图中高速公路视为网络节点，它们的衔接关系视为网络中的边。

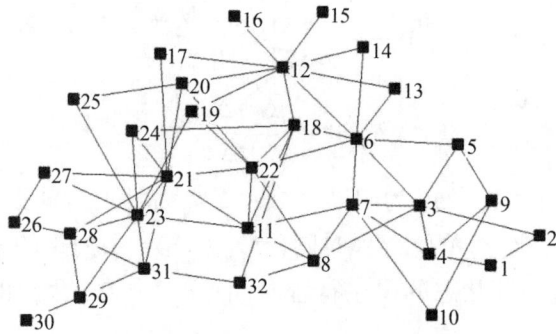

图 7.2　区域高速路网对偶拓扑图

利用 Ucinet 软件计算拓扑网络关于各条道路节点度指标，具体结果如表 7.1 所示。

路网可靠性反映路网结构的连通可靠性和反映路网交通运行的行程时间可靠性，通过研究随机攻击与选择攻击条件下的路网连通可靠性的变化规律，以及在不同方法下行程时间可靠性的变化规律，从而对该区域路网的可靠性作出综合评价。

表 7.1　高速公路网各个节点的度

节点	节点度	节点	节点度	节点	节点度	节点	节点度
1	2	9	3	17	2	25	2
2	2	10	2	18	6	26	2
3	6	11	6	19	3	27	3
4	4	12	9	20	4	28	5
5	3	13	2	21	9	29	4
6	8	14	2	22	7	30	1
7	6	15	1	23	9	31	5
8	5	16	1	24	3	32	3

7.4　高速公路网可靠性分析

7.4.1　随机和选择攻击下逐个移除节点的路网连通可靠性

在复杂网络里有"攻击"的概念，指的是边的失效或断裂，在道路网络中，"攻击"可以理解为道路阻断，如由自然灾害引起的道路损毁、交通事故或严重交通拥堵引起的道路堵塞、道路施工维护等引起的道路封闭，甚至由于恐怖袭击所造成道路毁坏等。选择攻击是一种恶意的对道路网结构的破坏，从而使路网快速瘫痪，而随机攻击则对攻击的道路不做选择，逐条攻击，最终也可使得道路网瘫痪。

分别计算随机攻击和选择攻击下逐个移除节点后的路网连通可靠性，其中随机攻击移除节点的顺序按随机产生的 32 个数值排序，选择攻击移除节点的顺序按节点度从大到小排序。

由图 7.3 可知，随机攻击时经 28 步可使得网络连通可靠性降为 0（所有节点均孤立，表现为路网瘫痪，所有道路均互不连通），而选择攻击经 22 步即可使网络连通可靠性为 0；且在 16 步以内，选择攻击的连通可靠性始终低于随机攻击，从第 17 步开始，选择攻击的剩余网络是由 3 个两节点子网组成，而随机攻击的剩余网络是一个含 11 个节点的连通子网。

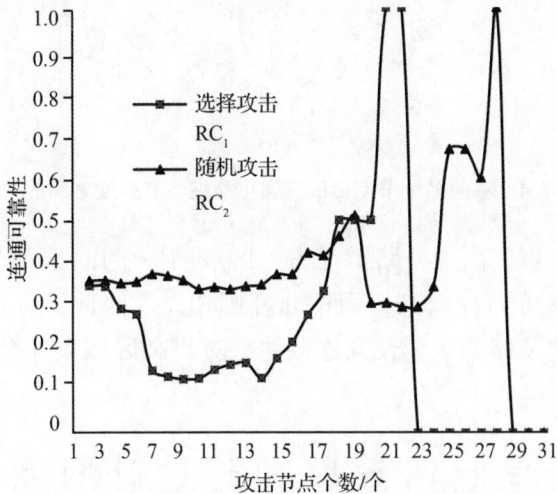

图 7.3　选择攻击与随机攻击条件下的路网连通可靠性

综上，当有选择地将节点度大的点移除后，路网的连通可靠性大幅下降。而当任意移除节点时，路网的连通可靠性下降较为缓慢。即由高节点度节点所代表的高速公路对于区域公路网的连通可靠性要比其余高速公路重要，这些关键道路的阻断会对整个路网结构造成严重影响。

7.4.2　移除多个节点的路网连通可靠性

以上网络的攻击均为逐个移除节点，可能是路网中某一条高速公路阻断，而后引起其他公路的依次阻断，或者是对于公路网进行逐一破坏。实际路网中，由于突发交通事件或局域性的自然灾害，有时会引起大面积的交通堵塞，从而致使多条道路阻断。设计以下情景，当路网中有 2 条或 3 条道路阻断，统计移除节点的节点度之和，并计算和分析网络的连通可靠性变化情况，如图 7.4 所示。

由图 7.4 可知，随着移除点的节点度之和的增加，网络连通可靠性有明显的下降趋势。因此，增加高速公路数量，特别是节点度高（与多条公路相连）的公路是提高路网连通可靠性的有效手段。

在该区域实际高速公路网中，其南部与北部的公路构成有明显差异，占区域总

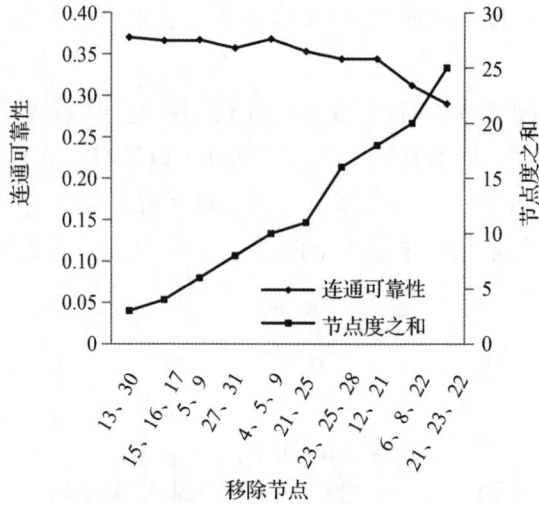

图 7.4　移除多个节点后的连通可靠性与节点度之和的关系

面积约 1/3 的南部区域，高速公路里程占了区域的一半以上，对应节点的节点度较高，高速网络的连通可靠性较高，而中北部则相反。因此，合理地提升路网密度，特别是增加北部高速公路的数量及其连接性，对提高区域高速公路网络的连通可靠性有较大帮助。

7.5　不同行程时间系数和延迟时间系数下的行程时间可靠性

连通可靠性反映了路网整体结构的连通状况，并不能反映出路网的交通运行情况，为此，假定路网车辆的不同运行速度，用行程时间来反映路网运行的可靠性。

以调查时间内的路网所有车辆为统计对象，通过统计每条高速公路的运行车辆平均速度，得每条高速公路的单位行程时间，并计算其均值及方差。将所有车辆的单位行程时间作为统计样本，可计算得出总均值与总方差，其数值与每条道路单位行程时间的均值及方差有关，其具体推导过程如 7.5.1 节。

设定路网所有车辆速度服从正态分布。当最大限速和临近阻断速度给定时，R_f 仅与每条道路的车速有关，反映在公式中即为 Δ_x 和 $\Delta_{x,80}$ 两个变量，所以可分成两种情况，即不同行程时间系数下的拥挤道路行程时间可靠性和不同延迟时间系数下拥挤道路行程时间可靠性。

给定临近阻断状态的车辆平均速度 $v_d = 10$ km/h，每条高速公路的最大限速为 120 km/h，用式（7.7）计算可得阻断系数为 $\Delta_d = 11$。

7.5.1　不同等级公路的路网车流速度均值和方差的推导

假设有 m 条高速公路，每条高速公路的车辆数分别为 n_1，n_2，$\cdots$，n_m，一定时间内每条高速公路上车辆的平均速度分别为 $\bar{x}_1$，$\bar{x}_2$，$\cdots$，$\bar{x}_m$，每条高速公路车辆的速度方差分别为 S_1，S_2，$\cdots$，S_m。将所有车辆数据混合作为样本，则混合后的所有车辆的平均速度和方差求解过程如下。其平均速度：

$$\bar{X} = \frac{n_1 \bar{x}_1 + n_2 \bar{x}_2 + \cdots + n_m \bar{x}_m}{n_1 + n_2 + \cdots + n_m} = \frac{\sum\limits_{i=1}^{m} n_i \bar{x}_i}{\sum\limits_{i=1}^{m} n_i} \tag{7.11}$$

对任一条高速公路，设车辆数为 n_v，其速度方差公式如下：

$$S_v = \frac{1}{n_v} \sum_{i=1}^{n_v} (x_i - \bar{x})^2 = \frac{1}{n_v} \sum_{i=1}^{n_v} (x_i^2 - 2\bar{x}x_i + \bar{x}^2)$$

$$= \frac{1}{n_v} \sum_{i=1}^{n_v} x_i^2 - 2\frac{\bar{x}}{n_v} \sum_{i=1}^{n_v} x_i + \bar{x}^2 = \frac{1}{n_v} \sum_{i=1}^{n_v} x_i^2 - \bar{x}^2 \tag{7.12}$$

所以，每一条高速公路的速度方差可以表示为：

$$S_1 = \frac{1}{n_1} \sum_{j=1}^{n_1} x_{1j}^2 - \bar{x}_1^2$$

$$S_2 = \frac{1}{n_2} \sum_{j=1}^{n_2} x_{2j}^2 - \bar{x}_2^2 \tag{7.13}$$

$$\cdots\cdots$$

$$S_m = \frac{1}{n_m} \sum_{j=1}^{n_m} x_{mj}^2 - \bar{x}_m^2$$

则当所有数据混合之后，总体的速度方差可表示为：

$$S = \frac{\sum\limits_{i=1}^{m} \sum\limits_{j=1}^{n_i} x_{ij}^2}{\sum\limits_{i=1}^{m} n_i} - \bar{X}^2 = \frac{\sum\limits_{j=1}^{n_1} x_{1j}^2 + \sum\limits_{j=1}^{n_2} x_{2j}^2 + \cdots + \sum\limits_{j=1}^{n_m} x_{mj}^2}{\sum\limits_{i=1}^{m} n_i} - \bar{X}^2$$

$$= \frac{n_1(S_1 + \bar{x}_1^2) + n_2(S_2 + \bar{x}_2^2) + \cdots + n_m(S_m + \bar{x}_m^2)}{\sum\limits_{i=1}^{m} n_i} - \bar{X}^2$$

$$= \frac{\sum\limits_{i=1}^{m} n_i(S_i + \bar{x}_i^2)}{\sum\limits_{i=1}^{m} n_i} - \bar{X}^2 \tag{7.14}$$

特别的，当每条高速公路的车辆数都相同时，即 $n_1 = n_2 = \cdots = n_m$ 时，混合之后的车速均值与方差可表示为：

$$\bar{X} = \frac{\sum\limits_{i=1}^{m} \bar{x}_i}{m} \tag{7.15}$$

$$S = \frac{1}{m} \sum_{i=1}^{m} \left(S_i + \bar{x_i}^2 \right) - \bar{X}^2 = \frac{1}{m} \sum_{i=1}^{m} S_i + \frac{1}{m} \sum_{i=1}^{m} \bar{x_i}^2 - \bar{X}^2 = \frac{1}{m} \sum_{i=1}^{m} S_i + S'$$

$$(7.16)$$

式中：S' 指 m 条道路车速均值的方差。

7.5.2 不同行程时间系数下低速道路的行程时间可靠性

假设高速公路网所有道路的畅行速度均为 110 km/h，其中一条或多条道路处于低速状态（如介于 10 km/h 与 110 km/h 之间），利用式（7.10）计算路网行程时间可靠性，此时路网的连通可靠性不变。

高速公路网所有道路的畅行速度均为 110 km/h，所有道路的 80% 速度均为 50 km/h，此时单位行程时间的方差为 0.605 min^2。设各条道路车辆速度均值为70 km/h、90 km/h、110 km/h，对应的方差分别为 0.166 min^2、0.401 min^2、0.508 min^2。当部分道路的速度变化且不同速度下的低速道路条数逐渐增加时，根据不同方法计算的路网行程时间可靠性的变化规律如表 7.2、图 7.5、图 7.6、图 7.7 所示。

表 7.2　路网行程时间可靠性变化规律（部分）

低速道路条数		行程时间		行程时间可靠性		
$v_i = 70$ km/h、$v_{i,80} = 50$ km/h	$v_i = 110$ km/h、$v_{i,80} = 50$ km/h	总均值 min^2	总方差 min^2	基于延迟时间系数	基于变异系数	基于延迟行程指标
1	31	0.555	0.594	0.738	1.390	0.221
2	30	0.565	0.584	0.736	1.353	0.206
3	29	0.574	0.572	0.735	1.317	0.198
…	…	…	…	…	…	…
28	4	0.818	0.231	0.696	0.588	0.102
29	3	0.828	0.215	0.694	0.560	0.101
30	2	0.838	0.199	0.693	0.532	0.103
31	1	0.847	0.182	0.691	0.504	0.103
32	0	0.857	0.166	0.690	0.475	0.104

由图 7.5 可看出，在延迟时间系数不变（$V_{i,80} = 50$ km/h）的条件下，随着低速道路条数的增加，路网的行程时间可靠性降低；随着行程时间系数的增加，路网的行程时间可靠性也降低。当速度为 90 km/h 时，虽有多条低速道路，但路网行程时间可靠性降低不大，甚至所有道路均拥挤时，行程时间可靠性仍为 0.719；当低速值均为 70 km/h 时，行程时间可靠性为 0.69，路网运行是相对"可靠的"，而当速度降低时，路网的行程时间可靠性有加速降低的趋势，这也是符合实际路网的运行状况的。

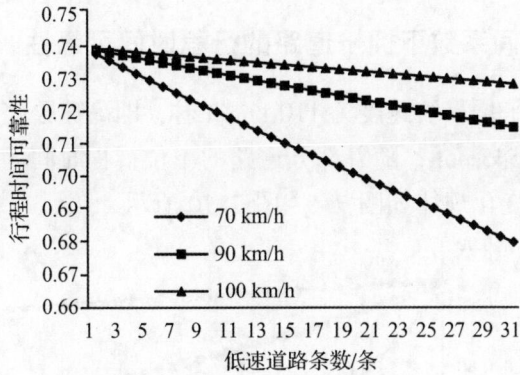

图 7.5　基于延迟时间系数的行程时间可靠性（$v_{i,80}=50$ km/h，$v_i=70$，90，100 km/h）

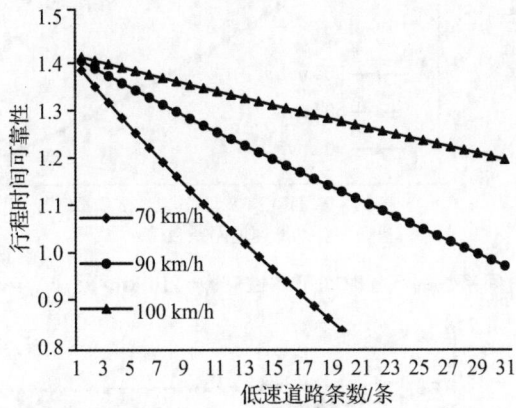

图 7.6　基于变异系数的行程时间可靠性（$v_{i,80}=50$ km/h，$v_i=70$，90，100 km/h）

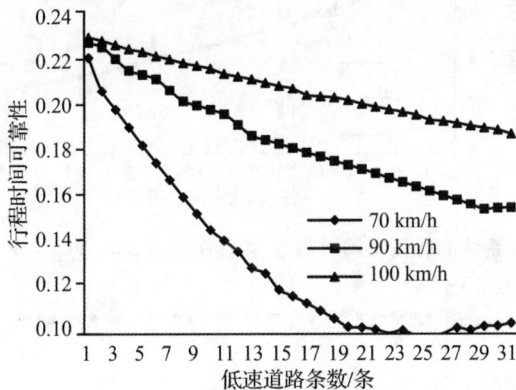

图 7.7　基于延迟行程指标（遭遇指数）的行程时间可靠性（$v_{i,80}=50$ km/h，$v_i=70$，90，100 km/h）

　　通过对比图 7.5 与图 7.6 和图 7.7 可看出，在延迟时间系数不变（$v_{i,80}=50$km/h）的条件下，当行程时间系数变化时，行程时间可靠性与变异系数和遭遇指数具有相同的变化趋势，即当行程时间系数最小时，也就是当高速公路网所有道路的速度都达到畅行速度 110 km/h 时，行程时间可靠性、变异系数和遭遇指数的数值都达到最大值，且随着低速道路条数增加，行程时间可靠性降低，三者变化规律基本一致。

7.5.3　不同延迟时间系数下拥挤道路的行程时间可靠性

设定每条道路的平均行驶速度为 110 km/h 时，即高速公路网所有道路的单位行程时间的均值均为 0.545 min，随着部分道路的单位行程时间的方差变化时，不同方法的行程时间可靠性变化规律如图 7.8~图 7.10 所示。

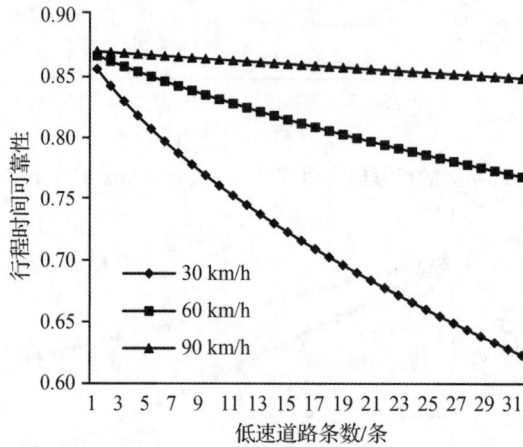

图 7.8　基于延迟时间系数的行程时间可靠性（$v_i = 110$ km/h，$v_{i,80} = 30$，60，90 km/h）

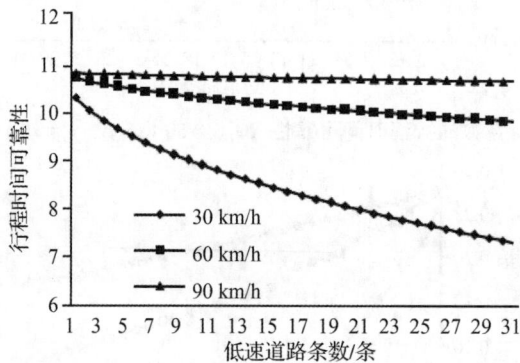

图 7.9　基于变异系数的行程时间可靠性（$v_i = 110$ km/h，$v_{i,80} = 30$，60，90 km/h）

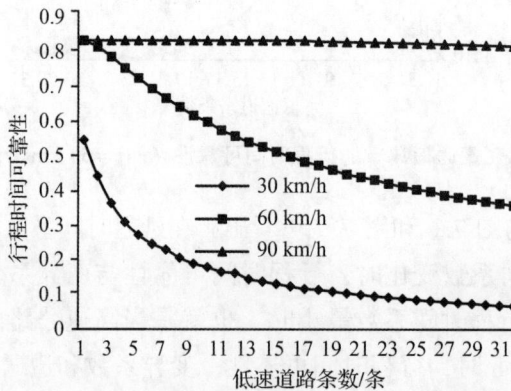

图 7.10　基于延迟行程指标（遭遇指数）的行程时间可靠性（$v_i = 110$ km/h，$v_{i,80} = 30$，60，90 km/h）

　　由图 7.8 可以看出，在行程系数不变的条件下，随着低速道路条数的增加，路网行程时间可靠性降低；随着延迟时间系数的增加，即 80% 的平均速度降低时，路网的行程时间可靠性也降低。当 80% 的平均速度为 90 km/h 时，虽有多条道路拥挤，但路网行程时间可靠性降低不大，甚至所有道路均拥挤时，行程时间可靠性仍为 0.861，路网运行是相对"可靠的"，而当 80% 的平均速度降低时，路网的行程时间可靠性有加速降低的趋势，这也是符合实际路网的运行状况的。

　　通过对比图 7.8 与图 7.9 和图 7.10 可以看出，在行程时间系数不变的条件下，当延迟时间系数变化时，行程时间可靠性与变异系数和遭遇指数具有相同的变化趋势，即当延迟时间系数最小时，也就是当高速公路网所有道路的 80% 的平均速度都达到速度 90 km/h 时，行程时间可靠性与变异系数和遭遇指数的数值都达到最大值，进而证明了基于延迟时间系数的行程时间可靠性计算方法的有效性。

7.5.4　不同行程时间系数和延迟时间系数条件下的行程时间可靠性

　　当平均行驶速度为 60 km/h、90 km/h 和 110 km/h，而 80% 的平均速度为 50 km/h，80 km/h 和 100 km/h 时，也就是当高速公路网的道路的单位行程时间的均值有 1、0.667 和 0.545 这 3 种情况时，对应的方差为 0.056 6、0.009 8 和 0.004 225，随着低速道路的条数不同，其行程时间可靠性的变化如表 7.3 和图 7.11 所示。

表 7.3　基于延迟时间系数的行程时间可靠性

模拟场景	低速道路条数/条			行程时间可靠性
	$v_{i,80} = 50$ km/h、 $v_i = 60$ km/h	$v_{i,80} = 80$ km/h、 $v_i = 90$ km/h	$v_{i,80} = 100$ km/h、 $v_i = 110$ km/h	基于延迟时间系数
场景 1	1	5	26	0.858
	1	10	21	0.845
	1	15	16	0.833
	1	20	11	0.822
	1	25	6	0.812
场景 2	5	25	2	0.782
	10	20	2	0.758
	15	15	2	0.736
	20	10	2	0.716
	25	5	2	0.697

续表

| 模拟场景 | 低速道路条数/条 | | | 行程时间可靠性 |
	$v_{i,80}=50$ km/h、$v_i=60$ km/h	$v_{i,80}=80$ km/h、$v_i=90$ km/h	$v_{i,80}=100$ km/h、$v_i=110$ km/h	基于延迟时间系数
场景 3	1	4	27	0.861
	2	8	22	0.841
	3	12	17	0.823
	4	16	12	0.806
	5	20	7	0.791
场景 4	0	32	0	0.805
	0	0	32	0.885
	32	0	0	0.670

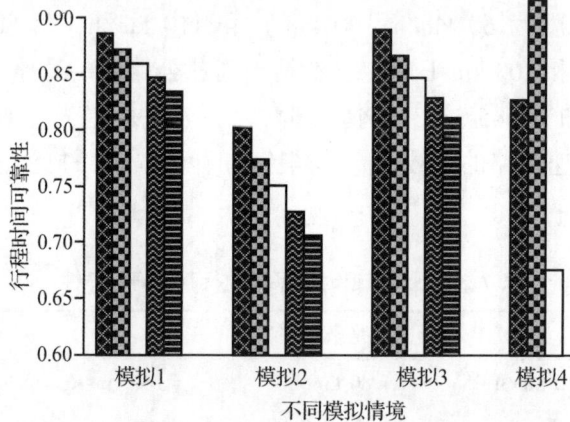

图 7.11　基于延迟时间系数的行程时间可靠性

由图 7.11 可以看出，随着低速道路的条数增加，路网行程时间可靠性降低。通过场景 4 可以看出，当路网的平均行驶速度和 80% 速度都较大时，此时路网的行程时间可靠性是最大的，并且与平均速度和 80% 速度都较小时的行程时间可靠性差距比较明显；通过对比其他 3 种模拟情景可以看出，当平均速度和 80% 速度的道路条数相差不大的情况下，行程时间可靠性变化不大。

7.5.5　道路阻断及拥挤状况下的路网可靠性

如遇到交通堵塞或发生严重自然灾害导致道路阻断时，不同情况下出行者对于连通可靠性和行程时间可靠性的重视程度不同。当发生交通拥堵时人们更关注行程时间；而发生道路阻断时则更关心路网的通达状况。

对于该区域高速公路网，设 $v_i=90$ km/h，$v_{i,80}=60$ km/h。选取路网密度较高的典型区域，假设有一条道路阻断，周围有多条道路拥堵（假设速度为 10 km/h），即连通可靠性和行程时间可靠性均下降，则路网可靠性如表 7.4 和图 7.12 所示。

表 7.4 道路阻断及拥挤状况下的路网可靠性

阻断道路	拥堵道路	低速道路条数/条	行程时间可靠性	连通可靠性	路网可靠性
12	13	1	0.955 8	0.355	0.540 5
	13，14	2	0.937 5	0.355	0.534 9
	13，14，15	3	0.923 4	0.355	0.530 5
	13，14，15，16	4	0.911 6	0.355	0.526 9
	13，14，15，16，17	5	0.901 1	0.355	0.523 6
23	22	1	0.955 8	0.341	0.530 8
	22，24	2	0.937 5	0.341	0.525 2
	22，24，27	3	0.923 4	0.341	0.520 9
	22，24，27，29	4	0.911 6	0.341	0.517 2
	22，24，27，29，31	5	0.901 1	0.341	0.514 0
6	7	1	0.955 8	0.326	0.520 5
	7，4	2	0.937 5	0.326	0.514 8
	7，4，10	3	0.923 4	0.326	0.510 5
	7，4，10，3	4	0.911 6	0.326	0.506 8
4	5	1	0.955 8	0.358	0.542 6
	5，9	2	0.937 5	0.358	0.536 9
	5，9，2	3	0.923 4	0.358	0.532 6
	5，9，2，3	4	0.911 6	0.358	0.528 9
28	23	1	0.955 8	0.358	0.542 6
	23，29	2	0.937 5	0.358	0.536 9
	23，29，31	3	0.923 4	0.358	0.532 6
8	3	1	0.955 8	0.354	0.539 8
	3，7	2	0.937 5	0.354	0.534 2
3	2	1	0.955 8	0.345	0.533 6
	2，4	2	0.937 5	0.345	0.528 0

由于行程时间可靠性仅与低速公路条数、行程系数和延迟系数相关，而连通可靠性取决于阻断道路的节点度大小。因此，对于和其他道路连接性较好的高节点度高速公路，其道路阻断会影响邻近区域的多条道路，从而引起道路可靠性的快速下降，如节点 12、23、6 等对应的高速公路。对其交通诱导或应急处理就应更加重视。

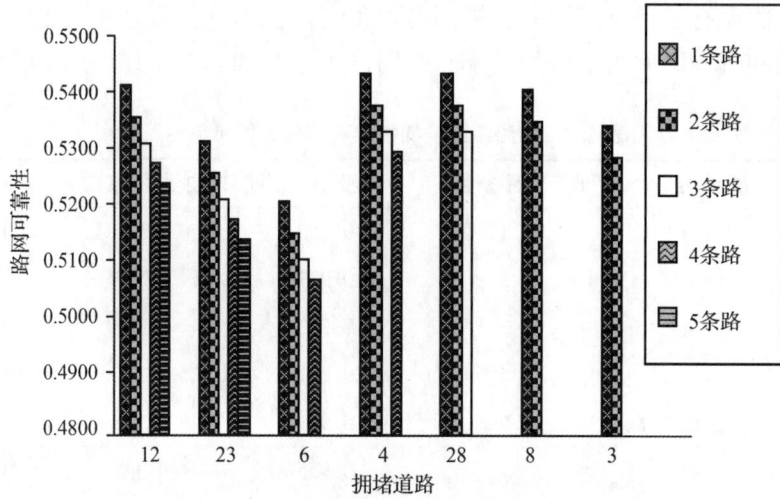

图 7.12 道路阻断及拥挤状况下的路网可靠性

7.6 结论

利用对偶法对区域高速公路网进行拓扑结构建模，求网络的节点度。提出了以设计时速为基准的行程时间可靠性的计算方法，研究了在不同低速速度下，路网的行程时间可靠性的变化规律，并在路网中不同道路阻断与低速的混合条件下，综合分析了不同方法得出的路网可靠性的变化趋势。有以下结论：

（1）高节点度的节点所代表的关键高速公路的阻断会对整个路网结构造成严重影响。增加高速公路数量，特别是节点度高的公路是提高路网连通可靠性的有效手段。

（2）对于大规模路网，以设计时速为基准的行程时间可靠性计算能有效反映不同交通状态下的路网运行特性，随着拥挤道路的条数增加，路网行程时间可靠性有加速降低的趋势；且随着行程时间系数和延迟系数的增加，路网行程时间可靠性有降低的趋势，当且仅当行程时间系数和延迟时间系数均达到最小值时，此时的路网行程时间可靠性的值最大。

（3）通过行程时间可靠性和连通可靠性的加权计算，可从网络结构和运行状态两方面综合评判路网交通的可靠程度。

（4）本章通过设计实验分析了在不同行程时间系数和不同延迟时间系数下的行程时间可靠性的变化规律，基于延迟时间系数的行程时间可靠性计算方法可以准确、有效地计算路网行程时间可靠性，其实际应用还需进一步验证。

目前我国干线公路网基本实现了全国县及以上行政区的连接和覆盖，高速公路已经成网运行，高速公路的大规模建设已经逐渐转向运行管理，因此，对于公路网的行程时间可靠性的评价就愈加重要。使用该方法进行可靠性评价，可为各省市的交通主管部门以及路网运行监测与服务中心的日常工作及应急管理提供决策依据。

8　城市公交复杂网络的建模方法

8.1　引言

8.1.1　研究背景

随着城市建设的发展，城市的人口密度大幅度增加，道路的拥堵降低了人们的出行效率，增加了交通的安全隐患，加重了能源消耗。在一定程度上，这些连锁反应所凸显的问题已经对城市功能的正常发挥产生了影响，并制约了城市的健康发展。

能够缓解此类问题的有效途径就是提倡公众少开私家车出行，优先选择公共交通工具。在城市交通资源即将达到上限的情况下，城市公交网络的布局及优化是具有可行性和实用性的。我国政府和交通管理部门正在积极发展城市公交，把优先发展城市公交放到了首位。伴随着城市公交网络的形成，人们也对提高城市公交网络出行效率和缩短其出行时间的需求越来越高。

随着复杂网络理论研究的不断深入，将该理论与公交网络相结合，把城市公交网络系统抽象成一个复杂网络，这对研究现实公交网络的结构特性和优化公交网络具有很大的意义。本书以大连市公交拓扑网络来研究公交网络结构特性，引入线路的客流量来研究其交通特性，分析影响大连市公交首末站点及线路重要性的网络指标，从而确定网络中的重要站点和重要线路。

对于城市公交问题，复杂网络理论为公交网络的发展规划提供新的思路和方法。全面研究公交网络的复杂网络结构特性有助于理解和控制公交系统，有助于公交网络规划和发展，从而为公交线网的规划布局、管理控制、项目运营等方面提供决策依据。

8.1.2　研究目的与意义

复杂网络理论是借助图论和统计物理学的一些方法，来研究复杂系统的演化机制、演化规律和整体行为，是最有希望解决"复杂系统之所以复杂"的实用工具。

正如 Albert 和 Barabasi（1999）在其文章中指出：世界上任何一种复杂的系统都可以抽象成网络进行描述，如社会网络、神经网络、交通网络以及城市公交网络等。复杂网络理论可以解决很多实际网络问题，而城市公交网络正是一个复杂的网络系统，在城市公交网络引入复杂网络理论进行研究，从而发挥公交网络的作用，使得其成为一个出行方便、环境污染少、利用率高的一个行之有效的网络，成为我们优化研究的目标。

目前，城市公交网络不仅分布广而且站点众多，不同地方对公交车的需求和不同站点上下乘客的人数也各不相同，且任意两个站点间并行的线路数也各有不同，线路之间可能同起点站、并线或者交叉。那么，如何尽可能地建立与现实公交网络结构类似的模型，并统计出相应的特征度量指标成为研究重点，对反映出真实网络的公交系统以及布局规划具有一定的意义。城市公交网络的研究趋势如下：

（1）复杂网络的研究重点转移到交通特性方面。早期复杂网络理论主要研究其拓扑结构，进行特征度量指标的理论性研究。对于结合公交线路客流量、途径站点线路数等交通特性方面的研究较少，故复杂网络与交通特性的结合成为研究重点之一。

（2）利用复杂网络理论研究城市路网与公交网络的内在关系。在城市中，公交网络主要依托于城市路网进行客运，如何使公交网络更好地依托于城市路网、缓解交通拥堵、合理利用有限的道路资源成为我们亟待解决的问题。

（3）复杂网络理论研究城市公交网络与专用道网络的内在联系。大多数城市的公交专用道网络与公交网络衔接的连通性比较差，部分专用道在客流高峰期利用率不足，没有充分利用有限的道路空间，故增加公交网络和公交专用道网络之间的连通性和高效应用专用道也是研究的主要方向。

8.1.3 国内外研究现状

交通系统是一个复杂系统，复杂网络理论是研究交通复杂系统的重要工具之一，它能够研究交通系统内在的拓扑结构特性、交通特性及两者之间的关系问题。到目前为止，在交通网络分析中，主要集中在航空、地铁以及铁路网络中引入了复杂网络理论进行研究，而对城市公共交通网络的研究成果较少，特别是在城市公交加权网络方面。所以，为了更加形象地刻画出网络的拓扑结构及交通特性，应将复杂网络理论与城市公交网络结合研究，并分析公交网络的内在规律，从而找到提高公交线网服务效率的更好方法。

8.1.3.1 国外研究现状

在复杂网络基本模型和公交网络基本模型方面，国外的专家学者做了很多研究。Sienkiewicz 和 Holys（2005）分析了波兰 20 多个城市的公交网络，发现它们均具有小世界特性；Barabasi 和 Albert（1999）研究发现真实生活中大型网络的度分布是符合无标度的幂律分布，即 $p(k) \sim k^{-\lambda}$，其中 k 代表节点度，λ 表示幂指数，取值区间介于［2，3］；Carrese 和 Gori（2002）提出一种设计层次的城市公交网络模型，它主要是以人们对公交的需求来确定公交网络基本骨架，然后以公交网络服务水平等因素确定它的换乘线路。

在城市公交加权网络方面，结合现实生活中复杂网络的应用研究，Barrat 和 Albert（2004）及 Menghui Li 和 Ying 等（2005）都提出了加权网络，从而对网络拓扑结构进行了等级划分和社团划分；Chowell 等（2003）运用 TRANSIM 软件模拟交通个体在仿真环境中的交通行为，在网络中发现了度和边权方面的幂律特性，并分析得出度和交通量之间是线性相关的；Montis 等（2005）根据意大利的诸多城市数据，依据城市之间的相互联系建立了交通拓扑网络，并对此网络模型进行基本特性分析和拓扑结构与交通量相关性的分析。

8.1.3.2　国内研究现状

国内学者从各自专业领域和不同角度出发对中国公交网络复杂性进行了许多研究。高自友、吴建军（2004，2006，2010）等以北京市公交网络为研究对象，运用复杂网络理论研究得出基于停靠站点的公交网络拥有小世界特性和基于线路的公交网络具有无标度特性，并对此网络进行了鲁棒性和有效性分析；王波（2008，2009）研究城市公交网络的社团结构以及传播行为，从中发现并建立基于派系增长的无标度网络模型和加权演化网络模型，并应用病毒传播行为模型对北京、杭州等城市公交网络进行仿真；顾前（2007）、张胜虎（2010）、赵莉莉（2010）、周明等（2009）运用复杂网络理论对城市公交网络进行研究，建立 C-Space、L-Space 和 P-Space 这 3 种网络模型，分析北京、杭州、石家庄等城市公交网络的小世界特性和无标度特性，张晨等（2006）以复杂网络理论为基础，把上海市公交网络抽象为公交站点完全连接、公交站点邻近连接和公交线路这 3 种网络，从而分析了网络的指数分布特性。李国峰（2010）将复杂网络理论和太原市公交线路网络相结合，构造了公交站点网络、公交换乘网络和公交线路网络，并对网络性质进行实证研究，同时验证 3 种网络的抗毁性。

赵小梅等（2006）针对不同拓扑结构的城市交通网络来研究其承载力问题，并研究了网络的聚类系数对网络宏观和微观交通性能产生的影响；黄爱玲等（2013）对北京公交线路网络进行建模，并在模型中引入线路上的客流量作为边权，进行无权网络和有权网络的对比分析，得到公交加权网络的节点度分布与节点强度分布均符合幂律分布以及加权网络是典型的无标度网络等结论；郑啸等（2011）以原始法对北京公交网络建模，引入两相邻站点间经过的线路数量作为边权，从而计算节点强度和承载压力，并判定网络中的关键节点。

根据上述国内外现状，对公交网络的研究主要侧重于以下两个方面：一方面是对城市公交网络的建模研究，从而分析现实网络的拓扑结构；另一方面是引入边权，分析公交网络拓扑结构与交通特性的内在联系，探索网络内在规律。因此，本书将总结并提出公交网络模型，选取大连市公交线网为研究对象，详细分析现状城市公交网络的拓扑结构特性和交通特性，从复杂网络理论的角度分析出重要站点和重要线路，为公交网络的布局和优化提供可靠的参考。

8.1.4　研究内容及方法

在复杂网络理论的基础上，以大连市公交客运集团的 150 条公交线路为研究对象，采用了理论和实证研究相结合的方法来对公交网络进行研究。以真实的城市公交线路中公交首末站点为节点，具有联系的首末站点连线作为边，运用复杂网络理论中的原始法构建公交首末站点网络模型；以公交线路为节点，具有联系的公交线路的首末站点作为边，运用复杂网络理论中的对偶法构建公交线路网络模型。研究大连市公交网络的特征度量指标，对模型进行静态加权和动态加权研究，从而分析得到大连市公交网络中的重要站点和重要线路，为大连市公交网络的设计和优化提出建议。

具体的研究方法如下：

（1）在无权网络或加权网络模型中，用邻接矩阵描述公交网络，构造公交首末站点网络模型、公交线路网络模型、公交首末站点加权网络模型和公交线路加权网络模型，无权和加权网络模型的区别在于，无权网络矩阵中元素用 0 或 1 表示，而加权网络矩阵中的元素则用相应权重表示。

（2）对于无权网络中的度量指标统计，如节点度、平均距离、聚类系数等都运用 Ucinet 软件进行统计分析。

（3）对于加权网络中的度量指标统计，如加权距离、加权紧密度、加权聚类系数等运用 Matlab 软件和 EXCEL 进行统计分析。

研究的技术路线如图 8.1 所示。

8.2　公交网络模型的分类

前述已知，目前主要有 3 种城市公交网络模型：公交站点网络模型（L-space）、公交换乘网络模型（P-space）和公交线路网络模型（C-space），通过对网络复杂性和边权重的区分研究，定量或定性地得出公交网络的内在规律。本章不研究有向网络，主要对无向加权公交网络模型进行分类总结，则公交网络模型的分类如图 8.2 所示。

由图 8.2 所示，是根据公交网络中参与建模的研究对象进行分类的，若将整个公交网络的所有站点及具有联系的站点间的连边作为研究对象，则建立全站点型网络模型；若只将公交网络中的首末站点及其具有关系的首末站点之间连边作为研究对象，则建立首末站点型网络模型。故将公交网络模型分为全站点型网络模型和首

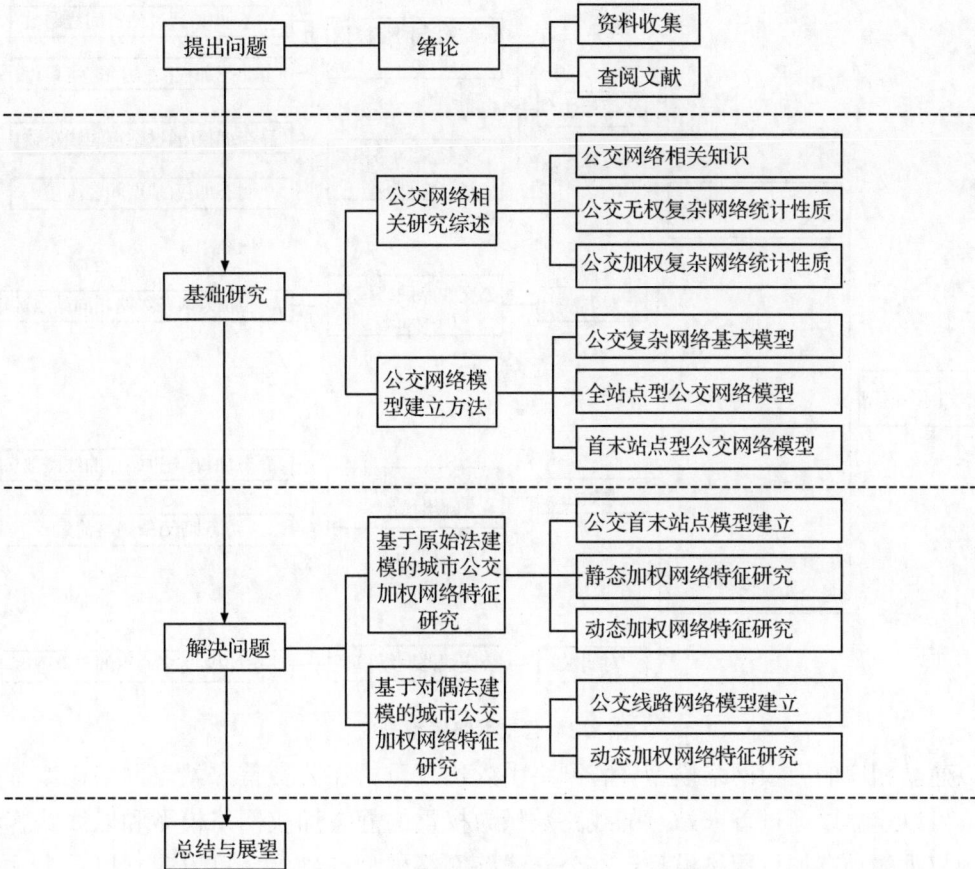

图8.1 研究的技术路线

末站点型网络模型。

对于全站点型网络模型,我们将根据建模方法分为原始法建模和对偶法建模,在原始法建模中,包括公交站点网络模型(L-space)和公交换乘网络模型(P-space);在对偶法建模中,只包含公交线路网络模型(C-space)。

在L-space、P-space、C-space这3种网络模型中,若网络不引入边权重,则均可以建立相应的无权网络模型,若网络引入边权重,在L-space基础上,能够建立以两相邻站点间通过线路条数为权重的静态加权网络模型和以相邻站点间客流量为权重的动态加权网络模型;在P-space基础上,能够建立以通过站点间的线路数量为权重的静态加权网络模型和以站点间客流量为权重的动态加权网络模型;在C-space基础上,能够建立以任意两条线路途经相同站点数量为权重的动态加权网络模型。

对于首末站点型网络模型,同全站点型模型类似,将其分为原始法建模和对偶法建模,在原始法建模中,仅包含公交首末站点网络模型;在对偶法建模中,只包含公交线路网络模型。

在公交首末站点网络模型和公交线路网络模型中,若网络不引入边权重,则都

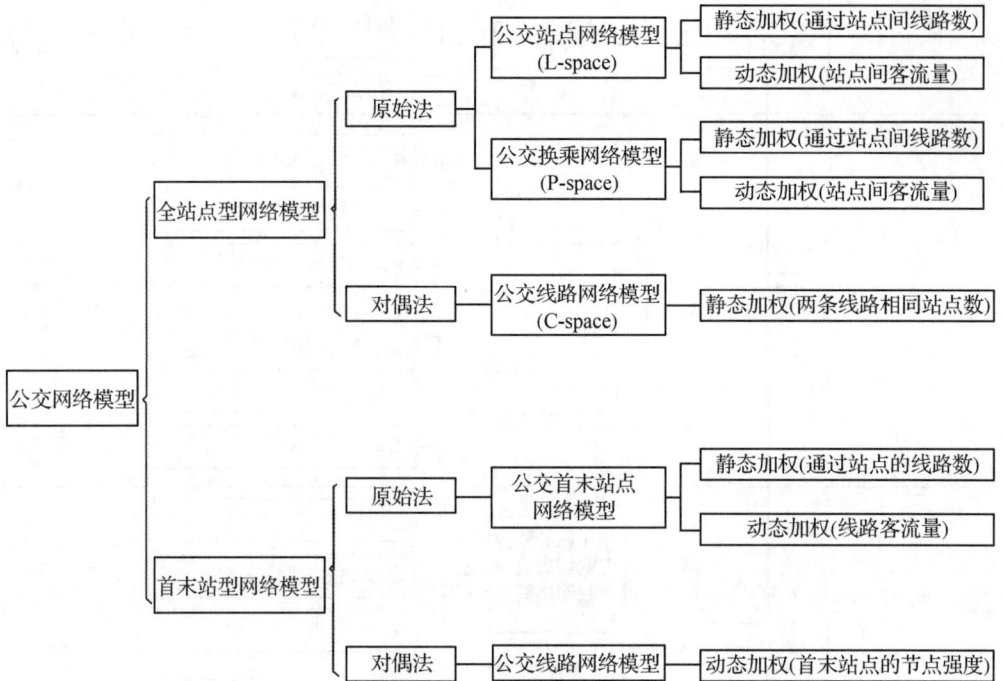

图 8.2　公交网络模型概况

可以建立相应的无权网络模型，若网络引入边权重，在公交首末站点网络模型基础上，可以建立以经过首末站点的线路数量为权重的静态加权网络模型和以线路客流量为权重的动态加权网络模型；在公交线路网络模型基础上，可以建立以首末站点的节点强度为权重的动态加权网络模型。

　　本章将以大连市区的 150 条公交线路为研究对象，主要对首末站点型网络模型中的公交首末站点网络模型的无权、静态加权与动态加权和公交线路网络模型的无权与动态加权进行实证分析。

8.3　公交复杂网络的描述

8.3.1　公交复杂网络的内涵

　　近年来，很多研究者都把城市公交网络抽象成复杂网络，以复杂网络理论为基础研究公交网络的内在规律，得到了广泛的关注。

　　公交站点和公交线路这两个基本要素构成了城市公交网络，公交线路是由沿线的公交站点组成，公交站点又把多条公交线路连接起来。公交站点和公交线路相辅相成，构成了一个庞大的城市公交网络。在城市真实的公交网络中，根据线路的拓扑结构可以分为：直线延伸型线路和环形线路。其中，直线延伸型线路趋于直线状，遍布城市的各个地方；环形线路的起终点重合于一点，即同站点。从城市公交网络的公交站点和公交线路角度分析，建立和分析城市公交网络模型是可行的。

8.3.2 公交无权复杂网络的统计性质

随着复杂网络理论的发展，针对不同类型的具体网络，研究者提出了许多描述和度量网络的指标，无权公交网络中以下几个重要指标值得关注：节点度与节点强度、平均距离、聚类系数、平均邻接节点度、紧密度（即接近中心性）。由于部分指标已在前几章介绍，利用邻接矩阵的形式表示网络图，仅对度、度分布和平均邻接节点度进行公式介绍。

8.3.2.1 度与度分布

如前所述，度（Degree，符号 k）是研究网络特性的一个基本指标，节点度用邻接矩阵定义如下：

$$k_i = \sum_{j \in N} a_{ij} \tag{8.1}$$

式中，k_i 为节点 i 的度数；a_{ij} 为邻接矩阵 A 中第 i 行 j 列的取值；N 为网络的节点总数。

网络中节点度分布表示网络中节点的节点度值为 k 的概率，一般用分布函数 $p(k)$ 来表示：

$$p(k) = \frac{n(k)}{\sum_{j=1}^{N-1} n(j)} \tag{8.2}$$

式中，$n(j)$ 表示节点度值为 j 的节点的个数。

累计度分布则表示网络中节点的度数大于 k 的概率，计算公式如下：

$$P_k(K > k) = \sum_{k' > k}^{N-1} p(k') \tag{8.3}$$

8.3.2.2 平均邻接节点度

平均邻接节点度（黄爱玲、关伟等，2013）是用来衡量邻接节点度的相关性及相连的节点度相关关系，故也称为节点度协调性。对网络中具有度值为 k 的节点，平均邻接节点度 $K_{mn}(k)$ 的公式为：

$$K_{mn}(k) = \frac{1}{n(k)} \sum_{i \in V, \ k_i = k} k_{mn, \ i} \tag{8.4}$$

式中：$k_{mn, i} = \frac{1}{k_i} \sum_{j \in z(i)} k_j$ 为节点 i 所有邻接点的平均度。

8.3.3 公交加权复杂网络的统计性质

利用邻接矩阵的形式表示网络图，确定经加权后的公交网络指标。

8.3.3.1 节点强度与强度分布

在加权网络中，节点强度 s_i 是指与节点 i 所有具有关联的边的权重之和，即

$$s_i = \sum_{j \in N_i} a_{ij} w_{ij} \tag{8.5}$$

式中，w_{ij} 表示连接点 i 和点 j 的边权；N_i 表示节点 i 的近邻集合；a_{ij} 是网络邻接矩阵元素。

强度分布 $p(s)$ 可用来度量点强度为 s 的概率。

8.3.3.2 加权距离

在引入交通客流量的加权网络中，由于客流量的存在会产生阻滞现象，从点 i 到点 j 的距离既要考虑经过最少边数，还应考虑边上面的客流量，这样的径路才是最优的径路。

加权距离的定义是：在考虑交通客流量的交通网络中，任意两点 i、j 之间的最短路径中，具有边权重总和最小值的路径就是加权距离 d_{ij}^w。为方便加权距离和无权距离比较，任意两点 i、j 的加权距离除以网络的平均边权重，得节点对 i、j 间的标准加权距离 $d_{ij,s}^w$ 为：

$$d_{ij}^m, \ s = \frac{L}{\sum\limits_{j \in v(i)} w_{ij}} \min\left\{ \sum_{l=1}^{d_{ij}^m} W_L^m, \ m = 1, \ 2, \ \cdots, \ n_{ij} \right\} \tag{8.6}$$

式中，d_{ij}^m 为 i、j 节点之间第 m 条最短径路；w_L^m 为点 i、j 间第 m 条最短径路上第 l 条边的权重；n_{ij} 为点 i、j 之间的最短路径数；L 为网络总边数。

若网络中所有的权重为 $w_{ij} = 1$，则相当于无权网络，即 $d_{ij}^w = d_{ij}$，因此，加权距离的概念也涵盖了拓扑结构的特性。

网络的加权平均距离 L^w 是网络中所有存在连接关系的节点对之间的平均加权距离。在加权网络中，网络加权平均距离的内涵是公交网络中每一节点对最短路径上的最低总平均客流量。可用于观察网络中线路的最低客流水平，反映出乘客所获得的公交公司运营效率及服务水平。

8.3.3.3 加权紧密度

加权紧密度 $C_c^w(i)$ 表示网络中的节点 i 到达其他节点的标准加权距离和的倒数，即

$$C_c^w(i) = \frac{1}{\sum\limits_{j=1}^{N} d_{ij,s}^w} \tag{8.7}$$

在考虑引入客流量的情况下，用加权紧密度 $C_c^w(i)$ 来衡量网络中的节点 i 通过网络到达网络中其他节点的难易程度，以及节点经过网络对其他节点的影响力。网络中所有节点加权紧密度的平均值称为网络的紧密度 C_c^w。

8.3.3.4 加权平均邻接节点度

网络中任意节点 i 的加权平均邻接节点度 $k_{nn,i}^w$（黄爱玲、关伟等，2013；Almaas、Kovacs 等，2004）用公式表示为：

$$k_{nn,i}^{w} = \frac{1}{s_i} \sum_{j=1}^{N} a_{ij} w_{ij} k_j \tag{8.8}$$

$k_{nn,i}^{w}$ 能够形象的刻画加权网络的匹配性，看其是满足正相关性还是负相关性。同样，函数 $K_{nn}^{w}(k)$ 定义为全部度值为 k 的节点的 $k_{nn,i}^{w}$ 的平均数。

8.3.3.5　加权聚类系数

定义节点 i 的加权聚类系数（黄爱玲、关伟等，2013；Barrat、Barthelemy，2004）为：

$$C_i^{w} = \frac{1}{s_i(k_i - 1)} \sum_{j,h} \frac{w_{ij} + w_{ih}}{2} a_{ij} a_{ih} a_{jh} \tag{8.9}$$

式中，$s_i(k_i-1)$ 是公式中的标准化因子，以此保证 $0 \leqslant C_i^{w} \leqslant 1$。同理，可以定义整个网络的加权平均聚类系数 C^{w} 和所有度值为 k 的平均加权聚类系数 $C^{w}(k)$。C^{w} 把网络的拓扑结构和权重分布信息的聚集性融合在一起。

8.4　全站点型的公交网络模型

全站点型的公交网络模型是以公交网络中的所有站点及其具有关系的站点之间连边作为研究对象进行网络建模研究。系统地描述城市公交网络一般有 3 种模型：公交站点网络（L-Space）、公交换乘网络（P-Space）、公交线路网络（C-Space）。

8.4.1　公交站点网络模型

公交站点网络模型建立的思想是以公交站点为节点，若两个站点 A 和 B 之间由公交线路 L 直接连接，即表示这两个站点之间存在边。由于只考虑站点是否与邻近站点连接，不考虑公交线路本身的循环运行，每条线路的首末站点是不连接的。

我们将通过矩阵来完成此模型的建立，设公交站点网络 G 是一个有 n 个站点和 m 条线路组成的，建立一个 $n{\times}n$ 的矩阵 A' 表示公交网络 G，设定 $A(i, j)$ 表示 A' 矩阵中第 i 行和第 j 列对应的元素。如果网络中第 i 个节点和第 j 个节点之间存在某种关系则用边连接，矩阵中的 $A(i, j)$ 元素为 1，否则为 0，所以在 A' 矩阵中只存在 0，1 这两种元素，且关于对角线全为 0 的元素对称。

如图 8.3 所示，模拟的城市公交网络有 7 个公交站点和对应的 3 条线路，站点分别为：A、B、C、D、E、F、G，编号依次是 1、2、3、4、5、6、7，线路分别为：1 路、2 路、3 路，由此建立公交站点网络邻接矩阵 A'。其中，1 路公交经过 A、B、C 这 3 个站点，且 A 与 B 相邻，B 与 C 相邻，则节点 A 与 B 之间有一条边，B 与 C 之间有一条边；同理 2 路线路经过 B、D、E 这 3 个站点，则节点 B 与 D、D 与 E 之间分别相邻且存在一条边；3 路线路经过 D、F、G 这 3 个站点，则节点 D 与 F、F 与 G 之间分别相邻且存在一条边。

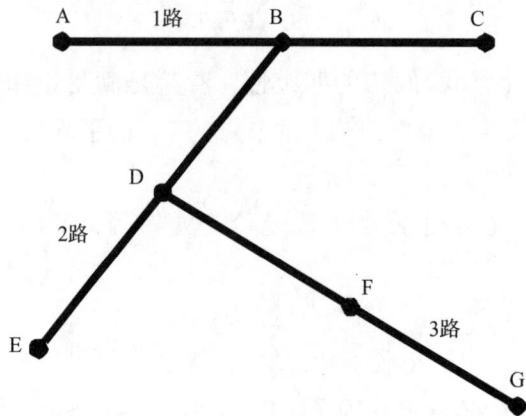

图 8.3　公交站点网络

如下为公交站点网络邻接矩阵，在矩阵 A' 中可表示为 a_{12}、a_{21}、a_{23}、a_{24}、a_{32}、a_{42}、a_{45}、a_{46}、a_{54}、a_{64}、a_{67}、a_{76} 为 1，其余矩阵中的元素都为 0。

	1	2	3	4	5	6	7
1	0	1	0	0	0	0	0
2	1	0	1	1	0	0	0
3	0	1	0	0	0	0	0
4	0	1	0	0	1	1	0
5	0	0	0	1	0	0	0
6	0	0	0	1	0	0	1
7	0	0	0	0	0	1	0

网络中不存在边权时，模型模拟了现实的城市公交网络最基本的网络拓扑结构，其中，此网络中的节点度是与这一节点相连的其他节点数目，度值越大，表明该节点越重要。网络中存在边权时，对于以两相邻站点间通过的线路条数为权重的静态加权网络模型，建立的邻接矩阵中元素 a_{ij} 和边权值 w_{ij} 相同，即边权与邻接矩阵中对应元素相等；对于以相邻站点间的客流量为权重的动态加权网络，邻接矩阵中的元素 a_{ij} 为具有联系两个站点连边上的客流量 w_{ij}，即 $a_{ij}=w_{ij}$。

8.4.2　公交换乘网络模型

公交换乘网络模型是用来研究乘客在城市公交站点之间的换乘情况，建立公交换乘网络模型与公交站点网络模型相似，不同点主要体现在节点连接上。在公交换乘网络中，网络的节点代表公交站点。若有一条线路 L 既通过站点 A 又通过站点 B，则表示存在一条边将两个站点相连。公交换乘网络的特点是在网络中每条公交线路经过的站点都是彼此完全连接的。

如图 8.3 所示，建立 7×7 公交换乘网络邻接矩阵，其中矩阵的每一列对应一个点。在 1 路公交线路中，其依次通过 A、B、C 这 3 个站点，则这 3 个站点间两两都存在边，在矩阵中可表示为矩阵元素 a_{12}、a_{13}、a_{21}、a_{23}、a_{31}、a_{32}，且都为 1；同理 2 路公交线路中，其依次经过 B、D、E 这 3 个站点，则这 3 个站点间两两都存在边，矩阵元素 a_{24}、a_{25}、a_{42}、a_{45}、a_{52}、a_{54} 都为 1；3 路公交线路中，其依次经过 D、F、G 这 3 个站点，则这 3 个站点间两两都存在边，矩阵元素 a_{46}、a_{47}、a_{64}、a_{67}、a_{74}、a_{76} 都为 1。矩阵中其余元素全用 0 表示，建立的公交换乘网络邻接矩阵 A' 如下所示。

	1	2	3	4	5	6	7
1	0	1	1	0	0	0	0
2	1	0	1	1	1	0	0
3	1	1	0	0	0	0	0
4	0	1	0	0	1	1	1
5	0	1	0	1	0	0	0
6	0	0	0	1	0	0	1
7	0	0	0	1	0	1	0

根据以上论述，公交换乘网络模型具有一定的实际应用价值。网络中每个公交站点都由一个节点代表，两个公交站点由同一条公交线路通过时由网络中连接 2 个节点的一条边表示，一条公交线路上的所有公交站依次相连，因此从始发点到终点需要换乘的最少公交线路数由节点 A、B 间的最短路径长度表示。

对于公交换乘网络，在不考虑公交上下行方向时，根据是否考虑两个站点间通过的公交线路数量与相邻站点间的客流量把公交换乘网络分为无权网络和有权网络。根据上述举例，此公交换乘网络属于无权网络，该网络中任意两个站点在一条或多条公交线路同时经过时，矩阵中的元素都只用 1 表示，两站点不在同一条线路上都用 0 表示。若一个公交换乘网络是加权网络，其可以分为静态加权网络和动态加权网络，在静态加权网络中，若有多条公交线路通过两个公交站点，可用边权 w_{ij} 来表示。任意两个站点有越多的公交线路通过，则相对应两节点之间连接边的权重就越大，对应的邻接矩阵元素 a_{ij} 也就越大，即 $a_{ij} = w_{ij}$；在动态加权网络中，邻接矩阵中的元素 a_{ij} 为具有联系两个站点连边上的客流量 w_{ij}，即 $a_{ij} = w_{ij}$。网络中两个节点之间的平均线路数由公交换乘网络的平均权重表示。

8.4.3　公交线路网络模型

公交线路网络模型是用来研究城市公交线路之间的换乘关系，若网络中任意两条线路有相同的停靠站点，则这两条公交线路之间是能够换乘的。公交线路网络模型同上述两种模型有着本质的区别，其区别在于公交线路网络模型是把公交线路看作节点，若两条线路之间有相同的公交站点，则两个节点之间是存在边的。

如图 8.3 所示，模拟的城市公交网络是由 1 路、2 路、3 路这 3 条线路组成，且 1 路与 2 路相交于站点 B，2 路与 3 路相交于站点 D，即公交线路网络邻接矩阵中的元素 a_{12}、a_{21}、a_{23}、a_{32} 都为 1，其余元素都为 0。建立的矩阵如下所示。

	1	2	3
1	0	1	0
2	1	0	1
3	0	1	0

对于公交线路网络需要注意的是连接的两个节点的边上是否存在权重。在无权网络中，两条公交线路之间有一个相同的站点或有多个相同的站点都表示这两个节点为一条边连接，且所在邻接矩阵中的元素是 1。在加权网络中，两条公交线路之间有多少相同的公交站点，则在网络模型中就显示有几条边，相应的邻接矩阵 A 中的矩阵元素就是多少，也就是说矩阵元素 w_{ij} 表示网络中公交线路 i 和 j 之间相同的站点数量。公交线路网络中权重大的节点就是实际网络中的干线或市区重要路段。

8.5　首末站点型的公交网络模型

首末站点型网络模型忽略每条公交线路的中间站点，以公交网络中的首末站点及其具有关系的首末站点之间连边作为研究对象，其中包括的两种网络模型分别是公交首末站点网络模型和公交线路网络模型。

8.5.1　公交首末站点网络模型

与公交换乘网络模型相同，公交首末站点网络模型也是研究首末站点之间的换乘关系，分析首末站点在网络中的重要性。该模型将公交线路的首站和末站作为网络的节点，网络中具有联系的首末站点连线作为边。此类网络模型就是由点和线组成的网络模型。下面将举例介绍构造模型的方法。

下面以一个简单的例子来说明公交首末站点网络邻接矩阵的生成。设公交首末站点网络 G 是一个无向无权网络，可用矩阵 A' 表示公交网络 G，设定 $A(i, j)$ 表示 A' 矩阵的第 i 行和第 j 列的元素。如果网络中第 i 个节点和第 j 个节点之间存在某种关系则用边连接，矩阵中的 $A(i, j)$ 元素为 1，否则为 0，且关于对角线全为 0 的元素对称。

在此数据中一共有 4 个公交站点（A、B、C、D），3 条公交线路（101、201、301）。公交网络图如图 8.4 所示，模拟公交线路数据表如表 8.1 所示。

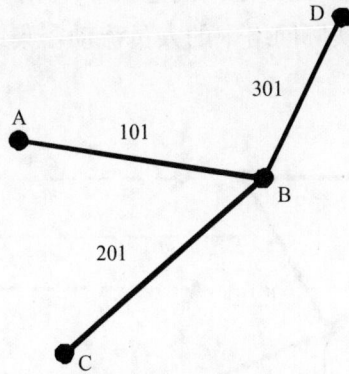

图 8.4　公交站点网络

表 8.1　模拟公交线路数据表

公交站点	公交线路名称	站点线内序号	线路编号
A	101	1	1
B	101	2	1
B	201	1	2
C	201	2	2
B	301	1	3
D	301	2	3

根据表 8.1 的数据，按照上面所描述的方法生成的邻接矩阵为 4×4 的方阵如下：

	A	B	C	D
A	0	1	0	0
B	1	0	1	1
C	0	1	0	0
D	0	1	0	0

与无权网络相比，加权网络需要我们注意的是连接两个节点的边上存在相应的权重，由于首末站点之间的站点不计入模型中，对于静态加权网络，边上的权重可视为分散到首末站点上，相应的节点强度可定义经过此首站或末站的公交线路数量；对于动态加权网络，边上的权重为公交线路的月平均日客流量。

在无权网络模型的基础上，公交首末站点加权网络模型是以线路客流量为动态边权建立模型。在加权网络的邻接矩阵 W 中，矩阵元素 W_{ij} 表示网络中公交站点 i 和 j 之间的边权，即 W_{ij} 表示公交站点 i 到公交站点 j 的客流量，显然，当客流量为公交线路双相客流量时，公交站点 j 和 i 之间的边权 W_{ji} 与前者相同，即 $W_{ij} = W_{ji}$。加权网络中节点强度大的节点就是实际网络中的人员流动密集或交通枢纽点。加权网络示例如图 8.5 所示。

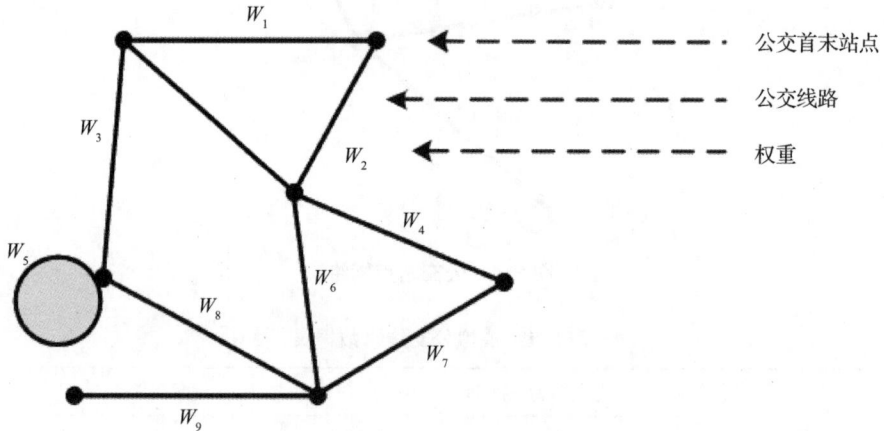

图 8.5　城市公交线路加权网络示例

8.5.2　公交线路网络模型

公交线路网络模型是以全站点型网络模型为基础，研究公交线路之间的换乘关系，以此来确定网络中重要的公交线路。该模型是把每条公交线路作为节点，若两条线路有相同的首站或末站，则两个节点之间是存在边的。下面将举例介绍构造此模型的方法。

与公交首末站点网络相比，公交线路网络邻接矩阵的生成方法截然不同。我们同样设公交线路网络 G 是一个无向无权网络，可用矩阵 B 表示公交网络 G，设定 $B(i, j)$ 表示 B 矩阵的第 i 行和第 j 列的元素。若两公交线路之间交于相同的首站或末站，则这两条线路之间将存在一条边，即矩阵中的 $B(i, j)$ 元素为 1，否则为 0，所以在 A' 矩阵中只存在 0，1 这两种元素，且关于对角线全为 0 的元素对称。

根据表 8.1 的公交模拟数据，按照公交线路网络模型的建模方法，生成的邻接矩阵是 3×3 矩阵如下：

	101	201	301
101	0	1	1
201	1	0	1
301	1	1	0

根据上述公交线路网络模型，其是把每条公交线路作为节点，若两条线路有相同的首站或末站，则两个节点之间是存在边的。在加权网络的邻接矩阵 W 中，需要我们注意的是连接两个节点的边上存在相应的权重，由于首末站点之间的站点不计入模型中，在动态加权网络中，边上的权重为首站或末站的节点强度值，相应的节点强度为该线路首末站点节点强度之和。

在以首站或末站的节点强度值为边上权重建立公交线路加权网络模型时，在加权网络的邻接矩阵 W 中，矩阵元素 W_{ij} 表示网络中公交线路 i 和 j 之间的边权，即 W_{ij} 表示公交线路 i 到公交线路 j 的节点强度，显然，公交线路 j 和 i 之间的边权 W_{ji} 与前者相同，即 $W_{ij}=W_{ji}$。加权网络中节点强度大，则表示实际网络中的人员流动密集或该节点为交通枢纽点。

9 基于原始法建模的城市公交网络特性研究

借鉴前述首末站点型的公交站点网络模型，以大连市公交集团所管辖的 150 条公交线路为研究对象，对公交无权网络的拓扑结构和加权网络进行分析，得出大连市公交线路中的部分站点是城市的枢纽换乘站和考虑线路客流量对网络结构产生相应的影响，对大连市公交系统的优化设计提出相应的建议。

9.1 公交首末站点网络模型的建立

采用复杂网络理论中原始法建立公交首末站网络，将公交线路的首站、末站作为节点，网络中将具有联系的首末站点连线作为边。这种由点和线组成的网络就构成了城市公交首末站点网络模型。本章使用数据为大连市公交集团所管辖的 150 条公交线路及其在 2016 年 10 月的月平均日客流量。

为了使模型便于分析，故作如下基本假设：

（1）具有相同首末站的公交线路在模型中表现为共同的一条边。

（2）部分公交线路是首末站点为相同公交站点的线路，即构成公交网络中的"环"。

（3）对于公交车不同的支线、加车和区间车视为不同的线路，将站名相同的站点视为同一站点，忽略不同线路停靠位置的差别，若两条线路地理位置有交叉，但其不是公交车停靠站点，则交叉点不能看作网络节点。

（4）统计的公交线路中大多数是双向的，由于双方向的客流量基本对称，为了便于研究公交首末站点网络，将其抽象为无向网络。

（5）对于静态加权网络不考虑发车频率、载客数量、车型、首末站点间的距离，把每条公交线路视为具有相同的运输能力。

以公交首末站作为节点，建立的基于首末站点的网络模型具有以下特点：①网络节点具有确切的地理坐标和空间位置。②物理空间因素的限制将会影响网络中首末节点连接的边的数目，从而会影响到网络的度分布。

随着对复杂网络拓扑结构的不断研究，人们发现现实网络不仅存在简单的点与线的拓扑结构连接，还存在非均匀性和高强度的连接，即连边上的权重。在自然界中，食物链中的相互关系是维系自然界的平衡的重要因素（赵莉莉，2010；Krause、

Frank 等，2003）；而对社会体系而言，事物之间的相互权重同样在社会网络中扮演重要角色（赵莉莉，2010；Granovetter，1973）。

与无权网络模型相比，加权网络需要我们注意的是连接两个节点的边上存在相应的权重，由于首末站点之间的站点不计入模型中，在静态加权网络，理论上边上的权重应该是通过首末站连线的线路数，但据统计大连市公交集团所管辖的 150 条线路中，95% 的线路的边权都是"1"，相应的根据公式计算出的节点强度与节点度数值上没有多大差别，含义上与节点度的内涵近似，所以对其讨论的意义并不大。

本章中，对于静态加权网络，边上的权重可视为分散到首末站点上，相应的节点强度可定义经过此首站或末站的公交线路数量；对于动态加权网络，边上的权重为公交线路的月平均日客流量。

在无权网络模型的基础上，公交首末站点加权网络模型是以线路客流量为动态边权建立模型。在加权网络的邻接矩阵 W 中，矩阵元素 W_{ij} 表示公交站点 i 到公交线路 j 的客流量，且 $W_{ij} = W_{ji}$。

最终所构建的公交首末站点网络模型有节点 185 个，边 149 条。图 9.1 是利用 Ucinet 软件绘制的公交站点网络图。图中以大连市公交集团的 185 个首末站点作为节点，具有联系的首末站点连线作为边。

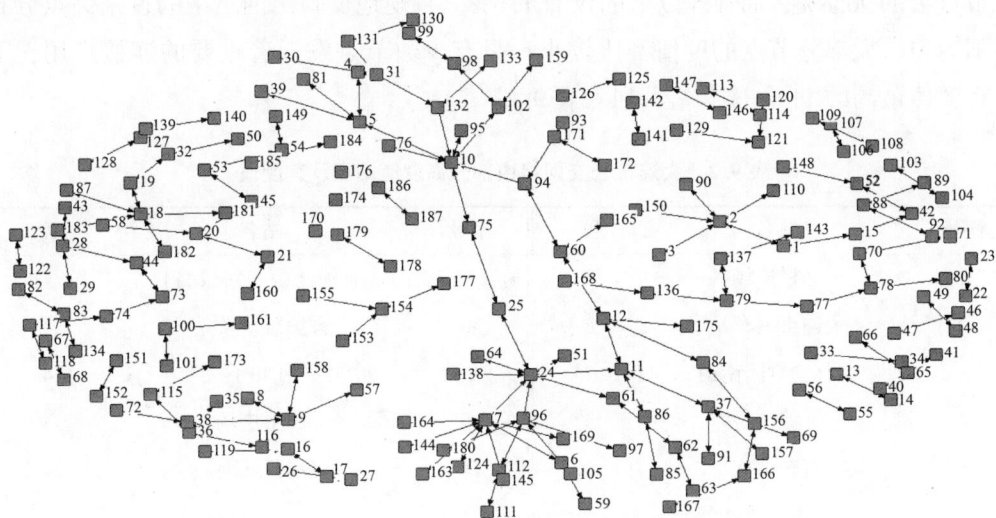

图 9.1　公交首末站点网络的模型示意图

9.2　静态加权网络拓扑特性与相关特征研究

公交首末站点网络未引入边上权重时，它为无权网络，其节点度表示与此节点相连接的其他节点的数目；引入边上权重时，将边权重参与到建模和计算中，得到的是该节点的节点强度。本节将分别对节点度、节点强度和承载压力进行分析。

9.2.1　节点的度

在公交首末站点网络中的任意节点 i，其度值 k_i 表示与此站点 i 直接相连的公交首末站的数量，即不考虑网络边上的权重，关注的仅仅是连接本身。节点的度值越大，表明此节点连通度较高。在真实网络中，其地理空间的运输条件是较好的，也可能是真实公交网络中的换乘站或枢纽。本章运用 Ucinet 软件统计的节点度如表9.1 所示，其中有 3 个节点度为 0，主要是由于是孤立环线导致，如泡崖街道、高能街广场等。

表 9.1　大连市公交复杂网络节点度数统计

节点度（k）	0	1	2	3	4	5	7	8
节点数/个	3	123	36	12	5	3	1	2
所占比例/（%）	1.6	66.5	19.5	6.5	2.7	1.6	0.5	1.1

由表9.1可知，大连市公交首末站点网络中节点的度最高的是8，均值为1.56，表示网络中平均1个首末站点与2个首末站点直接相连。度值在5以下的节点占到总节点数的96.8%，而在5以上的仅有1.6%，直观地反映出网络中的首末站点分布很不均匀，大部分节点的度值都比较小，只有少数节点发挥着重要的连接作用，下面将度值最高的11个首末站点列入表9.2。

表 9.2　大连市公交网络中部分高度值站点及其度值

序号	站名	度	序号	站名	度
1	马栏广场	8	7	青泥洼桥（解放路）	4
2	大连市火车站	8	8	香炉礁快轨站	4
3	森林动物园南门	7	9	甘井子	4
4	青泥洼桥	5	10	和平广场	4
5	百合山庄	5	11	华南国际商城	4
6	大连市北站	5			

从上述分析结果可以得出：表9.2中包括了百合山庄、青泥洼桥等，均是市民居住集中区域；大连火车站、香炉礁快轨站等，均是公路、铁路和轨道重要客运站点；马栏广场、华南国际商城、青泥洼桥（解放路）等均是市中心区和周边郊区的购物中心；其他主要是公交换乘站点。

在公交复杂网络中，节点度关注于连接本身，故这些站点大多处于优越的地理位置和道路通达性好的位置。

9.2.2 节点强度

考虑加权网络边上权重分散到节点上，故将点强度 S_i 定义为经过首站或末站的线路数量。点强度分布 $p(s)$（郑啸、陈建平等，2011）被定义为：

$$p(S_i) = \frac{S_i}{N} \tag{9.1}$$

式中，N 表示所有节点强度的总和。

表 9.3 是节点强度的统计结果。它在公交首末站点网络中更多地描述了节点之间的关联程度，既描述了节点间的连接（直接相连首末站点数量），又描述了边的权重（首末站点间线路通行密度）。节点强度越大则表示真实网络中的公交线路通行密度越高，承载和运输能力越强，是公交网络中人流集聚、换乘集中的场所。

表 9.3　大连市公交复杂网络节点强度统计

节点强度（S_i）	1	2	3	4	5	6	7	8	9
节点数/个	77	34	22	14	8	4	4	1	5
所占比例/(%)	41.6	18.4	11.9	7.6	4.3	2.2	2.2	0.5	2.7
节点强度（S_i）	10	12	13	14	15	16	17	23	27
节点数/个	4	3	2	2	1	1	1	1	1
所占比例/(%)	2.2	1.6	1.1	1.1	0.5	0.5	0.5	0.5	0.5

根据表 9.3 分析得到大连市公交首末站点网络中节点强度最高为 27，均值为 3.46，表明平均一个首站或末站约有 4 条公交线路经过。由度指标得到每个首站或末站平均与 2 个首末站点相连，可以得出在首末站点间平均强度为 2，也就是说有两条线路可供人们选择。其中，节点强度在 5 个以下的节点占到总节点数的 79.5%，而在 15 以上较高强度的节点却占总数的 2.2%，表明其分布极其不均。

将分析结果中强度最高的 12 个站点列出，如表 9.4 所示，网络中的节点强度反映了线路的运输负荷，如星海广场、会展中心等均是人口集聚集散的重要场所；太原街、兴工街、沈阳路等均是人们出行密集道路区域。

表 9.4　大连市公交网络中部分高强度值站点及其强度

序号	站名	强度	序号	站名	强度
1	五一广场	27	7	沙河口火车站	14
2	青泥洼桥（解放路）	23	8	星海广场	13
3	太原街	17	9	会展中心	13
4	二七广场	16	10	沈阳路	12
5	兴工街	15	11	希望广场	12
6	马栏广场	14	12	黑石礁	12

9.2.3 强度分布

表 9.5 为大连市公交复杂网络的节点累积强度统计表。网络中的节点总数为 185 个，点强度处于 5 以下的节点为 147 个，占到节点总数的 79.5%，而相应的累积强度分布只为 41.7%，说明网络中大部分节点只作为普通首末站点，出现换乘的概率很低，相应的客流量也比较少，但这些首末站点也具备了很重要的意义，它们很大程度上提高了城市公交网络的覆盖密度和覆盖范围，为人们出行提供了方便。

表 9.5 大连市公交复杂网络节点累积强度分布统计

节点强度（S）	1	2	3	4	5	6	7	8	9
节点数/个	77	34	22	14	8	4	4	1	5
累积强度 LP（S）	1.000	0.880	0.773	0.670	0.583	0.520	0.483	0.439	0.427
节点强度（S）	10	12	13	14	15	16	17	23	27
节点数/个	4	3	2	2	1	1	1	1	1
累积强度 LP（S）	0.356	0.294	0.238	0.197	0.153	0.130	0.105	0.078	0.042

图 9.2 是网络中节点强度与累积强度分布关系。在拥有 185 个公交首末站点网络中，前 11.4% 节点的点强度值对于累积强度分布就达到了 42.7%；而前 6.49% 的节点的累积强度分布就已达到 29.4%。由此可以推断，在整个网络中较高强度的节点对保证网络的连通性和满足所需要的运输能力起到了重要作用。

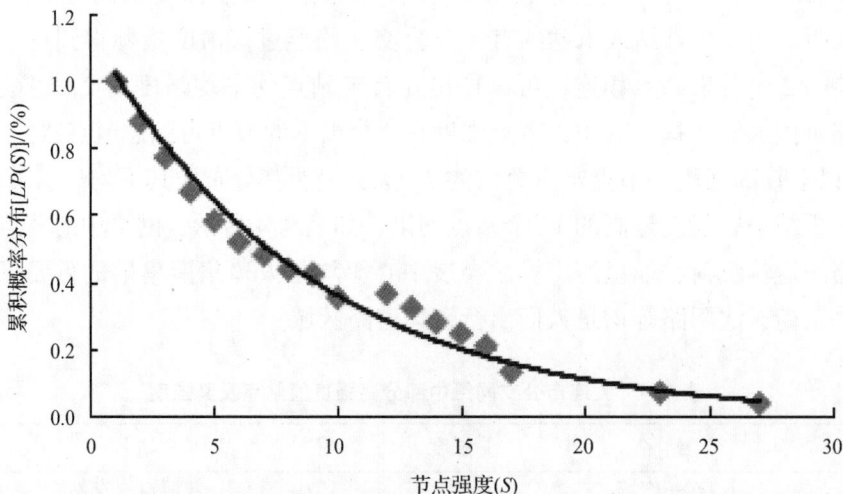

图 9.2 公交复杂网络强度和累计强度分布关系

图 9.3 表示的是对节点的点强度与累积强度分布作双对数。运用线性回归可得到方程 $y = -0.833x + 0.283$，回归系数 $R^2 = 0.752$，所以点强度与累积强度分布是不服从幂律分布的。

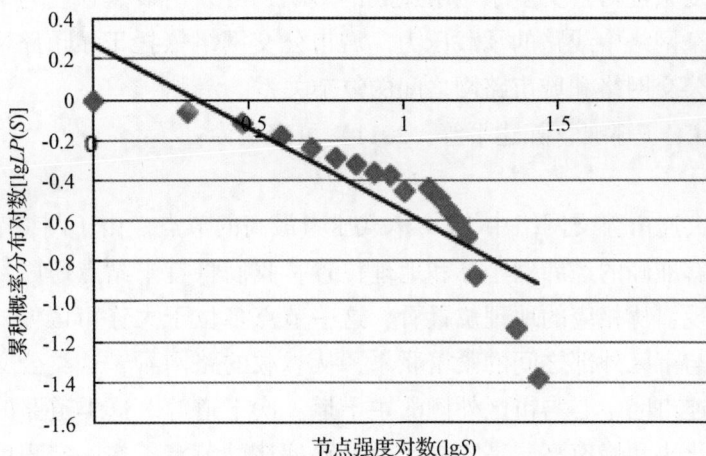

图 9.3　点强度和累积强度分布双对数散点

通过上述分析，大连市公交线路首末站点复杂网络的点强度与累积强度分布是不服从幂律分布的，但网络中有一部分节点能够承担主要客流流通、换乘的压力，但多数节点却不具备此能力，具有不太明显的无标度特性，体现了城市公交网络复杂性和内在的动力学特性。

9.2.4　承载压力

根据以上对网络中节点度和节点强度的分析，观察得出的表 9.2 与表 9.4 中节点的有无和排序都发生了很大变化。其差别大的主要原因是节点度和节点强度所侧重的网络复杂性的不同方面。对于节点度来讲，其关注于网络的通达性，表示真实道路交通的方便程度；对于节点强度而言，其更加侧重于通过节点的线路数量，即运输负荷。对于经过线路多，运输负荷量大的首末站点会具有较高的节点强度。

对比发现大连市内 4 区中可达性好交通便利的只出现在表 9.2 中，而没出现在表 9.4 中。表 9.2 中如大连火车站、大连北站、香炉礁快轨站等这一类站点，在表 9.4 中也均未出现，主要原因是这些地点更多是由高铁、城轨等方式来满足所需要的运力。这也证明了上文所提及节点度和节点强度所侧重的网络复杂性的不同方面。

本章研究的公交复杂网络都是具有明确的研究对象，而且其连接是依附于城市的真实路网，处于此情况下，空间是有限的，城市路网不能任意连接。所以，将路网承载能力考虑其中，提出一种关键节点的提取方法。

通过以上研究分析表明：表 9.4 相对于表 9.2 中新出现的一些节点应予以关注，这类节点所表示的首末站具有高运力需求，但由于所处地理位置等条件的限制，首末站点的通达性并不是很好，过于密集的线路压力易使道路产生拥堵，不易分散压力，并给路网本身造成了较大压力。

考虑路网复杂性对公交复杂网络造成的影响，可以用节点强度与节点度的比值来表现公交复杂网络中线路的承载压力。城市公交网络依托于城市路网，承载压力的分析展现了公交网络和城市路网之间的复杂关系。

承载压力 CC（郑啸、陈建平等，2011）可定义为：

$$CC_i = s_i / k_i \tag{9.2}$$

表 9.6 是大连市公交网络中 16 个承载压力最高的节点。由于网络节点为公交首末站点，其具有准确的经纬度坐标和地理位置，我们将首末站点还原到实际地理空间中，可以发现：从相应的地理位置看，这些节点多位于大连市区偏外侧，表现了大连市区中心与市区外部之间的紧密联系；从承载的路网看，这类公交线路主要依托于连接在大连市区中心与市区外侧的主干道、次干道等。这类道路的客流运输需求总量大、变化快和峰值高，是容易产生道路拥堵的节点。在一定程度上，节点的承载压力反映了出行需求、路网建设和城市资源分布等综合因素，这些因素为公交复杂网络带来了复杂性的表现和内在动力学特征。

表 9.6　大连市公交网络中部分承载压力较高的站点

序号	站名	承载压力	序号	站名	承载压力
1	星海广场	13	9	孙家沟	9
2	会展中心	13	10	盛新园	9
3	沈阳路	12	11	张家村	9
4	希望广场	12	12	太原街	8.5
5	黑石礁	12	13	二七广场	8
6	熟食品交易中心	10	14	沙河口火车站	7
7	五一广场	9	15	周水子	7
8	华南广场	9	16	秀月街	7

9.3　动态加权网络拓扑特性与相关特征研究

本节将采用公交首末站点网络模型对大连市公交集团 150 条常规公交线路进行建模，运用 Ucinet 和 Matlab 软件统计节点度与节点强度、平均邻接节点度、聚类系数、平均距离和紧密度等度量指标，并分析这些度量指标在无权网络的拓扑结构和引入客流量的加权网络拓扑结构。此网络模型中节点数为 185，边数为 149，边权重为公交线路上的客流量。

9.3.1　度、边权与强度分布

9.3.1.1　节点度分布

公交首末站点网络中，节点度表示与每个首末站点有多少个首末站点相连接。

统计得出节点度 $k \in [0, 8]$，平均节点度 $<k> \approx 1.56$。其中，马栏广场、大连火车站、森林动物园南门等站点为度值较大的公交首末站点。

图 9.4 为节点度分布，观察得到度值为 1 或 2 节点比较多，在双对数坐标下拟合为 $y = -1.366x - 0.778$ 的直线，符合幂律分布 $p(k) \sim 0.732k^{-2.27}$。表明公交首末站点网络是无标度网络，这是由于现存的公交线路的开设或调整受到城市道路条件、土地利用、空间布局等因素的影响。

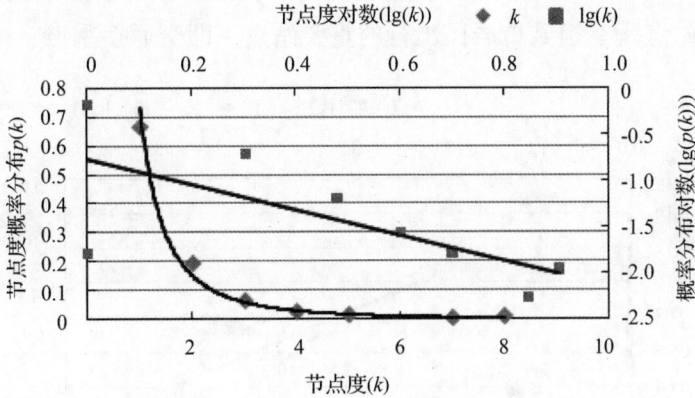

图 9.4　节点度分布和双对数坐标下的度分布

9.3.1.2　边权分布

图 9.5 是边权分布 $p(w)$，由图 9.5 可知，曲线尾部趋于 0 的速度越来越慢，具有长尾特性，说明网络的公交线路中只有少数线路是具有大的客流量，多数线路的日均客流量都在 1.5 万人以下，$<w> \approx 13\,095$。观察曲线其尾部越来越趋近于直线，权重的幂律分布为 $p(w) \sim 0.289w^{-0.25}$。

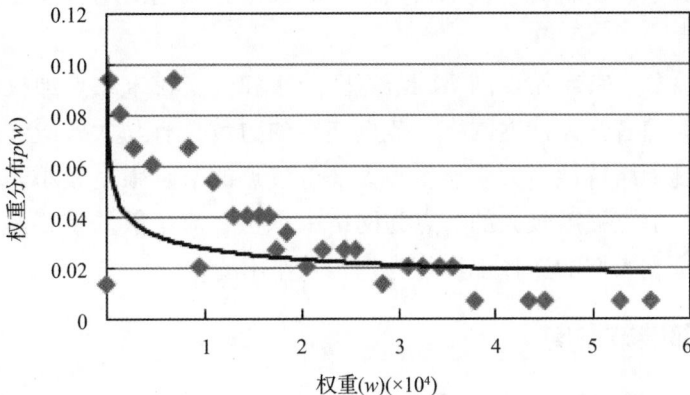

图 9.5　边权重概率分布

9.3.1.3　节点强度分布

由点强度公式可得节点强度均值是 $<s> \approx 20\,671$，也就是说平均每个首末站所连接线路的每日总客流量约为 2.1 万人；节点强度取值范围为 $s \in [65, 114\ 984]$，可以发现节点强度的客流量变化区间很大，即相差 4 个数量级，其中大客流量依次是马栏广场、大连火车站、和平广场和甘井子等枢纽换乘站点，日均客流强度都在 7.5 万以上，其与 k 值排序顺序大体一致。

如图 9.6 所示，在双对数坐标下拟合为 $y = -0.357x - 0.113$ 的直线，强度分布 $p(s)$ 曲线符合幂律分布 $p(s) \sim 0.796s^{-0.35}$。这表明公交首末站点加权网络虽然不是无标度网络，但网络中大部分节点的节点强度较小，少部分的节点强度较大，节点强度较大的首末站点是承担城市居民出行的重要站点，即交通换乘点、枢纽站。

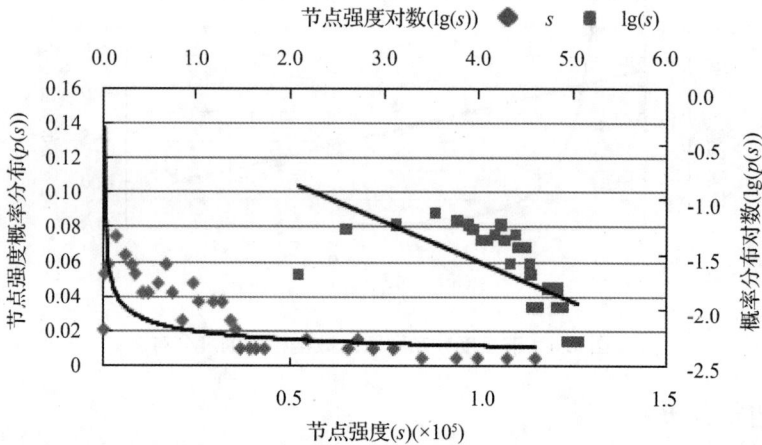

图 9.6　双对数坐标下的节点强度概率分布

如图 9.7 是节点度为 k 对应的平均节点强度分布，具有指数函数关系 $s = 5\ 090e^{0.45k}$。说明当节点度值增大时，相应的节点强度呈指数增长，强度与度具有正相关的非线性关系，也就是说首末站点连接的线路客流量的增长速度大于其连接的线路数量。

综上所述，公交首末站点网络的节点度分布和公交首末站点加权网络的强度分布具有差异性。前者为无标度网络，节点连接的边数具有马太效应；后者不是无标度网络，无标度网络特性不太明显，其大部分节点的节点强度较小，少部分节点的节点强度较大，节点强度较大的节点为网络中承担客流集散的重要站点，这是由于网络的拓扑结构和人们的选择出行行为是相互作用的。

9.3.2　平均邻接节点度

9.3.2.1　无权网络的平均邻接节点度

在无权网络中，节点的平均邻接节点度指标是用来描述节点度的相关性及其连接节点的度相关关系。根据上述模型，统计得到网络中节点的无权平均邻接节点度范围是 $k_{nn,i} \in [0, 8]$，网络的平均邻接节点度 $<K_{nn,j}> = 2.48$，其中节点的平均邻接

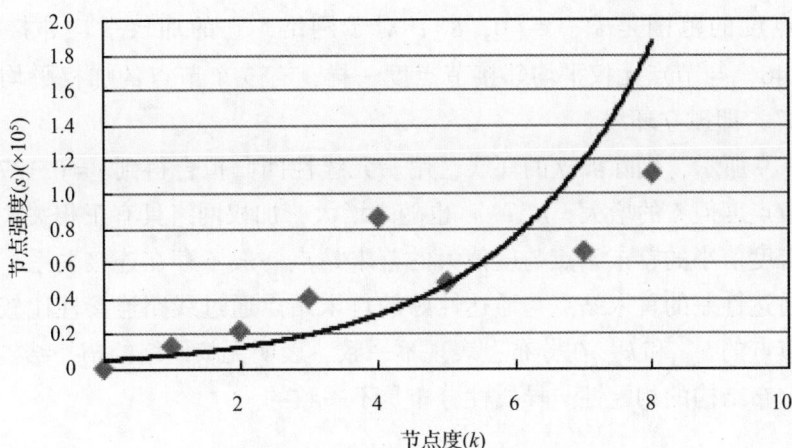

图 9.7 等度节点强度分布

节点度有 3 个节点为 "0"，分别是高能街广场（801 环线）、欧尚购物广场（806 环线）、泡崖街道（809 环线），说明这 3 个节点所对应的站点是孤立的环线，与网络中其他的首末站点不存在联系。

如图 9.8 所示，从整体来讲，剔除孤立环线后，用一元线性回归拟合得到 $y = -0.007x + 2.333$，随着节点的度值增大，网络中节点度为 k 对应的节点平均邻接节点度 $K_{nn}(k)$ 整体呈下降趋势，这表明无权的公交首末站点网络的平均邻接节点度拥有负相关协调性，即该网络中具有度值小的首末站点普遍都与度值大的首末站点连接，从而表现出实际网络中通达性差的首末站点与通达性好的首末站点通过线路是相互连接的。

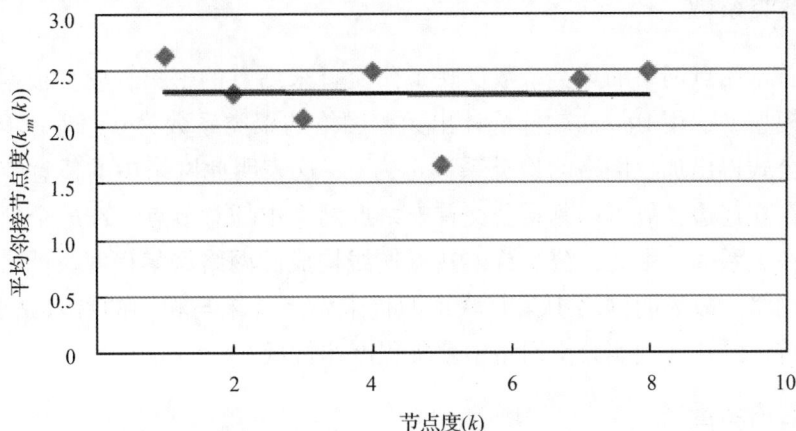

图 9.8 等度节点无权平均邻接节点度

9.3.2.2 加权网络的平均邻接节点度

在加权网络中，节点加权平均邻接节点度是用于度量存在客流影响的条件下节点间的连接关系。以加权平均邻接节点度的公式为依据，对于节点而言，其加权平均邻接节点度的范围是 $k^w_{nn,i} \in [0, 8]$；对于网络，它的加权平均邻接节点度为 $<k^w_{nn,j}> = 2.46$。与节点无权平均邻接节点度一样，有 3 个节点的加权平均邻接节点度也为 "0"，即孤立环线。

如图 9.9 所示，剔除孤立的环线，用一元线性回归拟合得到 $y = 0.127x + 1.998$，表明随着节点度度值 k 的增大，$K^w_{nn}(k)$ 也随之增大，加权网络具有正相关关系，即该网络中具有度值小的首末站点与度值大的首末站点一般不存在连接关系，表现出实际网络中通达性差的首末站点与通达性好的首末站点通过线路连接性比较差。观察得到网络节点的 $k_{nn,j}$ 和 $k^w_{nn,j}$ 在分布上表现不一致，表明无权网络的拓扑结构和加权网络的流量分布结构的相配性与异质性分布是不一致的。

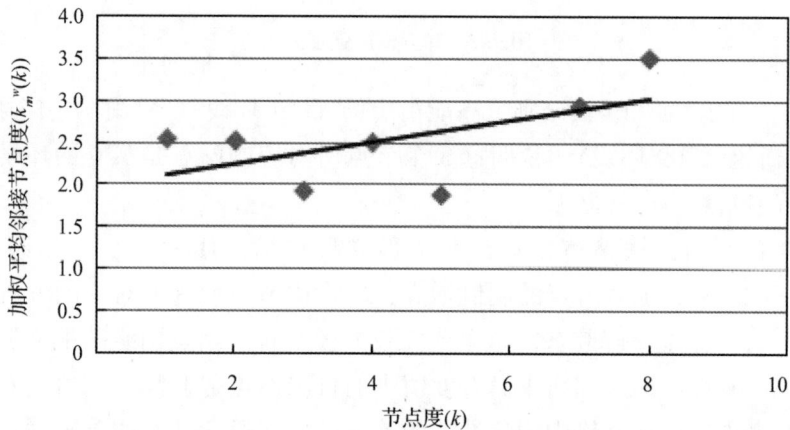

图 9.9　等度节点加权平均邻接节点度

9.3.3　聚类系数

公交首末站点网络的聚类系数反映了公交首末站点的密集程度。根据公交首末站点网络模型，运用 Ucinet 软件统计出无权网络的聚类系数为 0，进一步依据加权聚类系数公式得出加权网络的聚类系数也为 0。这表明此网络中的任意节点的邻居节点均不存在连边，故可以判定公交首末站点网络中任意节点 i 的 k_i 个邻居节点之间是不存在关系的。由此，公交首末站点连线构成的网络聚集程度极低，类似于孤立节点的网络。故表明网络中具有联系的首末站点并未与相同的首末站点相连接，说明公交首末站点在现实公交网络中聚集程度非常低。

9.3.4　平均距离

9.3.4.1　无权网络平均距离

公交首末站点网络的平均距离表示公交网络中的一个首末站点到另一个首末站点所需要通过公交线路数的平均值。可以运用邻接矩阵来表示公交首末站点网络的拓扑结构，其与上述模型建立的邻接矩阵是相同的，用 Matlab 软件编程得到邻接矩阵对应的最短路径矩阵。

由最短路径矩阵经过相应统计得出大连公交客运集团的公交首末站点网络的平均距离为$<L>=0.324$,相对应的网络直径是$D=12$,这表明无权网络中未剔除孤立线路、环线时,任意一个站点到达另一个站点的平均换乘次数为0.324次,最大换乘次数为12次,体现出大部分站点之间的换乘条件还是很好的。

9.3.4.2　加权网络平均距离

与无权的平均距离相比,加权距离是在考虑最短路径的基础上,拥有最少客流量的路径才是最优的径路。加权平均距离的计算同无权平均距离的方法一样,都可运用 Matlab 软件编程计算,从而得出邻接矩阵对应的最短路径矩阵。但加权网络建立的矩阵模型与无权网络模型略有差别,它将客流量为边权重引入模型中,也就是说在建立加权网络模型时,边权是邻接矩阵中的矩阵元素。

据此,统计得到网络的加权平均距离是$<L^w>=0.478$,比网络无权平均距离$<L>$略大,表明考虑网络客流量后增加了首末站点之间的到达距离,体现出真实网络中站点到站点的换乘的平均次数增加了0.154次;统计出网络的直径$D^w \approx 16$,与无权网络直径相比要大33.3%,表明考虑了网络客流量的拥挤效应后,一部分节点对之间的距离增大1/3,体现出部分站点到其他站点的换乘次数增加了1/3。

9.3.5　紧密度

9.3.5.1　无权网络紧密度

根据上述网络统计指标的描述,公交首末站点网络中的无权紧密度$C_c(i)$表明网络中任意一个首末站点到达其他首末站点的难易程度。本章基于首末站点建立的无权或加权网络都未剔除大连公交客运集团中的独立环线、孤立线路和较小的连通线路,故统计得到网络中所有站点紧密度的范围为$C_c(i) \in [0.004, 1]$,其中,紧密度不存在指的是独立的环线,紧密度为1的是孤立的公交线路。而剔除这些孤立线路、环线和网络中较小的连通线路能够较真实地反映此网络中节点到达其他节点的难易程度,其紧密度范围是$C_c(i) \in [0.004, 0.009]$。

紧密度较高的是和平广场、甘井子、大连火车站等位于城市客流集散大的首末站点;紧密度较小的是石槽村、后盐快轨站等位于城市客流集散小的首末站点。未剔除部分线路的无权网络的紧密度为$<C_c>=0.339$。

9.3.5.2　加权网络紧密度

与无权网络的节点紧密度相比,未剔除部分线路的加权网络中的节点紧密度范围变大了,即$C_c^w(i) \in [0.002, 53.889]$,而剔除这些孤立线路、环线和网络中较小的连通线路能够较真实地反映此网络中节点到达其他节点的难易程度,其紧密度范围是$C_c^w(i) \in [0.002, 0.006]$。

紧密度较高的是森林动物园南门、大连火车站、海之韵等位于城市客流集散大的首末站点；紧密度较小的是石槽村、渔人码头等位于城市客流集散较小的首末站点。网络的加权紧密度$<C_c^w> = 1.855$，其值大于无权紧密度$<C_c>$，表明考虑了线路的客流量后，首末站点之间的影响力变大了，这是由于人们的出行活动具有自主选择性，加强了拓扑空间的联系。

10 基于对偶法建模的城市公交网络特性研究

利用全站点型网络模型中的对偶法公交线路网络模型，对大连公交客运集团所管辖的公交无权网络和加权网络的拓扑结构进行分析，得出公交网络的内在分布规律，为大连市公交系统的布局提供参考。

10.1 公交线路网络模型的建立

以全站点型网络模型中的公交线路网络模型为基础，研究公交线路之间的换乘关系，以此来确定网络中重要的公交线路。该模型采用复杂网络理论中对偶法建立公交线路网络，将每一条公交线路作为节点，若两条线路有相同的首站或末站，则两个节点之间存在边。公交线路网络就是由点和线构成的网络模型。本章使用的数据为大连市公交线路和公交线路上的月平均日客流量数据。

为了使模型便于分析，故作如下基本假设：

（1）具有相同首末站的公交线路在模型中表现为有共同的节点。

（2）部分公交线路是首末站点为同一公交站点的线路，即构成了公交网络中所谓的"环"。

（3）对于公交车不同的支线、加车和区间车视为不同的线路，将站名相同的站点视为同一站点，忽略不同线路停靠位置的差别，若两条线路地理位置有交叉，但其不是公交车停靠站点，则交叉点不能看作网络的边。

（4）统计的公交线路中大多数是双向的，由于首末站点经过的公交线路数是基本固定的，以及双方向的客流量基本对称，为了便于研究公交线路网络，将其抽象为无向网络。

（5）由于首末站点之间的站点不计入模型中，在动态加权网络中，边上的权重为首站或末站的节点强度值，节点的节点强度为该线路首末站点节点强度之和。

根据上述公交线路网络模型，把每条公交线路作为节点，若两条线路有相同的首站或末站，则两个节点之间是存在边的。在加权网络的邻接矩阵 W 中，需要我们注意的是连接两个节点的边上存在相应的权重，由于首末站点之间的站点不计入模型中，在动态加权网络中，边上的权重为首站或末站的节点强度值，相应的节点强度为该线路首末站点节点强度之和。

在以首站或末站的节点强度值为边权建立公交线路加权网络模型时，在加权网络的邻接矩阵 W 中，矩阵元素 W_{ij} 表示网络中公交线路 i 和 j 之间的边权，即 W_{ij} 表示公交线路 i 到公交线路 j 的节点强度，显然，公交线路 j 和 i 之间的边权 W_{ji} 与前者相同，即 $W_{ij} = W_{ji}$。加权网络中强度大的节点是实际网络中的人员流动密集位置或交通枢纽点。

最终所构建的首末站点型的公交线路网络模型的节点是 149 个，边 185 条。图 10.1 是利用 Ucinet 软件绘制的公交线路网络图。图 10.1 中以大连公交客运集团的 149 条线路作为节点，若两条线路有相同的首站或末站，则两个节点之间存在边。用 Ucinet 软件可清楚刻画公交首末站点网络的节点和边的关系。

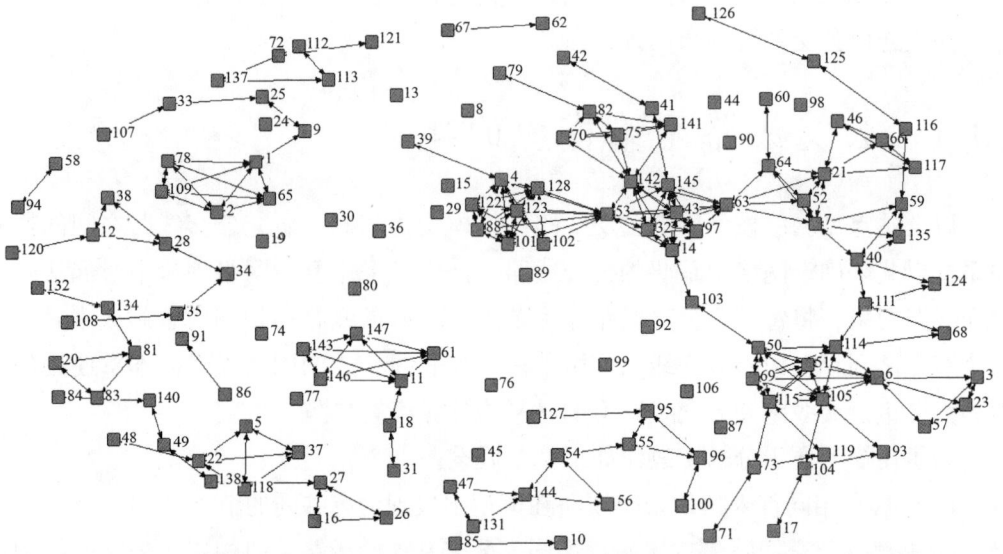

图 10.1 公交线路网络的模型示意图

10.2 动态加权网络拓扑特性与相关特征研究

本节将采用公交线路网络模型对大连公交客运集团的常规公交线路进行建模，运用 Ucinet 和 Matlab 软件统计节点度与节点强度、平均邻接节点度、聚类系数、平均距离和紧密度这些度量指标，并分析这些度量指标在无权网络的拓扑结构和加权网络中的客流分布情况。此网络模型中节点数为 149，边数为 185，边权重为首末站点的节点强度。

10.2.1 度、边权与强度分布

10.2.1.1 节点度分布

公交线路网络中，节点度表示与每条线路有多少条线路通过首末站点相连接。统计得出节点度 $k \in [0, 14]$，平均节点度 $<k> \approx 2.83$。其中，度值最大线路依次是

101 路、408 路、909 路等公交换乘线路，这 3 条线路的共性是都与枢纽站大连火车站为首末站点。

　　节点度概率分布 $p(k)$ 如图 10.2 所示，观察得到度值为 1 或 2 节点比较多，在双对数坐标下拟合为 $y = -1.364x - 0.435$ 的直线，符合幂律分布 $p(k) \sim 0.366k^{-1.36}$。表明公交线路网络是无标度网络，这是由于公交线路的开设或调整受到城市道路条件、土地利用、空间布局等因素的影响。在一定程度上，开设公交线路时总是趋于与网络的换乘线路上的首末站点相连。

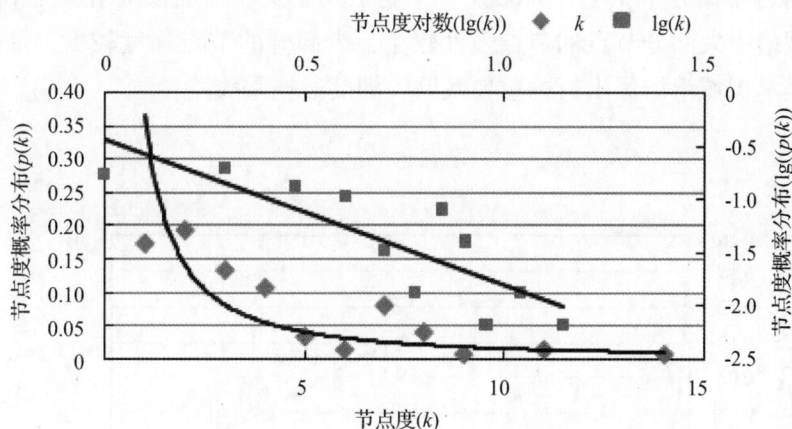

图 10.2　节点度分布和双对数坐标下的度分布

10.2.1.2　边权分布

　　如图 10.3 是边权分布 $p(w)$，由图可知，曲线尾部趋于 0 的速度越来越慢，具有长尾特性，说明网络中只有少数公交线路的交点（首末站点）具有较大客流量，多数线路交点（首末站点）的客流量都在 2.1 万人以下，$<k> \approx 20\ 661$。观察曲线其尾部越来越趋近于直线，权重的幂律分布为 $p(w) \sim 0.808W^{-0.36}$。

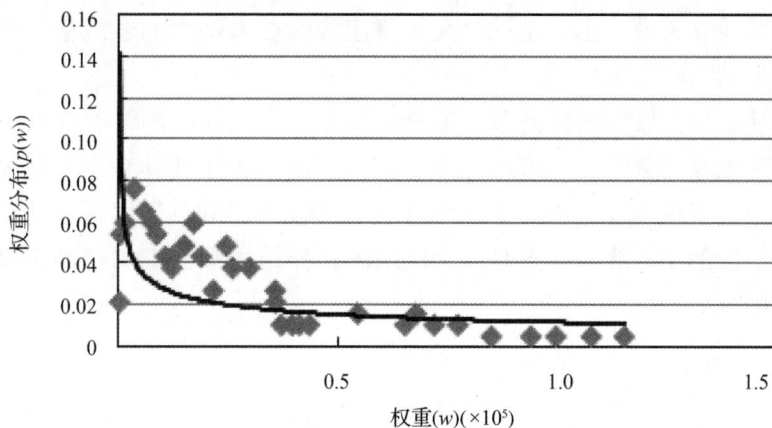

图 10.3　边权重概率分布

10.2.1.3 节点强度分布

根据点强度公式，统计得到节点强度均值是 $<s> \approx 52\,995$，也就是说平均每条线路所连接线路的每日总客流量约为 5.3 万人；节点强度范围是 $s \in [243,\ 222\,480]$，可以看出公交线路网络中的边权重变化区间很大，即相差 3 个数量级，其中节点强度大的线路依次是 101 路、408 路、20 路等换乘线路，日均客流强度都在 12 万以上，其与 k 值排序顺序大体一致。

如图 10.4 所示，在双对数坐标下拟合为 $y = -0.453x + 0.478$ 的直线，强度分布 $p(s)$ 曲线符合幂律分布 $p(s) \sim 3.008s^{-0.45}$。这表明公交线路加权网络虽然不是无标度网络，但网络中大部分节点的节点强度较小，少部分的节点强度较大，节点强度较大的线路是承担城市居民出行的重要线路，即交通换乘线路。

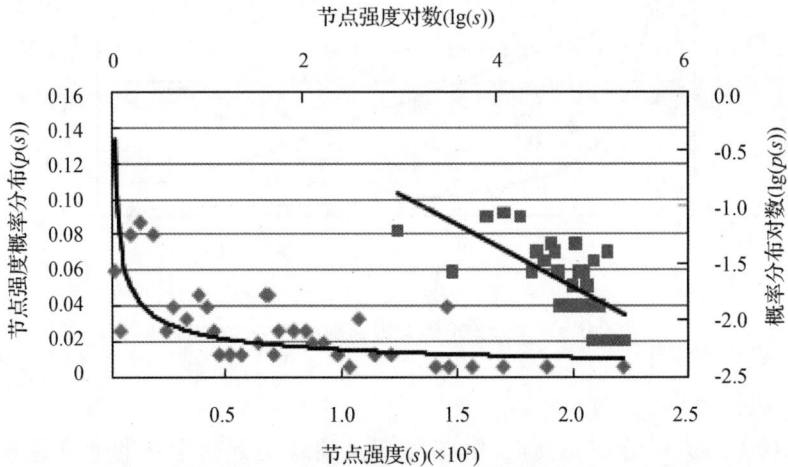

图 10.4　双对数坐标下的节点强度概率分布

如图 10.5 是节点度为 k 对应的平均节点强度分布，具有指数函数关系 $s = 24\,046e^{0.182k}$。说明随着节点度值的增大，相应的节点强度呈指数增长，强度与度具有正相关的非线性关系，也就是说公交线路连接的首末站点的客流量的增长速度大于其连接首末站点的数量。

综上所述，公交线路网络的节点度分布和公交线路加权网络的强度分布具有差异性。前者为无标度网络，后者虽然不是无标度网络，但其具有不太明显的无标度特性，其大部分节点强度较小，少部分节点强度较大，节点强度较大的节点为网络中承担客流集散的主要线路，这是因为网络的拓扑结构和人们出行的选择行为是存在相互关系的。

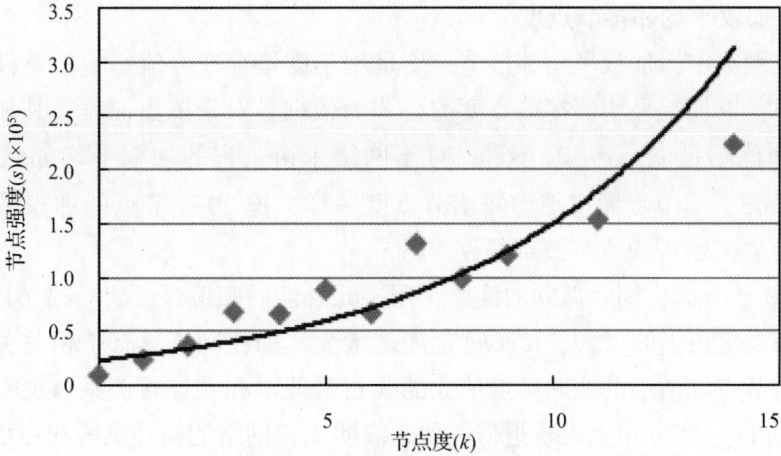

图 10.5 等度节点强度分布

10.2.2 平均邻接节点度

10.2.2.1 无权平均邻接节点度

在无权网络中，平均邻接节点度指标用来描述节点度的相关关系及其连接节点度的度相关性。根据公交线路模型，统计得到网络中节点的无权平均邻接节点度范围是 $k_{nn,i} \in [0, 9.43]$，网络的平均邻接节点度 $<k_{nn,j}> = 3.32$，其中节点的平均邻接节点度有 29 个节点为 "0"，分别是 7 路、12 路等孤立线路和高能街广场（801 环线）、欧尚购物广场（806 环线）等环线，说明这些节点所对应的线路是孤立的线路，与网络中其他线路的首末站点不存在联系。

如图 10.6 所示，从整体来讲，剔除孤立环线后，用一元线性回归拟合得到 $y = 0.438x + 2.795$，随着节点度值增大，网络中节点度值为 k 对应的节点平均邻接节点度 $k_{nn(k)}$ 整体呈上升趋势，这表明无权公交线路网络的平均邻接节点度拥有正相关协调性，即该网络中具有度值小的线路与度值大的线路一般不存在连接关系。

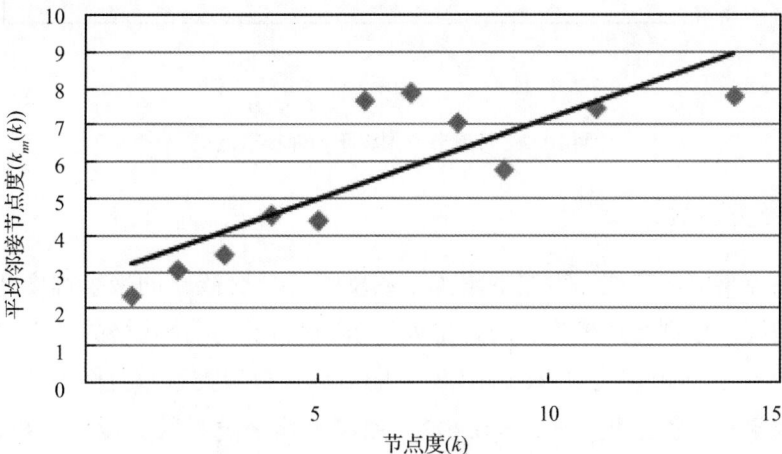

图 10.6 等度节点无权平均邻接节点度

10.2.2.2 加权平均邻接节点度

在加权网络中，加权平均邻接节点度是用于度量存在客流影响的条件下节点间的连接关系。以加权平均邻接节点度的公式为依据，对于节点而言，其加权平均邻接节点度的范围是 $k_{nn,i}^w \in [0, 66]$；对于网络来讲，它的加权平均邻接节点度为 $<k_{nn,i}^w>=12.06$。与节点无权平均邻接节点度一样，这 29 个节点的加权平均邻接节点度也都为"0"，即孤立环线或线路。

如图 10.7 所示，剔除孤立的线路，用一元线性回归拟合得到 $y=3.645x+3.857$，表明随着节点度值 k 的增大，$K_{nn}^w(k)$ 也随之增大，加权网络具有正相关关系，即该网络中具有节点度值小的线路与度值大的线路一般不存在连接关系。观察得到网络节点的 $k_{nn,j}$ 和 $k_{nn,j}^w$ 在分布上表现近似一致，表明无权网络的拓扑结构和加权网络的流量分布结构的相配性与异质性分布是一致的。其中 $<k_{nn,j}^w>$ 大于 $<k_{nn,j}>$，说明人们出行自主选择行为的连接偏好要强于网络拓扑结构的连接偏好。许多研究者表明，社会网络倾向于正相关（黄爱玲、关伟等，2013；Newman，2002）。而万维网、科学合作网络等技术网络倾向于负相关（Newman，2002；Wang W X、Wang B H 等，2005），由此可见，大连公交客运集团所管辖的 150 条线路构成的公交线路拓扑网络和具有客流权重的加权网络都具有社会网络的特点。

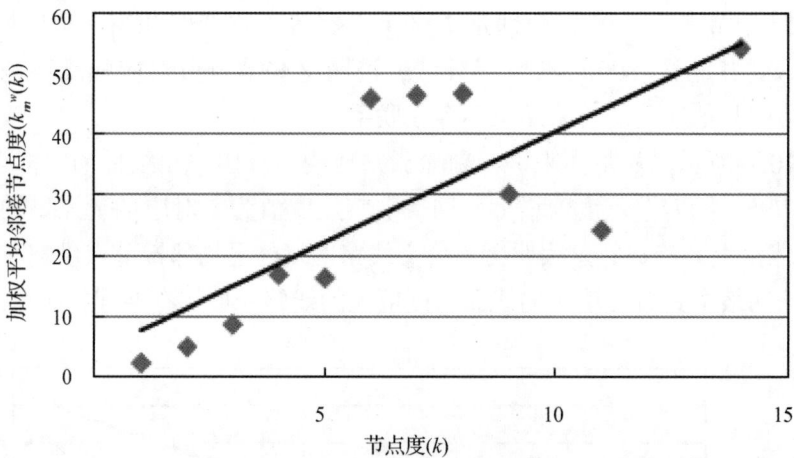

图 10.7　等度节点加权平均邻接节点度

10.2.3　聚类系数

首末站点型的公交线路网络的聚类系数反映了公交线路的聚集程度和线路之间连接紧密情况。根据上述模型，统计出大连市公交线路拓扑网络的节点聚类系数范围 $C_i \in [0, 1]$；而带有边权重的加权网络的节点加权聚类系数范围是 $C_i^w \in [0, 1]$。网络的无权平均聚类系数为 $<C>=0.673$，加权平均聚类系数为 $<C^w>=0.629$，观察得到 $<C>$ 大于 $<C^w>$，说明拓扑网络分布的聚集程度高于带有边权重的客流分布。

如图 10.8 所示，等度节点的无权平均聚类系数 $C(k)$ 和等度节点的加权聚类系数 $C^w(k)$ 的分布具有一致性。

（1）当 $k \leqslant 6$ 时，$C(k)$ 和 $C^w(k)$ 均是随着 k 值的增大而升高，说明 k 值较大的公交线路周边线路易产生集聚性。

（2）当 $k > 6$ 时，$C(k)$ 和 $C^w(k)$ 则随着 k 值增大而加速下降，逐渐趋于平稳。这种现象可以通过星形网络来理解，即公交线路网络中的多个节点 i 均交于一条边，而这些邻居节点之间却不存在连接关系，也就是说这些邻居节点是由于这条边的存在而具有高聚类性。这说明公交网络中的部分实际线路是由于某些枢纽或换乘站点连接起来，表现出在枢纽或换乘站的公交线路具有高聚类性质。

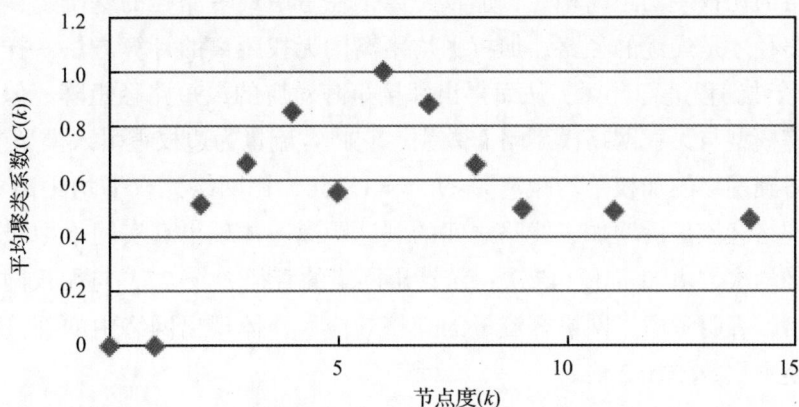

（a）等度节点平均聚类系数

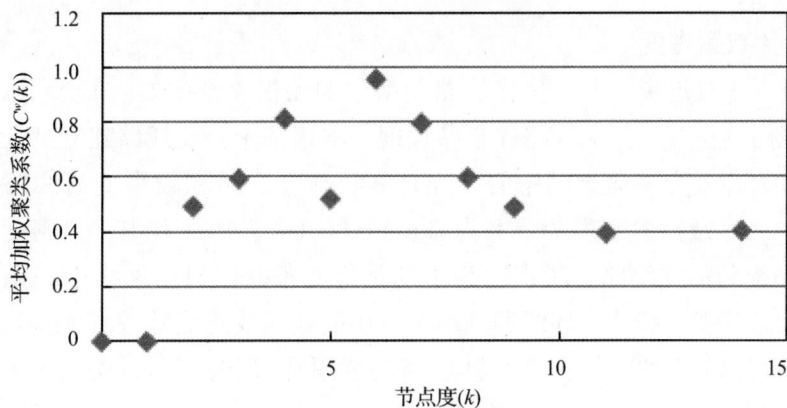

（b）等度节点平均加权聚类系数

图 10.8 无权和加权聚类系数分布

10.2.4 平均距离

10.2.4.1 无权平均距离

在采用对偶法建模的公交线路网络中，其平均距离表示公交网络中的一条线路到另一条线路所需要通过公交首末站点数量的平均值。与原始法建模类似，也将使用 Matlab 软件中的矩阵来表示公交线路网络的拓扑结构，其中软件中所建立的矩阵与公交线路网络模型建立的邻接矩阵是相同的，然后用 Matlab 软件编程得到邻接矩阵对应的最短路径矩阵。

由最短路径矩阵计算得出大连公交客运集团的公交线路网络的平均距离为 $<L> = 0.611$，对应的网络直径是 $D = 9$，这表明无权网络中未剔除孤立线路和环线时，任意一个线路到达另一个线路的平均换乘次数为 0.611 次，最大换乘次数为 9 次，体现出大部分线路之间的换乘条件还是很好的。

10.2.4.2　加权平均距离

与网络的无权平均距离相比，加权距离是在考虑最短路径的基础上，拥有最少客流量的路径才是最优的径路。加权平均距离同无权距离的计算方法一样，都是运用 Matlab 软件编程进行计算，从而得出邻接矩阵对应的最短路径矩阵。但加权网络建立的矩阵模型与无权网络模型略有差别，它将客流量为边权重引入模型中。

统计得到网络的加权平均距离是 $<L^w> = 1.756$，比网络无权平均距离 $<L>$ 要大，表明考虑网络客流量后增加了线路之间的到达距离，体现出真实网络中线路到线路的换乘的平均次数增加了 1.145 次；统计出网络的直径 $D^w \approx 27$，与无权网络直径相比要大 2 倍，表明考虑了网络客流量的拥挤效应后，体现出网络中的部分线路到其他线路的换乘次数增加 2 倍。

10.2.5　紧密度

10.2.5.1　无权紧密度

紧密度即为接近中心性，公交线路网络中的无权紧密度 $C_c(i)$ 表示网络中任意一条公交线路到达其他公交线路的难易程度。本章基于公交线路建立的无权和加权网络未剔除大连公交客运集团中的独立环线、孤立线路和较小连通线路，故统计得到网络中所有站点紧密度的范围为 $C_c(i) \in [0.003, 1]$，其中，紧密度不存在指的是独立环线和孤立线路，紧密度为 1 的是指此条线路只与网络中一条线路相连接。而剔除这些孤立线路、环线和网络中较小的连通线路能够较真实地反映此网络中节点到达其他节点的难易程度，其紧密度范围是 $C_c(i) \in [0.003, 0.006]$，紧密度较高线路是 6 路、13 路、30 路等位于城市客流集散大的重要线路；紧密度较小的线路是 712 路区间车、712 路、503 路等位于城市客流集散小的公交线路。未剔除部分线路的无权网络的平均紧密度为 $<C_c> = 0.102$。

10.2.5.2　加权紧密度

与无权网络的节点紧密度相比，未剔除部分线路的加权网络中的节点紧密度范围变大了，即 $C_c^w(i) \in [0.001, 2.317]$，而剔除这些孤立线路、环线和网络中较小的连通线路能够较真实地反映此网络中节点到达其他节点的难易程度，其紧密度范

围是 $C_c^w(i) \in [0.001, 0.002]$，紧密度较高的是 5 路、6 路、13 路等位于在城市客流集散大的重要线路；紧密度较小的是 808 路、716 路、712 路区间车等位于城市客流集散小的公交线路。网络中的加权紧密度 $<C_c^w> = 0.09$，其值小于无权紧密度 $<C_c>$，表明考虑了网络边上的权重后，公交线路之间的影响力变小了。进一步说明人们自主选择的出行活动降低了网络拓扑空间的联系。

10.3 公交网络的结论分析

从公交网络的特点入手，主要研究大连市公交无权网络拓扑结构复杂性和引入权重的加权网络结构特性，根据大连市公交网络的特点和真实数据建立首末站点型中的公交首末站点网络模型和公交线路网络模型，借助模型分析公交网络的节点度与节点强度、平均距离、聚类系数等指标，进而引入静态权重和动态权重对比分析无权公交网络和加权公交网络的拓扑结构特征，然后运用 Ucinet 和 Matlab 软件统计分析，并把基于复杂网络的分析结论与城市公交网络交通特性相联系，最终对大连市公交系统的布局和优化提供建议。论文主要进行了如下三方面的研究：

10.3.1 引入静态权重的公交首末站点网络模型

10.3.1.1 公交网络的拓扑结构

在网络的节点度和节点强度方面，公交网络的节点度和节点强度分布凸显出不均性，网络的节点度在 5 以上的只有 1.6%，5 以下的却占到总节点数的 96.8%；节点强度在 5 以下的节点占到总节点数的 79.5%，而在 15 以上较高强度的节点却占总数的 2.2%。

在网络的强度分布和承载压力方面，在节点的点强度与累积强度分布的双对数坐标下发现此分布不符合幂律分布，但有一少部分节点能够承担主要客流流通、换乘的压力，多数节点不具备此能力，故具有不太明显的无标度特性；承载压力综合考虑了网络中的节点度与节点强度，充分分析了公交网络与路网之间的内在联系。

10.3.1.2 公交网络的交通特性

网络中的节点度代表了公交网络的通达性，如大连火车站、香炉礁快轨站等，均是公路、铁路和轨道重要客运站点；马栏广场、华南国际商城、青泥洼桥（解放路）等均是市中心区和周边郊区的购物中心。

网络中的节点强度代表了线路的运输负荷，如星海广场、会展中心等均是人口集聚集散的重要场所；太原街、兴工街、沈阳路等均是人们出行密集道路区域。承载压力全面考虑了公交网络通达性和运载负荷问题，分析得出星海广场、会展中心、沈阳路、黑石礁等站点是现实网络中的重要首末站点。

10.3.2 引入动态权重的公交首末站点网络模型

10.3.2.1 公交网络的拓扑结构

在网络的度分布和强度分布方面，无权网络的节点度分布和加权网络的节点强度分布具有差异性，前者为无标度网络，后者不是无标度网络，但具有不太明显的无标度网络特性，且等度值的节点强度分布具有正相关关系。

在网络的平均邻接节点度方面，无权网络中此指标具有负相关协调性，而加权网络此指标却具有正相关协调性，由研究表明，对应的无权网络表现出技术网络特点及加权网络表现出社会网络特点。

在网络的聚类系数方面，无权网络和加权网络的聚类系数均为 0，表明此网络中任意节点的邻居节点均不存在连边，但此网络的其他性质的统计可以实现，故可以判定公交首末站点网络中任意节点 i 的 k_i 个邻居节点之间是不存在关系的。

在网络的平均距离方面，统计得到网络的加权平均距离和无权平均距离分别为 $<L^w> = 0.478$、$<L> = 0.324$，加权网络的平均距离要大于无权网络平均距离，以及加权网络的直径为 $D^w \approx 16$，比无权网络直径 $D = 12$ 要大 33.3%。

在网络的紧密度方面，对于未剔除大连公交客运集团中的独立环线、孤立线路和较小的连通线路，网络的加权紧密度 $<C_c^w> = 1.855$，其值大于无权紧密度 $<C_c> = 0.339$；对于剔除大连公交客运集团中的独立环线、孤立线路和较小的连通线路，网络的无权紧密度范围是 $C_c(i) \in [0.004, 0.009]$，网络加权紧密度的范围是 $C_c^w(i) \in [0.002, 0.006]$。

10.3.2.2 公交网络的交通特性

无权网络中的首末站点的连接线路数具有马太效应，即与通达性好的站点连接的线路越来越多，如马栏广场、大连火车站、森林动物园南门等公交枢纽站点；有权网络中的首末站点的连接线路数虽然不具有马太效应，但少部分首末站点也能够承担客流集散，如马栏广场、大连火车站、和平广场等首末站点，以及首末站点连接的线路客流量的增长速度大于其连接的线路数量。

无权网络中节点度值小的首末站点普遍都与度值大的首末站点连接，而加权网络中度值小的首末站点与度值大的首末站点一般不存在连接关系。

网络中具有联系的首末站点并未与相同的首末站点相连接，说明公交首末站点在现实公交网络中聚集程度非常低。

加权网络的平均距离要大于无权网络平均距离，表明考虑网络客流量后增加了首末站点之间的到达距离，体现出真实网络中站点到站点的换乘的平均次数增加了 0.154 次；统计出网络的直径 $D^w \approx 16$，与无权网络直径相比要大 4 次，表明考虑了网络客流量的拥挤效应后，部分站点到其他站点的换乘次数增加了 1/3。

网络的加权紧密度大于无权紧密度，表明考虑了线路的客流量后，首末站点之间的影响力变大了，这主要是人们出行的自主选择性影响了拓扑空间的相互联系，使其增高了。在无权网络中，紧密度较高的是和平广场、甘井子、大连火车站等位于城市人流集散大的首末站点，紧密度较小的是石槽村、后盐快轨站等位于城市客流集散小的首末站点；加权网络中，其中紧密度较高的是森林动物园南门、大连火车站、海之韵等位于城市客流集散大的首末站点，紧密度较小的是石槽村、渔人码头等位于城市客流集散小的首末站点。

10.3.3　引入动态权重的公交线路网络模型

10.3.3.1　公交网络在拓扑结构角度

在网络的度分布和强度分布方面，无权网络的节点度分布和加权网络的节点强度分布具有差异性，前者为无标度网络，后者不是无标度网络，但具有不太明显的无标度网络特性，且等度节点的强度分布具有正相关关系。

在网络的平均邻接节点度方面，无权网络和加权网络的平均邻接节点度均具有正相关协调性，由研究表明，对应的无权网络和加权网络都表现出社会网络特点。

在网络的聚类系数方面，网络的无权平均聚类系数$<C>$大于网络的加权平均聚类系数$<C^w>$，且等度节点的无权平均聚类系数$C(k)$和等度节点的加权聚类系数$C^w(k)$的分布具有一致性。

在网络的平均距离方面，网络的加权平均距离为$<L^w>=1.756$和无权平均距离为$<L>=0.611$，加权网络的平均距离要大于无权网络平均距离，以及加权网络的直径为$D^w≈27$，比无权网络直径D要大2倍。

在网络的紧密度方面，对于未剔除大连公交客运集团中的独立环线、孤立线路和较小的连通线路，网络的加权紧密度$<C_c^w>=0.09$，其值小于无权紧密度$<C_c>=0.102$；对于剔除大连公交客运集团中的独立环线、孤立线路和较小的连通线路，网络的无权紧密度范围是$C_c(i)\in[0.003,0.006]$，网络加权紧密度的范围是$C_c^w(i)\in[0.001,0.002]$。

10.3.3.2　公交网络的交通特性

无权网络中的通达性好的公交线路为101路、408路、909路等公交线路，这3条线路的共性是都与枢纽站大连火车站为首末站点；加权网络中的公交线路主要承担客流集散，其中少部分线路也能够承担大量的客流集散，如101路、408路、20路等公交线路；公交线路连接的首末站点集散的客流量增速大于其连接首末站点的数量增速。

通达性好的首末站点与通达性差的首末站点在无权网络和加权网络中均存在很少的连接关系，观察得到网络节点的$k_{nn,j}$和$k_{nn,j}^w$在分布上表现近似一致，表明无权网络的拓扑结构和加权网络的流量分布结构的相配性与异质性分布是一致的，其中 $<k_{nn,j}^w>$ 大于 $<k_{nn,j}>$，说明人们出行自主选择行为的连接偏好要强于网络拓扑结构的连接偏好。

等度节点的无权平均聚类系数 $C(k)$ 和加权聚类系数 $C^w(k)$ 的分布具有一致性，在节点度 k 为 6 时是个分界点，在小于 6 时，两个网络的聚类系数均随着节点度 k 的增大而增大；大于 6 时，却随节点度的增大而减小，最后趋于平稳。这说明公交网络中的部分实际线路是由于重要的首末站点连接起来，表现出由具有枢纽或换乘性质的首末站点连接的公交线路具有高聚类性质，观察得到 $<C>$ 大于 $<C^w>$，说明拓扑网络分布的聚集程度高于带有边权重的客流分布。

加权网络的平均距离要大于无权网络平均距离，表明考虑网络客流量后增加了线路之间的到达距离，体现出真实网络中线路到线路换乘的平均次数增加了 1.145 次；统计出网络的直径 $D \approx 27$，与无权网络直径相比要大 18 次，表明考虑了网络客流量的拥挤效应后，网络中的部分线路到其他线路的换乘次数增加 2 倍。

网络的加权紧密度小于无权紧密度，表明考虑了线路的客流量后，公交线路之间的影响力变小了，这主要是人们出行的自主选择性影响了拓扑空间的相互联系，使其降低了。无权网络中紧密度较高线路是 6 路、13 路、30 路等位于城市客流集散大的重要线路，紧密度较小的线路是 712 路区间车、712 路、503 路等位于城市客流集散小的公交线路；加权网络中紧密度较高的是 5 路、6 路、13 路等位于城市客流集散大的重要线路；紧密度较小的是 808 路、716 路、712 路区间车等位于城市客流集散小的公交线路。

根据上述网络拓扑结构和网络交通特性的结合我们可以得出：这 3 类网络模型的节点度分布和节点强度分布都具有无标度网络的性质，即网络的少部分首末站点和线路具有好的换乘或客流集散的作用，大部分首末站点和线路不具备；在引入静态权重的公交首末站点网络模型中，总结网络所提到的度量指标，表明星海广场、沈阳路、黑石礁这些首末站点值得关注；在引入动态权重的公交首末站点网络模型中，总结网络的相关指标，表明大连火车站、马栏广场和和平广场等是重要站点；在引入动态权重的公交线路网络模型中，总结网络所有指标，表明 6 路、101 路、408 路、909 路这些线路是重要的换乘线路。

10.3.4 研究展望

随着城市规模的增大，公交网络的规模也逐渐扩大，城市公交网络优化的问题将会凸显出来，故下一步的研究内容是：

（1）本章建立的首末站点型公交网络模型研究对象仅局限于公交首末站点及其连边，忽略了公交线路的中间站点，今后应以公交线路中的所有站点及其连边为研究对象，引入相邻站点间的客流量为权重，建立无权和加权公交网络模型，这样可以全面地对公交网络系统进行研究。

（2）本章所建立的公交网络模型是无向加权网络模型，而现实生活中的公交网络是一个双向的公交网络，所以应该对公交网络建模的方法进行深层次的研究，公交线路的权重和方向性都考虑其中，使其更加接近实际公交网络。

11 城市道路交通网络级联失效模型

11.1 引言

11.1.1 级联失效概述

对于级联失效的概念可以总结为，网络由于一个或少数几个节点发生破坏后，通过与其他节点之间的耦合关系影响到其他节点，有可能再次导致其他节点的破坏，节点通过不断地破坏扩散最终导致一个范围内的节点或整个网络的瘫痪，这种现象就称为网络的级联失效。有时也称为"雪崩（avalanche）"。例如，在电力网络中，由于少数节点的破坏，迫使电力的重新分配，从而引起其他节点的过载，产生级联失效现象。

交通网络中同样存在类似的级联失效现象，在城市路网中，由于部分交叉口或者路段发生破坏，出行者到达破坏的路段后，为避开破坏的交叉口或者路段，及时地调整自己的出行路径，从而引起流量在网络中的重新分布，进一步造成其他交叉口或路段产生拥挤影响，最终导致局部交通网络的拥堵甚至整个网络的瘫痪。

针对级联失效现象，学者们提出了各种不同的级联失效模型，大多数的模型都是应用于电力网络，如负载—容量模型、沙堆模型等，也有学者通过研究提出了二值影响模型、CASCADE 模型、灾害蔓延模型、耦合映像格子模型等。

负载容量模型。对于负载容量模型，通常都会对网络上的节点进行初始负荷及容量定义，赋予一定的初始负载。当网络中的节点受到攻击发生故障时，节点的负载会按照一定的规则策略重新分配。如果节点上重新分配的负载超过了其能承担的容量，那么该节点会因为过载而发生故障，从而造成新一轮的节点负载重新分配。这个过程反复不断地进行下去，越来越多的节点受到影响，直至网络中没有节点再发生过载，此时网络达到稳定的状态，级联失效传播停止。

沙堆模型。在沙堆模型中，网络中的第 i 节点被赋予一定的高度 h_i 和阈值 z_i，这里的高度相当于节点的初始负载，阈值的上限一般选取为节点的度 k_i。在每个单位时间内，随机选取一个节点将其高度增加一个单位，如果该节点的高度超过了其阈值，则执行倾倒操作，即从该节点的 k_i 个邻居节点中选取 $[z_i]$ 个节点，将这些节点的高度增加一个单位。如此反复进行，直至网络中的节点全为稳定状态。重复进行以上过程，最后得到网络中故障规模的分布情况。

二值影响模型。二值影响模型最大的特点是对于节点状态的定义，通常将网络中的失效节点表示为1，将正常的节点用0来表示。每一个节点在下一个时间单位的状态是由该节点的邻居节点的状态决定的：当节点的邻居中状态为1的节点数与所有邻居节点总数的比值超过一个阈值时，该节点若状态为0则变成1，否则状态不变。二值影响模型也可借用渗流理论进行推导，从而获得网络发生大规模级联失效的临界条件。

CASCADE模型。假设网络中多个类似的节点，并且网络中每个节点的初始负载是随机分配的，在所有的节点上增加一个相同大小的负载扰动，当节点的负载超过容量时则判为故障，并且发生故障的节点会将一个固定的负载值传递给网络中其他所有的节点，此过程反复进行直至没有节点再失效。

11.1.2 级联失效研究综述

11.1.2.1 级联失效模型

Moreno等（2002）最早针对BA无标度网络提出了一种网络级联失效的模型，通过赋予每个节点一个安全阈值并假设在节点的负荷超过设定的安全阈值时，即定义节点发生失效。并将其负荷平均地传送给与其之间连接的无故障节点，并将这些故障的节点从网络图中除去，通过研究发现对于较小的负荷，其级联失效的规模较小。Motter等（2002）利用介数来进行节点的初始负荷定义，并假设节点的容量正比于节点的初始负荷，并且负载总是沿着最短路径传输，对于已经破坏的节点直接从网络进行删除然后重新对每个节点之间的负荷进行分配，同样定义节点的负荷超过其容量时节点失效，得到了经典的ML模型。ML模型认为当某一节点过载，就将其彻底从网络中移除，但实际中许多网络中节点的破坏并不能够直接从网络上进行删除。考虑上述的缺陷与不足，Crucitti等（2004）在原有的理论基础与模型上，考虑点与边相互之间的关系，提出了更符合实际的边传输效率的新模型，即CLM模型。随后Kinney等（2005）对北美电力网络进行了失效分析，采用将网络中负荷最大的节点移除的方式对网络进行节点失效模拟。研究发现，移除的节点会导致网络中其他节点过载，最终导致网络的性能相较正常状态降低许多。并且网络效率降低的比例会随着节点过载容许参数的减少而增大；针对随机网络图，Watts（2002）采用二值影响模型进行了网络的相继故障分析。

国内在对城市道路交通网络的级联失效模型研究方面，应用最为广泛的是为负载—容量模型，并且认为节点的容量与初始负载具有一定的相关性。Zhao等（2004）对Motter提出的ML模型再次进行了研究，并针对无标度网络进行了仿真验证，认为当 $\alpha > \alpha_c$ 时，网络就几乎完全崩溃，当 $\alpha < \alpha_c$ 时，网络几乎不会受到影响。

吴建军等（2007）在 CLM 模型的基础上将交通网络的部分特例考虑其中，并针对城市交通网络建立了 3 种不同移除条件下的级联失效模型。随后 Zheng 等（2004）再一次对 CLM 进行了改进，考虑了交通网络中流量的过载通常只会对车辆的通行时间造成一定的影响，但对于网络的结构不一定造成破坏，因此提出了一种边能力动态自动更新的级联失效模型。王正武（2012）等将城市路网定义为由上层出行网络和下层道路网络共同组成的双层网络结构，但对于节点或边容量的定义上，仍旧采用传统的正比于节点或边初始流量的方法。张喜平（2014）研究了基于引力场路由的复杂路网的动态配流方法，为对偶结构的路网进行动态流量分配，提出了基于引力场路由策略的复杂网络级联失效的负载—容量模型。对于负载—容量模型外的相关研究，Wang 等（2004）率先将耦合映象格子模型引入复杂网络级联失效的研究中；尹洪英等（2013）运用该方法对交通运输网络级联失效的影响规律进行了探索并进行了节点的影响范围研究；王正武等（2014）通过灾害蔓延模型对城市道路交通网络级联失效进行仿真。

11.1.2.2 级联失效的预防及控制

Motter 等（2002）通过研究发现节点的负载对于级联失效具有一定的影响关系，通过将负载较高的边或节点进行移除来控制级联失效的传播；而 Hayashi 等（2005）提出了一种与 Motter 截然相反的控制策略，通过给网络中增加边来进行级联失效的预防；Schafer 等（2006）提出了通过减少网络的总负载来降低级联失效的影响措施，认为通过降低网络总负载能够提高网络的抗毁性；Motter 等（2002）通过研究提出保护介数较大的节点或对于网络的总负载进行均匀分配来预防级联失效。李勇等（2009）提出来基于级联失效的战域保障网络节点容量优化模型；刘浩然等（2018）根据无标度网络中节点容量恒定的特点推导出引发大规模级联失效的承载极限，并提出了一种缓解策略，优化无标度网络抵御级联的能力；李从东（2016）针对级联失效现象提出了随机增边策略、最大介数增边策略、最大剩余容量增边 3 种增边策略来缓解级联失效的影响；Zhao 等（2005）在 Motter 等的研究基础上提出了一种在级联失效发生后的最优删除策略来对网络进行有效的保护；王正武等（2016）针对城市道路交通网络在节点或路段受到攻击后、级联失效发生前实施的节点或路段选择性关闭的策略，该策略对"重要路段"上游的路段进行关闭来控制失效的规模。周振宇（2015）提出了一种城市道路交通网络级联失效后的修复策略，并通过失效节点修复效果后路网阻塞程度指标对节点重要度进行排序。

11.1.2.3 交通网络级联失效研究的不足

从国内外的研究现状来看，对于复杂网络的级联失效研究大多集中于电力网络，对于城市路网的级联失效的研究并不多，城市道路交通网络级联失效模型、级联失效的影响因素、级联失效的预防与控制都处于初步阶段。

现阶段关于城市道路交通网络级联失效模型大多是负载—容量模型，对于实际道路交通网络的特性考虑并不充分，仅仅考虑了路段阻塞效应、出行网络影响等部分交通特性。仍存在几点不足：①首先城市道路交通网络是一个加权有向的网络，将失效节点或边直接从网络中移除并不符合城市道路交通网络；②采用用户平衡的方法进行配流需要建立在出行者对于整个网络阻抗的精确把握，但往往这些都是不现实的；③缺少对于网络拓扑结构特征与级联失效影响结果之间关系的研究；④城市道路交通网络具有拥挤特性，只从失效边的数量来反映失效程度并不能够充分体现节点或边失效对于道路交通网络的影响。

11.1.3 研究内容及方法

11.1.3.1 城市道路交通网络级联失效模型

对城市道路交通网络级联失效发生条件进行必要的分析，结合城市路网的特性，在负载容量模型基础上，对于城市路网级联失效模型进行改进，构建了城市路网的边失效模型、节点失效模型，最后针对级联失效的影响给出降低失效影响的控制策略。

11.1.3.2 复杂路网的路段及交叉口重要性评价

构建城市道路交通网络重要路段的评价体系，从路段的交通特性、路段的拓扑属性以及路段的破坏影响3方面共同评价路段的重要程度，采用变异系数法进行每项指标权重的确定，并采用模糊聚类的方法进行不同路段的分类。

11.1.3.3 级联失效模型的应用实例

结合大连市中心某一区域的道路交通网络进行实证分析，对级联失效模型进行验证，确定不同路段及节点的失效影响过程，并对重要路段及节点进行筛选。研究技术路线如图 11.1 所示。

11.2 基于负载—容量模型的交通网络级联失效

11.2.1 级联失效的条件

网络中级联失效发生需要有 3 个必要的条件：①节点之间需要具有耦合关系，这种关系可以是实体连接，也可以是信息的交换。②网络中存在失效的节点或者失效的边，这种失效可能是由于负荷的过载造成，也就是说网络中的节点或者边是存在一定的能力上限的，另一种可能是由于某些突发的自然灾害或人为破坏导致节点或边发生失效。③失效边或节点上的负载能够重新进行分配，即当网络中有节点或边失效后，其上的负载能够进行重新分配。

城市道路交通网络与其他网络一样，具有发生级联失效的条件，也可能发生级联失效的现象。①城市道路交通网络中的耦合关系包括实体连接，即相邻的交叉口

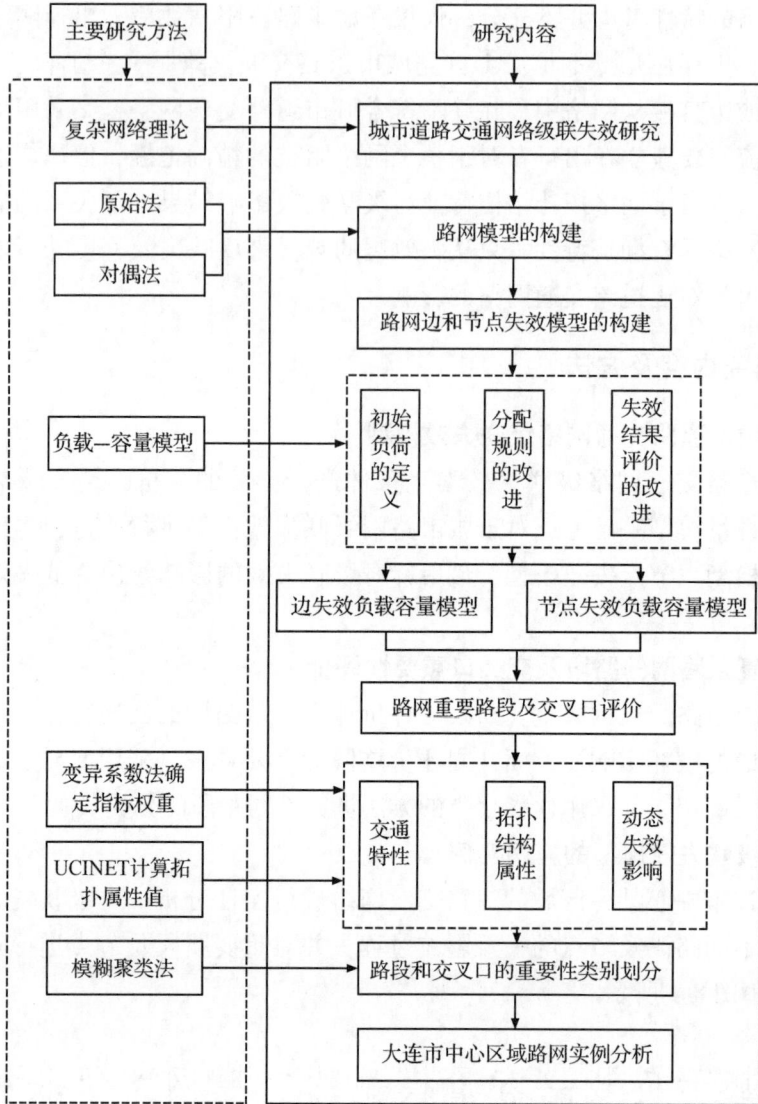

图 11.1 技术路线

之间都有连接路段。②城市道路交通网络中的节点或边的失效是指交叉口或路段发生交通拥堵，拥堵可能是常发的，也可能是偶然的。③城市道路交通网络中失效节点或边的负载重新分配是指出行者根据拥堵路段的情况进行路径选择。

因此，本章将城市道路交通网络中的级联失效定义为：在城市道路交通网络中，由于一个或少数几个交叉口或路段发生拥堵或故障后，出行者根据失效路段的情况，绕开拥堵的交叉口或路段，由此引发的交通流量重新分配，进而造成其他交叉口或路段流量的过载，产生级联效应，最终可能导致局部交通的拥挤或瘫痪甚至整个网络的崩溃。

11.2.2　交通网络负载—容量模型

复杂网络中的负载—容量模型的流程为：赋予网络中的节点或边一定的初始负荷和容量（安全阈值），当某个节点或边受到攻击而发生故障时，节点或边负荷重新分配，从而导致新的节点或边上的负荷超过其容量而发生故障，如此循环直到过载负荷全部分配到新的节点或边上，甚至覆盖整个网络，产生级联失效。节点或边的初始负荷的确定、故障发生后负荷的重新分配规则以及节点或边容量的建立是该模型的前提条件。

11.2.2.1　初始条件

目前对于网络中节点或边的初始负荷定义方法主要有 3 种，一是定义节点或边上的负荷服从某种分布；二是采用节点或边的介数定义，如式 11.1、11.2 所示；三是针对交通运输网络构建上层出行网络，根据用户平衡（UE）的规则进行流量的初始分配。其中第二种方法应用最广。

对于节点或边的容量通常根据其上的初始负荷大小来定义，如式（11.3）、式（11.4）所示。

$$L_i^0 = \gamma \cdot B_i \tag{11.1}$$

$$L_{e_i}^0 = \gamma \cdot B_{e_i} \tag{11.2}$$

$$C_i = (1+\delta) L_i^0 \tag{11.3}$$

$$C_{e_i} = (1+\delta) L_{e_i}^0 \tag{11.4}$$

式中，γ，δ 为可调节参数；L_i^0 为节点在初始时刻的负载；$L_{e_i}^0$ 为边 e_i 在初始时刻的负载；B_i 为节点 i 的介数；B_{e_i} 为边 e_i 的介数；C_i、C_{e_i} 分别为节点 i 和边 e_i 的容量。

11.2.2.2　分流规则

对于交通网络，一种分流规则是将失效节点 i 和失效边 e_i 上的负载依据其相邻边的节点和边剩余容量的比例重新分配到失效节点和边的邻接节点和边上，假设 t 时刻邻接节点 j 和邻接边 e_j 获得的负载为 Δ_j、Δ_{e_j}，则 Δ_j 如式（11.5）所示，Δ_{e_j} 如式（11.6）所示；另一种分流规则是将失效边从网络中删除后再重新根据用户平衡（UE）的规则进行流量的分配。

$$\Delta L_{i \to j}^t = \left(\frac{C_j - L_j}{\sum_{n \in \tau_i} (C_n - L_n)} \times L_i^t \right) \times M_i^t \tag{11.5}$$

$$\Delta L_{e_i \to e_j}^t = \left(\frac{C_{e_j} - L_{e_j}}{\sum_{n \in \tau_{e_i}} (C_n - L_n)} \times L_{e_i}^t \right) \times M_{e_i}^t \tag{11.6}$$

式中，τ_i 为失效节点 i 的所有邻接节点；τ_{e_i} 为失效边 e_i 的所有邻接边；L_i^t、$L_{e_i}^t$ 为 t 时刻失效节点 i、边 e_i 上的负载；M_i^t、$M_{e_i}^t$ 为节点和边的负载传播函数。

11.2.2.3 失效负载的传播

根据分流规则，t 时刻任意邻接节点 j 和边 e_j 的实时负载 L_j^t、$L_{e_j}^t$ 超过其自身的容量时，即满足 $L_j^t > C_j$、$L_{e_j}^t > C_{e_j}$ 时，亦发生崩溃失效，其实时负载为：

$$L_j^t = L_j^{t-1} + \Delta L_{i \to j}^t \tag{11.7}$$

$$L_{e_i}^t = L_{e_i}^{t-1} + \Delta L_{e_i \to e_i}^t \tag{11.8}$$

式中，L_j^{t-1}、$L_{e_j}^{t-1}$ 为节点 i 和边 e_j 在 $t-1$ 时刻的负载。

为了能够刻画出级联失效的负载传递演化的动力学过程，构建一个失效负载的传播函数 M_i^t、$M_{e_i}^t$，即

$$M_i^t = \begin{cases} 1, & L_i^t > C_i \\ 0, & L_i^t \leq C_i \end{cases} \tag{11.9}$$

$$M_{e_i}^t = \begin{cases} 1, & L_i^t > C_i \\ 0, & L_i^t \leq C_i \end{cases} \tag{11.10}$$

式中，"0" 表示 t 时刻节点 i 或边 e_j 的负载在容量范围内，"1" 表示 t 时刻节点 i 或边 e_j 处于过载失效状态。

11.2.2.4 级联失效后果评估

目前，主要采用失效路段相对值指标和路网阻塞程度指标进行交通网络级联失效的后果评估。

$$W_1 = \frac{N'}{N} \tag{11.11}$$

$$J = \sum_{e_i} q_{e_i} t_{e_i}(t) \Big/ \sum_{e_i} q_{e_i} t_{e_i}(0) \tag{11.12}$$

式中，W_1 为网络失效影响后失效路段所占比例；N' 为失效路段数；J 为路网的阻塞程度；表示 t 时刻路段 e_i 上的流量和阻抗乘积；$q_{e_i} t_{e_i}(0)$ 表示初始时刻路段 e_i 上的流量和阻抗乘积。

11.2.3 边失效的负载容量模型改进

为了构建既符合城市道路交通网络，又便于实际应用的级联失效模型，综合以往的研究成果，改进的边失效情况下的级联失效模型如下：

11.2.3.1 初始负荷的定义

由于城市道路交通网络中路段会受到容量的限制，因此对于原始法构建的拓扑网络图，利用介数大小进行边的初始负荷定义并不符合实际情况。

本文采用边的介数及其对应实际道路路段的通行能力进行初始负荷的定义，任意边 e_i 的初始负载为 $L_{e_i}^0$，边的最大负载能力为 C_{e_i}。

$$L_{e_i}^0 = \gamma \cdot B_{e_i} + \delta \cdot D_{e_i} \tag{11.13}$$

$$C_{e_i} = \tau \cdot D_{e_i} \tag{11.14}$$

式中，γ、δ、τ 为可调节参数；D_{e_i} 为道路的通行能力。

对于道路 D_{e_i} 的计算，结合实际道路车道数确定各路段的通行能力。

11.2.3.2　失效负载的再分配

考虑到道路的实际情况，出行者无法在第一时间获取到整个路网的全部信息，失效路段上的流量应按照一定的规则优先向与之相连的路段上进行分流。

将与失效路段相连的路段分为两类，假设相邻路段的方向与失效路段方向之间的夹角为 α，当 α 小于 90°或接近于 90°时，定义该类路段为失效路段的第二类相邻路段，用集合 ϕ 来表示，否则为失效路段的第一类相邻路段，用集合 ω 来表示。

如图 11.2 所示，假设边 e_{12} 为失效边，则边 e_{14} 为边 e_{12} 的第一类相邻边；边 e_{13} 和边 e_{15} 为边 e_{12} 的第二类相邻边。在某一路段发生破坏后，出行者在进行其他路径选择时会优先选择与失效边相连的第二类相邻边，而选择分流到第一类的相邻边的负载只占较小的比例。假设分流到第一类相邻边的负载占失效边上总负载的 ε 倍，则分配到第二类相邻边上的总负载为失效边上总负载的 $(1-\varepsilon)$ 倍。ε 的取值如公式 11.15 所示，而同一类中的各边根据其上的权重按式（11.16）、式（11.17）进行负载分配。

假设 $p_{e_{12}}$ 为失效边 e_{12} 上分配的总负载；$p_{e_{14}}$ 为边 e_{14} 分配到的额外负载，$p_{e_{13}}$ 为边 e_{13} 分配到的额外负载；则 $p_{e_{14}}$、$p_{e_{13}}$ 计算如式 11.18、式 11.19 所示。

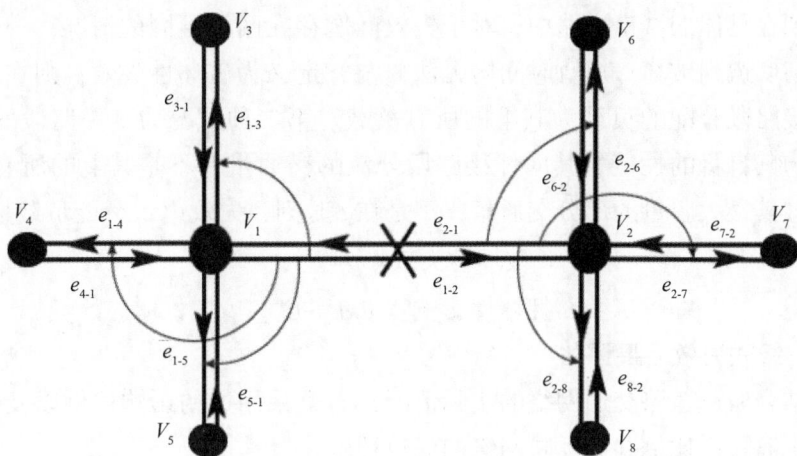

图 11.2　失效的负载重分配规则

$$\varepsilon = \begin{cases} 1, & \text{仅存在第一类相邻路段} \\ 0, & \text{仅存在第二类相邻路段} \\ a, & \text{否则，} 0<a<1 \end{cases} \qquad (11.15)$$

$$p_{e_{mn}} = \left(\dfrac{\dfrac{1}{q_{e_{mn}}}}{\displaystyle\sum_{e_{mn} \in \phi_{e_i}} \left(\dfrac{1}{q_{e_{mn}}} \right)} \right) \times \varepsilon \cdot p_{e_{ij}} \qquad (11.16)$$

$$p_{e_{vw}} = \left(\frac{\dfrac{1}{q_{e_{vw}}}}{\displaystyle\sum_{e_{vw} \in W_{e_{ij}}} \left(\dfrac{1}{q_{e_{vw}}} \right)} \right) \times (1-\varepsilon) p_{e_{ij}} \tag{11.17}$$

$$p_{e_{13}} = \left(\frac{\dfrac{1}{q_{e_{13}}}}{\dfrac{1}{q_{e_{13}}} + \dfrac{1}{q_{e_{15}}}} \right) \times (1-\varepsilon) p_{e_{12}} \tag{11.18}$$

$$p_{e_{14}} = \varepsilon \times p_{e_{12}} \tag{11.19}$$

$$q_{e_{ij}} = t_{ij} \left[1 + \beta \left(\frac{x_{e_{ij}}}{D_{e_{ij}}} \right)^{\alpha} \right] \tag{11.20}$$

式中，e_{mn} 表示失效边的第一类邻接边；e_{vw} 表示失效边的第二类邻接边；$p_{e_{ij}}$ 为失效边 e_{ij} 上的负载；$\phi_{e_{ij}}$ 为失效边 e_{ij} 上所有第一类邻接边的集合；$\omega_{e_{ij}}$ 为失效边 e_{ij} 上所有第二类邻接边的集合；a 表示失效边负载分配到第一类相邻边的比例，通常根据实际情况取较小数值，如 0.2；t_{ij} 为路段 e_{ij} 上的自由行程时间；$x_{e_{ij}}$ 表示路段 e_{ij} 上的交通流量；$D_{e_{ij}}$ 表示路段 e_{ij} 的通行能力；α、β 分别为 BPR 函数的两个参数。

11.2.3.3　失效负载的分类

考虑到在具体的城市道路中，对于失效问题存在两种不同的情况，一种情况为某一路段彻底遭到破坏，短暂时间内无法修复，定义为破坏性失效，则在该路段失效后向邻接路段分配的负载为其上的所有负载。第二种情况为某一路段发生堵塞，但并不影响其自身的性能，其向邻接路段分流的交通量并不是其上的所有交通量，而只是超过其最大容量的部分交通量，于是在 t 时刻，失效边 e_i 分配负载量为：

破坏性失效：$p = L_{e_i}^t$；

拥堵性影响：$p = L_{e_i}^t - C_{e_i}^t$。

11.2.3.4　级联失效后果评估

为了结合城市道路交通网络的实际情况，本章采用边的影响比例以及失效后网络的平均距离降低比例共同反映网络的失效程度。

$$W_1 = \frac{N'}{N} \tag{11.21}$$

$$H_G^t = \frac{\displaystyle\sum_{i \neq j \in G} d_{ij}}{N(N-1)} \tag{11.22}$$

$$W_2 = \frac{H_G^t - H_G^0}{H_G^0} \tag{11.23}$$

$$W = W_1 + W_2 \tag{11.24}$$

式中，W_1 为网络失效后影响路段的比例；W_2 为网络失效后网络平均距离降低比例；

H_G^t 为 t 时刻由于边 e_i 或节点 i 失效影响后的网络平均距离；H_G^0 为初始时刻网络 G 的平均距离；N' 为影响的边数；d_{ij} 为节点 i 与节点 j 之间的平均距离。

11.2.4　节点失效的负载容量模型改进

对于网络中节点发生故障后引起的级联失效，本文在已有负载容量模型的基础上，针对城市道路交通网络，改进的节点失效级联失效模型如下。

11.2.4.1　初始负荷

对于城市道路交通网络来说，节点的初始负荷主要取决于与之相连的路段上的负荷，由于本文构建的网络属于一个有向的网络，故节点的初始负荷具体指驶向交叉方向路段上负载之和，所以对于城市道路交通网络节点的初始负荷定义如下：

$$L_i = \sum_{n \in \tau_i} L_{e_{ni}} \tag{11.25}$$

式中，L_i 为节点 i 的初始负载；$L_{e_{ni}}$ 为边 e_{ni} 上的初始负载；τ_i 为节点 i 相邻的节点编号集合。

11.2.4.2　失效负载的再分配

对于道路交通网络中失效节点的负载再分配，由于对节点的初始负荷采用与之相邻路段的负载之和，故当道路交通网络中的节点发生故障时可以将其看作与之相连的驶向交叉口方向路段的失效，具体的负载重分配原则与边失效相同。如图 11.3 所示，假设在某时刻节点 v_1 发生故障，即认为与之相连的边 e_{2-1}、e_{3-1}、e_{4-1}、e_{5-1} 同时发生失效，然后按照边失效的负载分配规则进行负载的重新分配。计算公式如式（11.16）、式（11.17）所示。

11.2.4.3　级联失效后果评估

城市道路交通网络中，对于节点的失效后果评估不能采用影响的节点数来判断节点的失效影响，所以还应采用边的影响比例以及失效后网络的平均距离降低比例共同反映节点的失效影响程度。失效后果影响计算公式如式（11.21）、式（11.23）、式（11.24）所示。

11.3　降低级联失效影响的控制策略

11.3.1　城市道路交通网络级联失效控制策略概述

对城市道路交通网络路段及节点的级联失效研究，其目的是为了解不同路段及节点破坏对于路网的影响程度，根据破坏的影响程度来寻找城市道路交通网络中的关键节点及路段，对其进行有效的管理与维护，防止关键节点的故障而导致路网发生大规模的瘫痪，并在以后用于指导城市道路网络的设计、管理与控制，保障城市

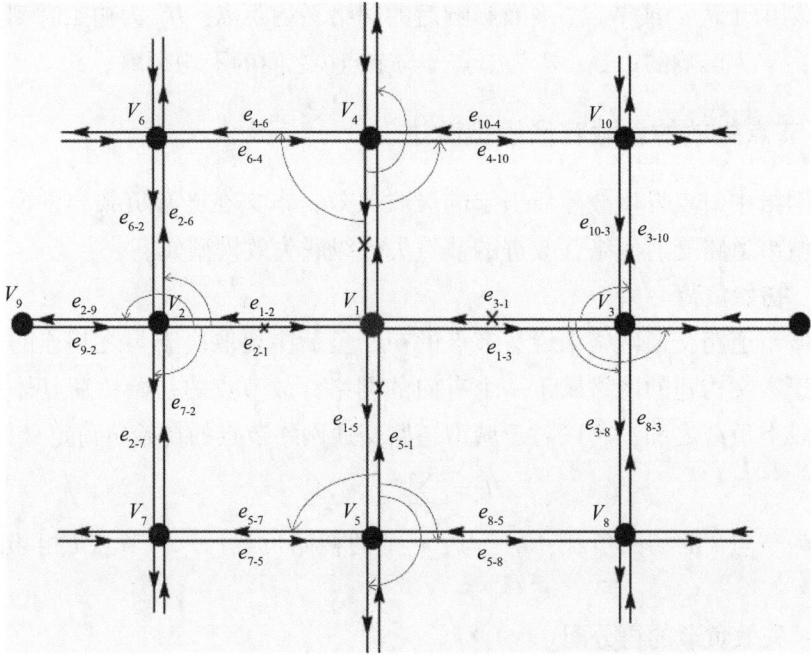

图 11.3　边失效的负载重分配规则

道路交通网络能够持续、可靠的运行。从失效发生前的预防策略和失效发生后的控制两方面入手，构建城市道路交通网络级联失效控制策略如图 11.4 所示。

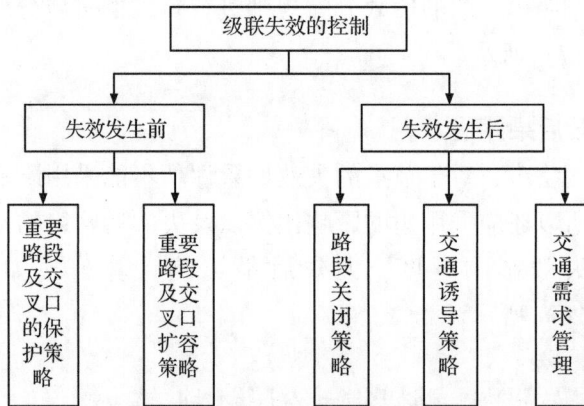

图 11.4　城市道路交通网络控制策略

11.3.2　重要路段及交叉口的保护策略

通过对路网中每条路段及交叉口的级联失效影响可以看出，网络中存在部分路段和交叉口，当其发生故障后会对路网造成大范围的失效影响，因此网络中的这些关键路段及交叉口对网络正常运营有着重要的作用。在对重要路段及交叉口的保护方面，结合对重要路段及交叉口的重要性分析进行针对性的保护，对于这些关键路段和交叉口的保护可以通过设施设备的日常检查及流量的随时监控等，预防其发生失效。

11.3.3　重要路段及交叉口的扩容策略

对城市道路交通网络级联失效的模型研究发现，通过提高路段和交叉口的容量限制能够降低级联失效的影响范围，但对于城市道路来说进行道路的扩充不仅受到成本的限制，也会受到土地资源的限制，网络的容量不可能足够大，但可以辨识出网络中的少数关键路段的失效最容易引发路网的大面积失效，通过对这些路段的容量进行一定的扩充，对于短期内提升路网效率很有效果。

11.3.4　路段关闭策略

路段关闭策略属于网络控制的范畴，主要指当城市道路交通网络中某些路段发生破坏或拥挤后，对于路网中的一些非关键路段进行短时间内的关闭，防止拥挤的大范围扩散，以保障路网能够正常运行。传统的思想认为对于网络中的路段进行关闭只会降低路网的效率，但对于级联失效的影响研究来看，关闭某些路段能够对于维持路网的正常运行起到关键作用。同时路网中也存在一些特殊的路段，如应急快速通道等，在级联失效发生时，有必要保证这些特殊路段的畅通，所以对于一些非关键路段进行短暂的关闭有着重要意义。

从对路网中交叉口和路段的失效影响来看，路网中的交叉口失效影响要比路段的失效更为严重，但有时候由于某些路段的失效会进而导致交叉口的拥堵，为了避免由于路段的失效而影响到交叉口的功能，在某些路段发生失效后有必要进行某些路段的临时关闭来保障交叉口的通畅，进而维持整个路网的稳定性。通过对比关闭路段前后网络的平均通行时间，来判断一条路段是否为可关闭的路段，进而筛选出某些路段发生失效后应优先关闭的路段。

11.3.5　交通诱导策略

交通诱导控制是指城市道路交通网络中某些路段或交叉口发生拥挤或者受到攻击后，通过交通智能管理系统及时向出行者提供交通诱导信息来影响出行者的行为（包括路径选择的改变、出行方式的改变、出行时间的改变等），从而避开拥堵的路段和交叉口，保障交通网络的可靠性。其中，通过发布诱导信息影响出行者路径的选择是最常见、最快速的手段。

11.3.6　交通需求管理

交通需求管理主要可以从压缩城市基本出行的需求、均衡交通负荷的时空分布等方面进行。压缩城市基本出行需求可以通过控制土地利用、促进城市向多中心、多组团结构的布局方向发展，严格进行城市中心区的容积率控制、建筑密度和人口规模的控制等。均衡交通负荷的时空分布可以通过从时间和空间上进行，时间上进行错时上下班，压缩周工作日，采取弹性工作时间等措施；空间上可以采取区域通行许可等相关制度，限制某种车辆在某一时段的进入等措施。

12 城市道路网络的级联失效实例

12.1 大连市某区域道路网概述

选取大连市中心区域的一部分道路网为研究对象。具体研究区域为西安路、太原街、胜利路、长春路、长江路所围成的区域。该区域共包括 73 条路段，44 个交叉口，其中高尔基路为自西向东单向道路；五四路为自东向西单向道路；白山路为自北向南单向道路；长兴街为自东向西单向道路；连胜街为自北向南单向道路；大同街为自南向北单向道路；其余道路均为双向路。选取的研究区域如图 12.1 所示。

图 12.1 大连市某区域道路网

12.2　大连市某区域道路网特征分析

12.2.1　路网模型的建立

在对大连市中心城区道路交通网络进一步研究之前，需要清楚地认识大连市道路交通网络的基本性质和结构特性，分别利用原始法和对偶法并结合 Transcad 和 Ucinet 软件构建大连市道路交通网络，其中原始法是将交叉口用图论中的节点表示，路段表示为图论中的边；以此构建的大连市中心某区域的道路交通网络共有 44 个节点，73 条边，采用原始法构建的网络图能够保留原始道路的基本属性，研究路段失效影响更符合实际的道路情况；对偶法是将实际道路交通网中的路段映射为图论中的节点，而将路段之间的连接关系用拓扑图中节点之间的连边来表示，采用对偶法构建的网络图能够借助图论中节点的某些属性来研究各路段在道路交通网络中的基本属性。分别构建的两种拓扑网络如图 12.2、图 12.3 所示。

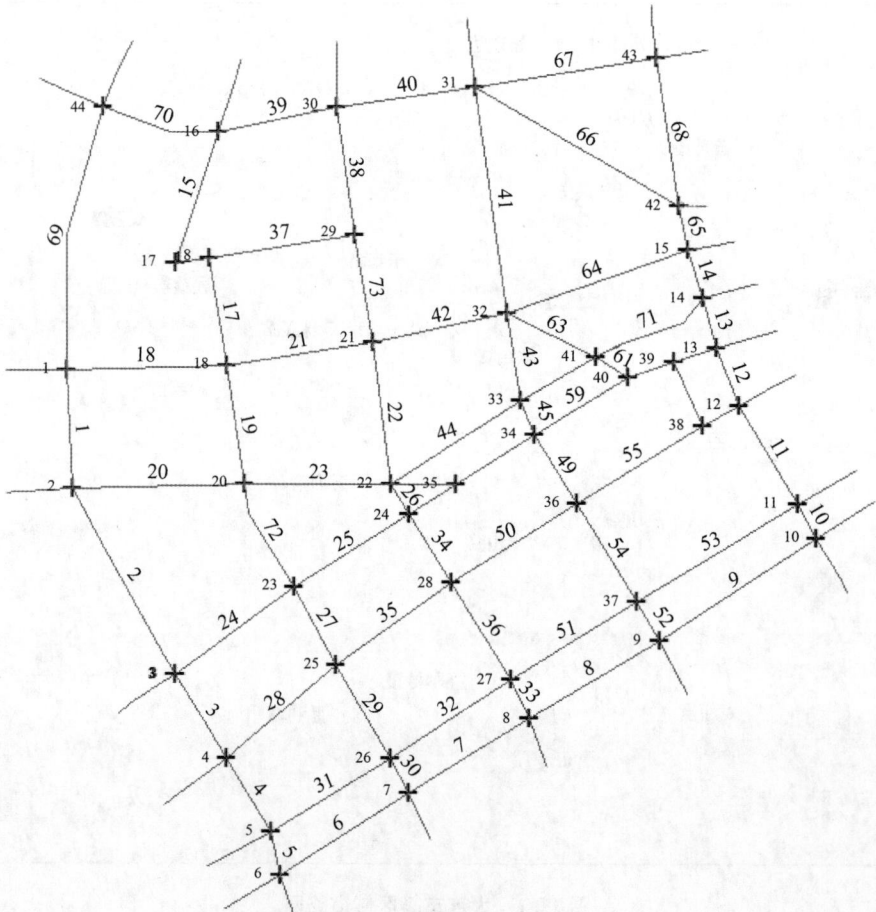

图 12.2　原始法构建的网络

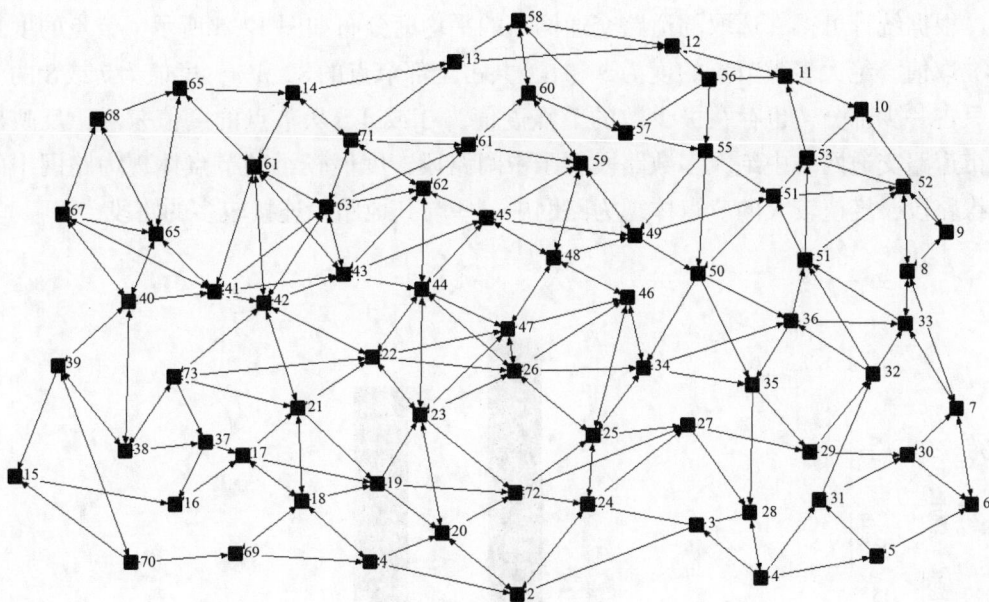

图 12.3　对偶法构建的网络

12.2.2　路网特征分析

对于选取的路网进行特征分析时，由于路段是构成路网的最主要元素，研究各路段拓扑属性值更能反映路网的实际特征，由对偶法构建的网络图进行拓扑特征分析，主要有度及度分布、聚类系数、平均路径长度、介数等特征。

12.2.2.1　度与度分布

根据对偶法构建的拓扑网络图，结合 Ucinet 软件，统计可得各路段在网络图中的度值，计算结果如图 12.4 所示。

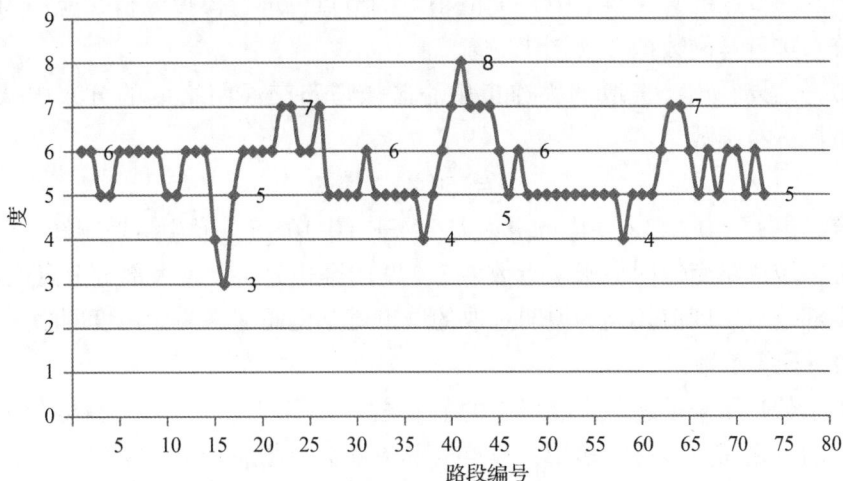

图 12.4　对偶法构建网络图中各路段的度

　　根据统计可得，选取的道路交通网络的平均度分布如图 12.5 所示，节点的度从 3~8 取值。绝大多数节点的度为 5 和 6，共占全部节点的 82.3%，度值为 7 或 8 的节点只占一少部分，也存在极少数的节点度值为 3 或 4。从节点的度值来看，反映出城市道路交通网络中绝大多数路段属于中间路段，度值较小的节点体现为路网中的边缘路段，度值较大的节点体现为路网中一些与其他路段连接较多的路段。

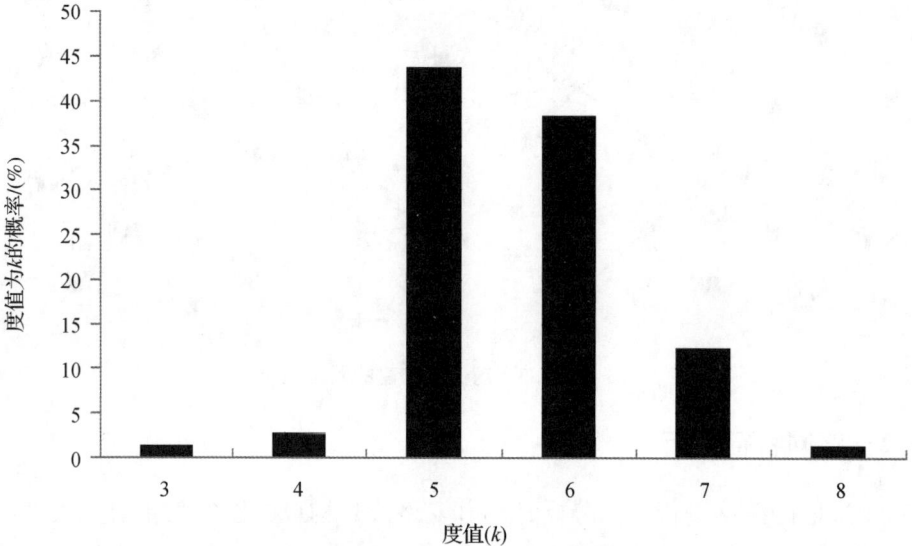

图 12.5　对偶法构建网络图节点度分布

　　为了进一步认识选取的城市道路交通网络度分布特性，对网络度分布进行拟合分析，由于选取的城市交通网络规模较小，和实际中复杂网络规模还有很大差距，网络中存在极少数度值为 3 和 4 的节点，在拟合时将其归为度值为 5 的节点并将度值 5 和 6 的节点定义为网络中"度值小"的节点，进行模拟分析并应用 Matlab 软件对度分布进行幂函数拟合（图 12.6）。

　　从拟合结果看出，选取的大连市中心区域道路交通网络度的分布服从幂律分布，其幂律分布函数为：

$$y = 150.4x^{-3.529}$$

　　拟合结果 $R^2 = 0.8436$，均方根误差 RMSE = 0.1055，拟合结果较好，选取的大连市中心区域道路交通网络服从指数为 3.529 的幂律分布，绝大部分节点度值较小，只有较少部分节点度值较大，说明选取的城市道路交通网络为无标度网络。

12.2.2.2　聚类系数

　　聚类系数是用来描述一个网络中的节点之间聚集程度的强弱，具体代表与某个节点相邻的点之间连接边的多少，节点的聚类系数是指它所有相邻节点之间连边的总数占这些节点之间可能的最大连边数目的比例，各节点的聚类系数的平均值为网络的聚类系数，根据构建的拓扑网络图利用 Ucinet 计算的研究区域各路段的聚类系数如图 12.7 所示。

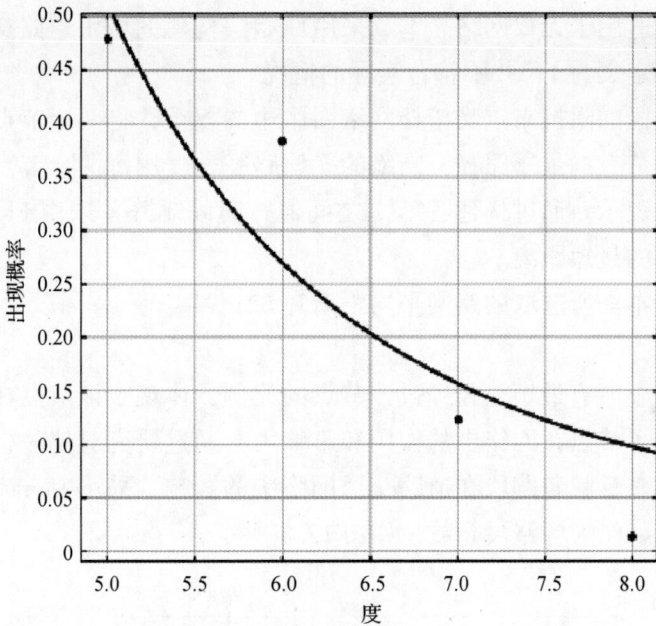

图 12.6 选取的道路交通网络节点度分布拟合

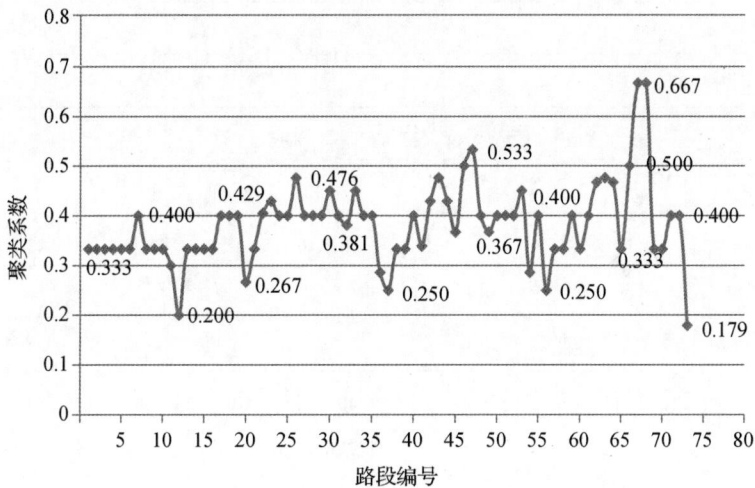

图 12.7 对偶法构建网络图中各路段聚类系数

从各路段的聚类系数来看，各路段均有较高的聚类系数，网络的平均聚类系数为 0.382，说明选取的大连市中心区域道路交通网络聚类程度高、密集度高，各条路段都不是孤立存在的，从这也可以看出网络中大多数节点附近线路比较密集，网络结构较为稳定。

12. 2. 2. 3　平均路径长度

复杂网络中将连接着两个节点的最短路径上的边数定义为网络的平均路径长度,这种定义只适用于无权网络。本章采用原始法构建的城市道路交通网络,将每条路段的权重都定义为1,并不符合实际的情况。

采用每条路段的阻抗来定义拓扑网络图中边的权重,将两个节点之间的最短通行时间定为两个节点的最短路径,网络的平均路径长度用每两个节点之间最短通行时间的平均值来表示。通过构建各节点之间通行时间矩阵并采用 Floyd 算法来计算任意两节点之间的最短距离。

通过计算,本书所选取的路网平均距离为 621. 94 s。

12. 2. 2. 4　介数

介数为网络中所有最短路径经过该节点的比例,体现了该节点在整个网络中的重要程度,描述了节点在网络中的作用和影响力,通过研究对偶法构建的拓扑网络图中节点的介数来反映各路段在道路交通网络中的影响。采用 Ucinet 计算的相对中心性 nBetweenness 作为各路段介数,如图 12. 8 所示。

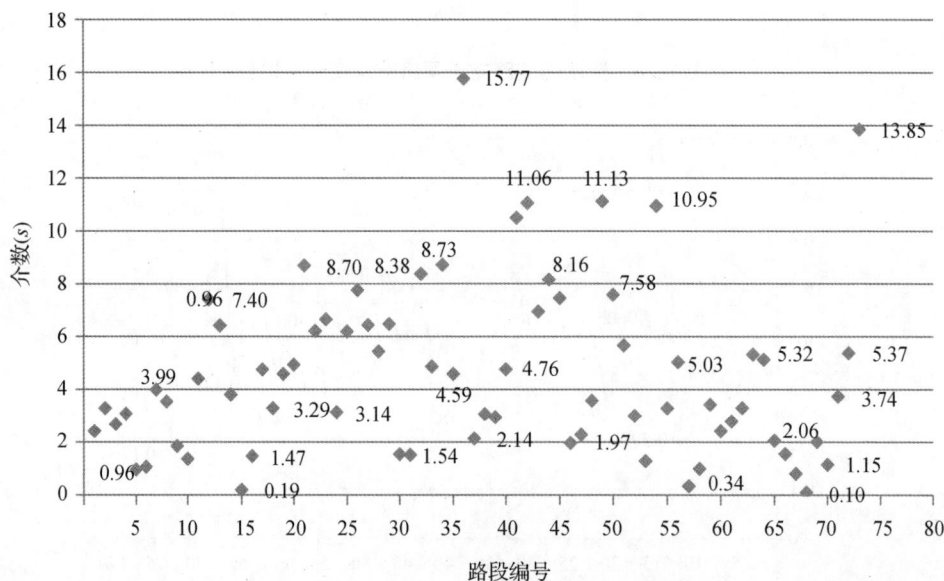

图 12. 8　对偶法构建网络图中各路段介数值

从计算的结果来看,大多数路段的介数分布在 [3,8],少部分路段的介数较大,同样也有一少部分的路段介数低于1,这部分路段对应为研究区域的边缘路段,路段介数较大的路段多集中于东北路和联合路上,属于大连市中心区域道路交通网络的重要道路,经过这些路段的最短路径数量较大,对网络不同线路之间的连通起着重要的作用。

12.3　路网中各路段失效影响分析

由于采用原始法构建的网络图更能保留路网的实际特征，故本节采用原始法构建的拓扑网络图，并利用改进的城市道路交通网络级联失效模型，对研究区域的所有 73 条路段进行失效影响分析，研究不同路段失效对于路网的影响过程。

12.3.1　各路段初始情况介绍

通过实际调查，得到所研究区域各路段的基本属性，包括各路段的长度、容量并结合城市道路不同等级的运行速度计算各路段的自由行驶时间。其中，对于一条车道容量取值为 1 300 pcu/h，得到各路段的基本属性如表 12.1 所示。

表 12.1　各路段基本情况

路段编号	路段长度/m	路段自由行驶时间/s	路段容量/（pcu/h）	路段编号	路段长度/m	路段自由行驶时间/s	路段容量/（pcu/h）
1	341	30.7	7 800	21	463	41.6	7 800
2	652	58.7	7 800	22	428	38.5	7 800
3	296	26.7	3 900	23	466	41.9	7 800
4	262	23.6	7 800	24	441	39.7	7 800
5	134	12.0	7 800	25	434	39.0	7 800
6	479	43.1	7 800	26	106	9.6	7 800
7	436	39.3	7 800	27	271	24.4	3 900
8	461	41.5	7 800	28	438	39.5	5 200
9	579	52.1	7 800	29	320	28.8	3 900
10	132	11.8	7 800	30	119	10.7	3 900
11	337	30.3	7 800	31	441	39.7	5 200
12	186	16.7	7 800	32	441	39.7	5 200
13	157	14.1	7 800	33	127	11.4	7 800
14	154	13.9	7 800	34	246	22.1	7 800
15	427	51.2	2 400	35	429	38.6	5 200
16	109	13.1	4 800	36	350	31.5	7 800
17	327	29.4	3 900	37	463	55.5	2 400
18	494	44.4	7 800	38	392	35.3	7 800
19	363	32.7	3 900	39	375	33.7	7 800
20	538	48.4	7 800	40	432	38.9	7 800

续表

路段编号	路段长度/m	路段自由行驶时间/s	路段容量/（pcu/h）	路段编号	路段长度/m	路段自由行驶时间/s	路段容量/（pcu/h）
41	670	60.3	10 400	58	142	12.8	7 800
42	422	38.0	7 800	59	344	30.9	7 800
43	280	25.2	10 400	60	139	12.5	7 800
44	461	41.5	6 500	61	121	10.9	7 800
45	102	9.2	10 400	62	271	24.4	6 500
46	165	14.9	7 800	63	310	27.9	7 800
47	197	17.8	7 800	64	585	52.7	7 800
48	288	25.9	7 800	65	131	11.8	7 800
49	251	22.6	10 400	66	718	86.2	4 800
50	461	41.5	5 200	67	572	51.5	7 800
51	454	40.8	5 200	68	446	40.2	7 800
52	132	11.8	10 400	69	825	74.2	7 800
53	579	52.1	5 200	70	362	32.6	7 800
54	345	31.0	10 400	71	379	45.5	4 800
55	454	40.8	5 200	72	352	31.6	3 900
56	121	10.9	5 200	73	327	29.4	7 800
57	205	18.4	3 900				

12.3.2 各路段失效影响分析

根据改进的城市道路交通网络级联失效模型，采用原始法构建的拓扑网络图对研究区域中的每个路段进行失效影响分析。

通过如下的步骤进行级联失效模拟分析，得到不同路段的失效过程及失效影响结果。

12.3.2.1 初始负荷的定义

根据式（11.13）确定网络中各边的初始负荷 $L_{e_i}^0$，根据式（11.14）确定网络中各边的最大负载能力 D_{e_i}，其中 γ 取 100，δ 取 0.6，τ 取 0.8。

12.3.2.2 确定边的权重

根据各边的初始负荷，结合式（11.20）定义各边的初始权重 q_{e_i}，其中 BPR 函数中 $\alpha = 4$，$\beta = 0.15$。

12.3.2.3 失效边的选择

在 t 时刻从网络中随机选取一条边 e_i 作为失效边，其上的负载为 $L_{e_i}^t$。

12.3.2.4　失效负载的分配

在 $t+1$ 时刻，根据式（11.16）、式（11.17）将失效边上的负载分配至相邻边上，其中 ε 取 0.2。

12.3.2.5　失效的传播

根据式（11.8）计算各边在 $t+1$ 时刻的负载；并结合式（11.10）判断在 $t+1$ 时刻各边是否处于正常状态，若所有边的负载小于各边的最大负载能力，则失效影响结束，否则重复 12.3.2.4 直至所有边的负载不大于其负载能力。

12.3.2.6　失效后果的评估

根据式（11.21）、式（11.23）和式（11.24），确定失效边 e_i 的级联失效影响程度 W。

得到的部分路段失效影响结果如下表所示（详细计算结果如附录 F 所示）：

表 12.2　各路段级联失效影响（部分）结果

编号	初始负荷 /（pcu/h）	失效传播过程	影响边数 N'	影响路段所占比例/（%）	排序	影响后路网平均距离/s	平均距离降低比例/（%）	排序	重要度排序
1	4 922	1→18、20→17、19、21、23、72	8	10.96	20	648.53	3.29	9	19
2	5 009	2→3、20、24→19、23、25、27、72→29	10	13.70	5	641.22	2.12	32	7
3	2 608	3→4、24→27	4	5.48	65	642.77	2.37	26	65
4	4 988	4→3、5、31→24、29、32→27、72	9	12.33	8	641.60	2.18	31	17
5	4 776	5→6、31→30	4	5.48	65	636.28	1.34	57	67
6	4 786	6→5、30→4、29、32→3、27	8	10.96	20	632.88	0.80	68	33
7	5 079	7→30、33→29、32、36、51、52→27、34、36	11	15.07	1	638.71	1.72	43	5
8	5 034	8→33、52→36、51、44→34	7	9.59	30	631.83	0.63	69	45
9	4 865	9→10、52→11、54→12、36、56	8	10.96	20	631.01	0.50	70	37
10	4 817	10→9、11→52、56→55	6	8.22	40	636.54	1.38	55	52
…	…	…	…	…	…	…	…	…	…

对 73 条路段进行失效影响分析可以看出路网失效影响最大的路段分别为路段34、73、21、43、7、36、2、18；其中大部分是路段初始负荷相对较大的路段和介数相对较高的路段，但也存在如路段 2、路段 18 等一些初始负荷或介数相对较低，但发生破坏失效后对路网整体影响较大的路段。

12.4 路网中各交叉口失效影响分析

本节采用原始法构建的拓扑网络图，并利用改进的节点失效的负载容量模型，对研究区域的 44 个交叉口进行级联失效影响分析，研究不同交叉口失效对于路网的影响过程。通过如下步骤进行级联失效模拟分析，得到不同交叉口的失效过程及失效影响结果。

12.4.1 失效节点的转化

当道路交通网络中的节点发生故障时可以将其看作为与之相连的驶向交叉口方向路段的失效，故可以将失效节点转化为路段的失效。

12.4.2 初始负荷的定义

根据式（11.25）确定网络中各节点的初始负荷 L_i^0。

12.4.3 失效节点的选择

在 t 时刻从网络中随机选取一个节点 i 作为失效节点，其上的负载为 L_i^t。

12.4.4 失效负载的分配

由于将节点的失效完全转化为路段的失效，故对于节点失效负载的分配可以根据不同等价失效路段上的负载进行分配，在 $t+1$ 时刻，根据式（11.16）、式（11.17）将失效边上的负载分配至相邻边上，其中 ε 取 0.2。

12.4.5 失效的传播

根据式（11.8）计算各边在 $t+1$ 时刻的负载，并结合式（11.10）判断在 $t+1$ 时刻各边是否处于正常状态，若所有边的负载不大于各边的最大负载能力，则失效影响结束，否则重复步骤（4）直至所有边的负载不大于其负载能力。

12.4.6 失效后果的评估

根据式（11.21）、式（11.23）和式（11.24），确定失效节点的级联失效影响

程度 W。

得到的部分节点失效影响结果如表 12.3 所示（详细计算结果如附录 G 所示）：

表 12.3　各节点级联失效影响（部分）结果

编号	节点失效影响路段过程	影响边数 N'	影响路段所占比例/(%)	排序	影响后路网平均距离（m）	平均距离降低比例/(%)	排序	综合影响排序
1	1、18、69→20、17、19、21、70→23、73、16、37、72→27	15	20.55	5	693.9	11.7	11	7
2	1、2、20→18、3、24、19、23、72→17、21、25、27	13	17.81	9	679.4	9.4	17	13
3	2、3、24→20、4、25、27、72→19、23	10	13.70	21	659.3	6.1	27	23
4	3、4→24、5、31→27、29、32	8	10.96	32	642.9	3.5	37	37
5	4、5→3、6→24、30	6	8.22	42	629.4	1.3	41	43
6	5、6→31、30→29、32→27	7	9.59	36	624.5	0.5	42	42
7	6、7、30→5、33、29、32→4、36	9	12.33	26	661.7	6.5	24	29
8	7、8、33→30、52、36、51→29、32、54	10	13.70	21	657.6	5.9	29	26
9	8、9、52→33、10、53、54→36、51	9	12.33	26	645.7	3.9	33	33
10	9、10→52、11→54、56→55	7	9.59	36	657.6	5.9	28	35
…	…	…	…	…	…	…	…	…

对 44 个节点进行失效影响分析可以看出，节点的失效影响要明显高于路段失效的影响，节点的失效都会造成局部范围内的拥堵失效，从节点失效后对路网平均距离的影响来看，节点 22、41、29、34、35 等对于路网的影响程度最为明显，最严重的会导致路网的平均距离降低 31.3%。同样，从失效后影响的路段数来看，节点 22、32、34、24、33 等失效后会造成多数的路段发生拥挤失效。

12.5 考虑级联失效影响的重要路段评价

本节对选取的大连市道路交通网络中的路段进行重要度评估，首先分别对路段在不同指标下的排序进行对比分析，比较在级联失效影响下的重要路段与传统的根据路段的静态属性来定义的重要路段的差异性。利用构建的城市道路交通网络路段重要度评价指标，然后根据变异系数法确定各指标权重，对选取的道路交通网络中各路段的重要性的排序，最后使用模糊聚类算法对选取的研究区域中的路段划分为4类并进行分析。

12.5.1 路段初始负荷大小与级联失效影响分析

对各路段的初始负载大小排序与路段重要度、失效路段所占比例、路网平均距离降低比例进行对比分析如图 12.9、图 12.10 和图 12.11 所示。定义偏差 Z 来定量反映各路段在不同指标下排序的差异程度，计算如式（12.1）所示。

$$Z = \frac{\sum_{i=1}^{n} \mid Z_{e_i}^1 - Z_{e_i}^2 \mid}{n} \tag{12.1}$$

式中，$Z_{e_i}^1$ 表示路段 e_i 在第一项指标下的排序；$Z_{e_i}^2$ 表示路段 e_i 在第二项指标下的排序；n 表示路段数。

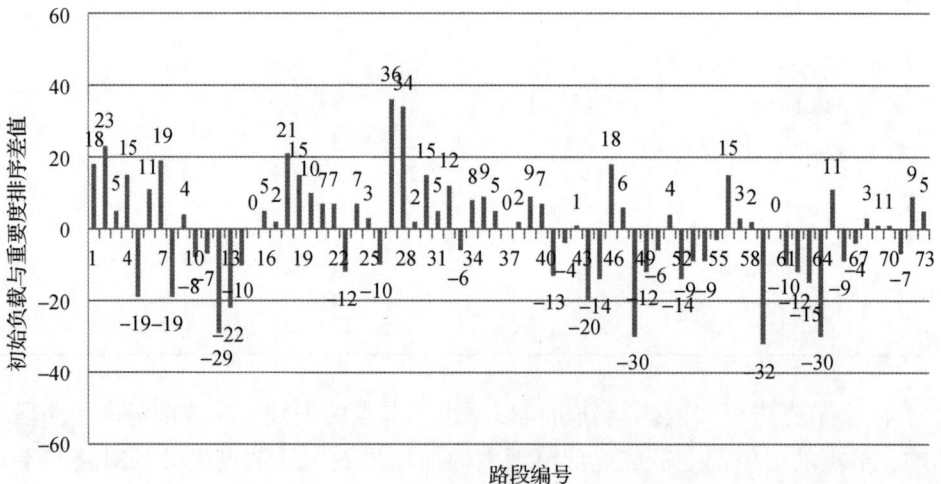

图 12.9 各路段初始负载大小与重要度对比

由图 12.9 可以看出，整体上路段的重要性与路段初始负荷呈现正比的关系，即初始负荷越大，发生破坏失效后对路网影响程度大，重要程度高。对比两项指标的 Z 值为 11.04，说明初始负载对路段的整体重要性有着较大的影响。

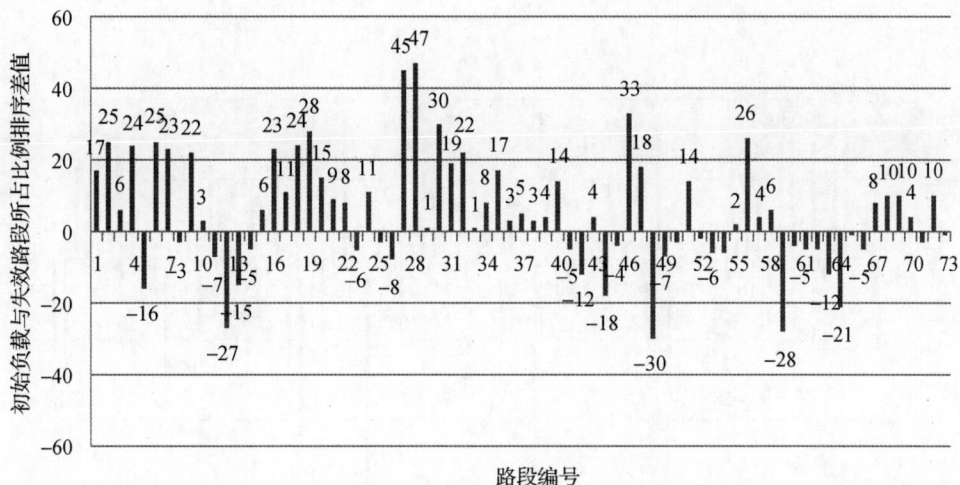

图 12.10　各路段初始负载大小与失效路段所占比例对比

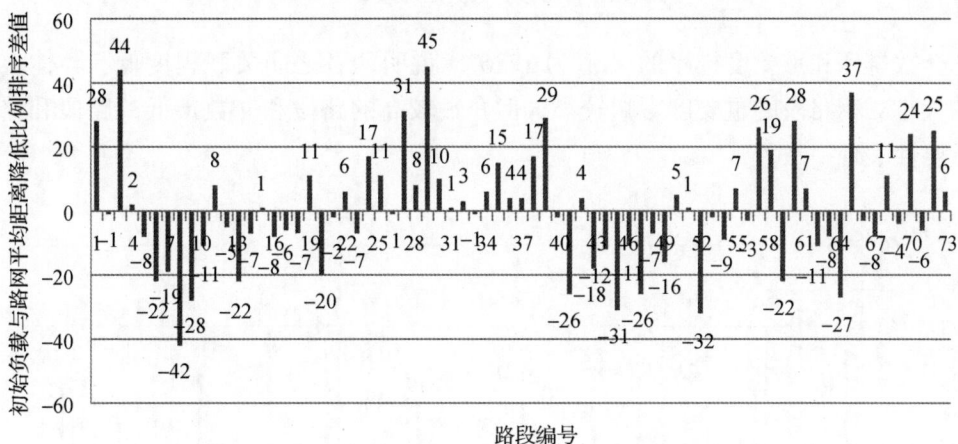

图 12.11　各路段初始负载大小与路网平均距离降低比例对比

由图 12.10、图 12.11 可以发现，单独对比路段的初始负荷和路段失效比例及路网平均距离的降低比例发现，路段初始负荷与失效路段所占比例两项指标的 Z 值为 14.27，两者之间的关系并不明显，路段初始负荷的大小分别对两者的影响较小。

12.5.2　路段介数大小与级联失效影响分析

对各路段的介数大小排序与路段重要度、失效路段所占比例、路网平均距离降低比例进行对比分析如图 12.12、图 12.13、图 12.14 所示，分析路段的拓扑结构特性对于级联失效结果的影响，同样采用偏差 Z 来定量反映各路段在不同指标下排序的差异程度。

由图 12.12 可以看出，路段的重要性排序与路段的介数大小排序偏差较大，计

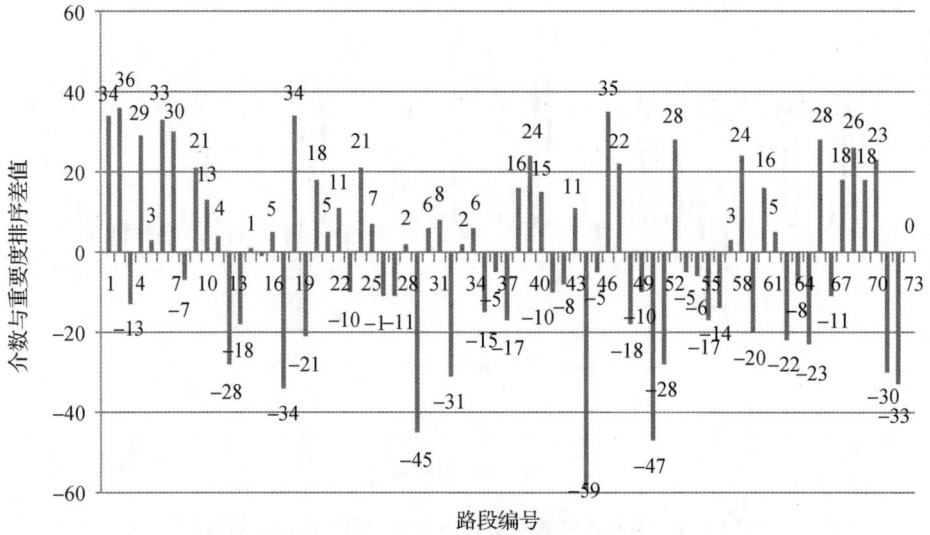

图 12.12　各路段介数大小与重要度对比

算的介数排序和重要度排序的 Z 值为 17.67，说明两者之间关联程度低，整体上介数的大小对于路段的重要度影响较小，但介数较高的路段和介数最低的路段和路段的重要性表现一致。

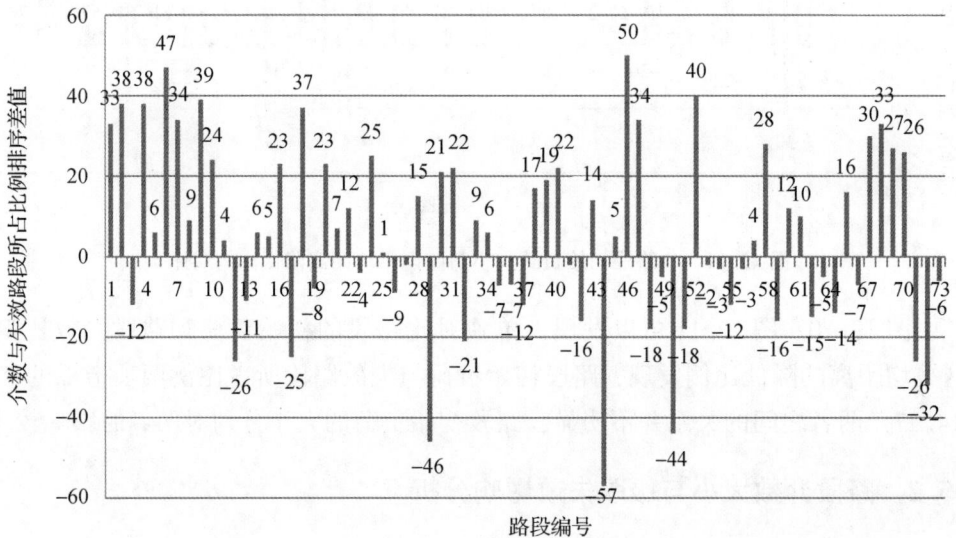

图 12.13　各路段介数大小与失效路段所占比例对比

　　由图 12.13 和图 12.14 可以看出，路段的介数排序和失效路段所占比例排序及路网的平均距离降低比例排序具有较大的差距，计算的介数排序和失效路段所占比例排序的 Z 值为 18.67，介数排序和路网的平均距离降低比例排序的 Z 值为 17.53。

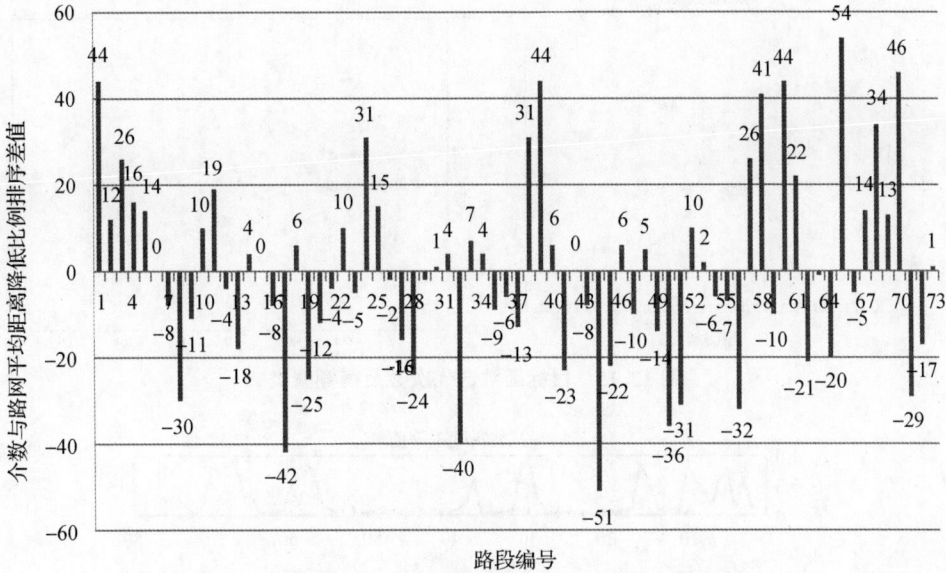

图 12.14　各路段介数大小与路网平均距离降低比例对比

说明路段在路网中的一些拓扑属性并不能够代表路段的动态失效影响，故在对路段的重要度评价时，应综合考虑路段的拓扑属性和动态失效影响。

12.5.3　评价指标权重的确定

通过对选取路网中各路段的各个重要度指标值进行计算，运用变异系数法得到各个指标的权重分别为度（0.081）、介数（0.367）、聚类系数（0.112）、失效影响路段所占比例（0.155）、失效影响路网平均距离降低比例（0.287），具体计算结果如表 12.4 所示。其中 S 为标准差，V 为变异系数，将归一化后的 V 看作权重 T。

表 12.4　指标权重计算

项目	度	介数	聚类系数	失效影响路段所占比例	失效影响路网平均距离降低比例
S	0.858 8	3.219 1	0.081 5	0.028 1	0.011 4
V	0.154 0	0.701 5	0.213 5	0.295 6	0.548 8
T	0.080 5	0.366 6	0.111 6	0.154 5	0.286 8

12.5.4　不同路段的模糊聚类

首先确定将研究的路段划分的类别数，本章对于研究的路网中所有路段共划分为 4 类，借助 Matlab 软件对路网中所有路段模糊聚类，其中目标函数的迭代次数及聚类的图谱如图 12.15 所示，每个路段相对于不同类别的隶属度如图 12.16 所示，具体的分类结果如表 12.5 所示。

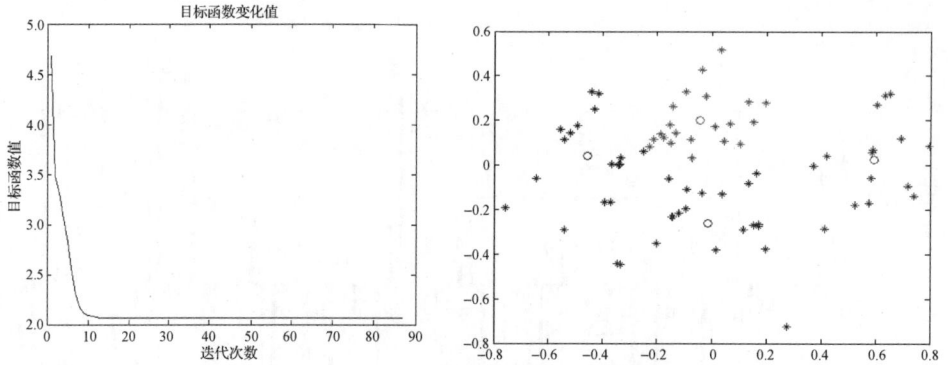

图 12.15　目标函数迭代次数及模糊聚类

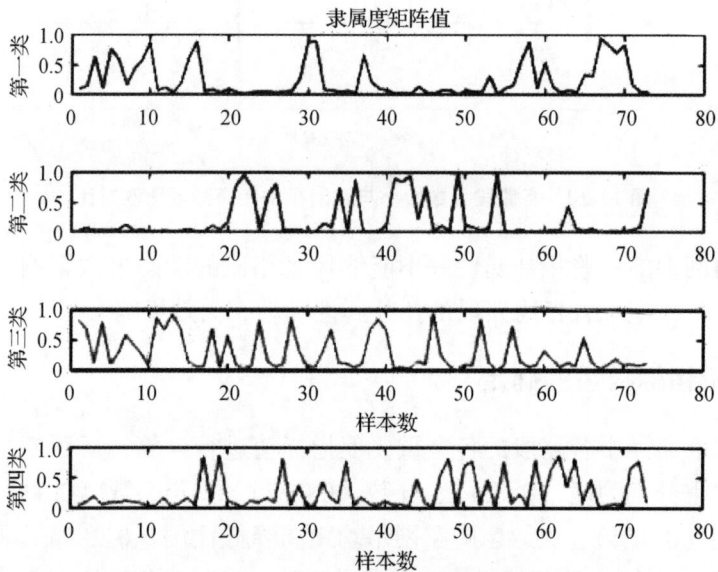

图 12.16　各路段隶属度矩阵值

表 12.5　各路段聚类分析结果

失效影响大 重要度高	失效影响较大 重要度较高	失效影响较小 重要度较低	失效影响小 重要度低
21、22、23、25、26、34、36、41、42、43、45、49、54、73	17、19、27、32、35、44、47、48、50、51、53、55、59、61、62、63、64、66、71、72	1、2、4、7、8、11、12、13、14、18、20、24、28、29、33、38、39、40、46、52、56、65	3、5、6、9、10、15、16、30、31、37、57、58、60、67、68、69、70

　　从聚类分析的结果来看，对于失效影响大、重要度高的路段，均有着较高的度值、介数、其失效后影响的路段较多，对于路网的平均距离也有较大的影响，并且这些路段还有较大的车流量；对于失效影响小、重要度低的路段其大多为度值、介

数均较小的路段，并且路段上的车流量较小。

12.6 考虑级联失效影响的重要节点评价

12.6.1 节点的拓扑属性值

在对节点进行重要度评价前，首先需要计算节点在网络中的拓扑属性值，通过原始法构建的拓扑网络图，利用 Ucinet 计算的各节点的度值、介数、接近中心性如表 12.6 所示。

表 12.6 节点拓扑属性值

节点编号	节点度	介数	接近中心性	节点编号	节点度	介数	接近中心性
1	3	5.992	0.076	23	4	13.759	0.147
2	3	6.389	0.093	24	4	13.837	0.232
3	3	6.901	0.067	25	4	10.690	0.049
4	3	5.673	0.020	26	4	7.624	0.023
5	3	3.684	0.012	27	4	9.897	0.030
6	2	0.794	0.006	28	4	13.398	0.080
7	3	3.853	0.011	29	3	4.393	0.116
8	3	5.199	0.013	30	3	5.819	0.077
9	3	5.154	0.011	31	4	10.518	0.152
10	2	1.642	0.005	32	5	21.428	0.354
11	3	5.841	0.007	33	4	14.062	0.364
12	3	7.034	0.024	34	4	13.139	0.217
13	3	7.068	0.051	35	3	3.704	0.230
14	3	7.445	0.119	36	4	14.164	0.082
15	3	5.785	0.146	37	4	10.578	0.026
16	3	3.402	0.034	38	3	3.320	0.036
17	2	0.352	0.030	39	3	3.078	0.058
18	3	4.114	0.082	40	3	5.131	0.140
19	4	11.873	0.176	41	4	8.740	0.266
20	4	14.042	0.220	42	3	1.654	0.092
21	4	17.093	0.292	43	2	0	0.062
22	5	20.106	0.408	44	2	2.272	0.028

12.6.2　节点介数大小与级联失效影响分析

对各节点的介数大小排序与节点失效后的失效路段所占比例、路网平均距离降低比例进行对比分析，研究节点的介数大小对于级联失效影响的结果是否存在一定的关系，对比的结果如图 12.17、图 12.18、图 12.19 所示。并采用偏差 Z 来定量反映各节点在不同指标下排序的差异程度。

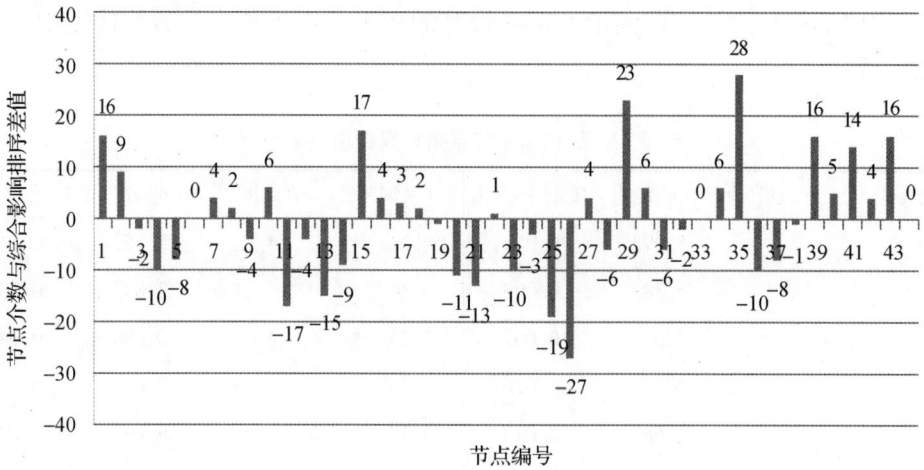

图 12.17　各节点介数与综合影响结果对比

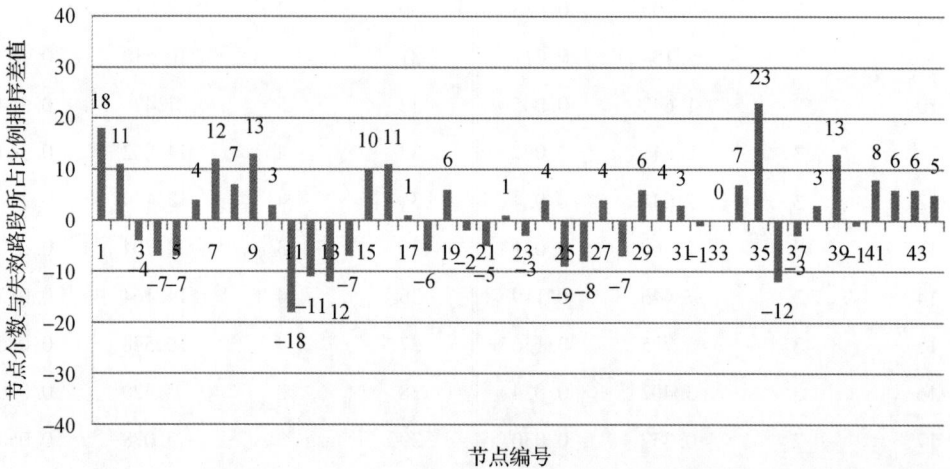

图 12.18　各节点介数与失效路段所占比例对比

通过对比节点的介数大小排序与节点失效后的失效路段所占比例、路网平均距离降低比例及综合影响结果发现，节点的介数大小对节点失效后影响的失效路段所占比例大小具有较大影响。计算的节点介数排序和失效路段所占比例排序的 Z 值为 7.09；对比节点的介数大小与失效后路网平均距离降低比例发现，两者偏差较大，

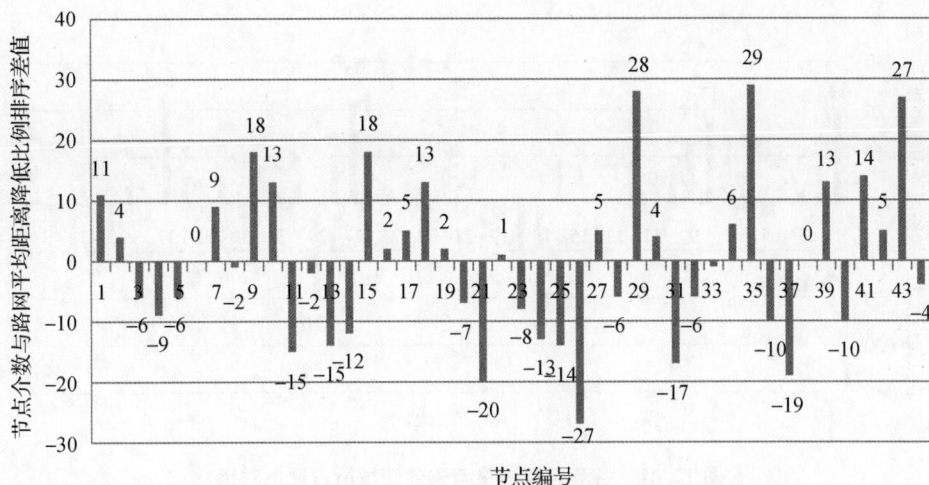

图 12.19 各节点介数与路网平均距离降低比例对比

计算的节点介数排序和路网的平均距离将低比例排序的 Z 值为 10.318，说明节点介数的大小对于失效后路网的平均距离下降比例影响不大，两者关系不紧密；而对比节点介数大小与节点综合影响结果排序的差值 Z 值为 9.84，也具有较大的差距，故只考虑节点的介数来评价节点的重要度不能够反映节点的动态失效影响。

12.6.3 节点的接近度与级联失效影响分析

对各节点的接近度大小排序与节点失效后的失效路段所占比例、路网平均距离降低比例及综合的影响结果进行对比分析如图 12.20、图 12.21 和图 12.22 所示。并采用偏差 Z 来定量反映各节点在不同指标下排序的差异程度，计算如式（12.1）所示。

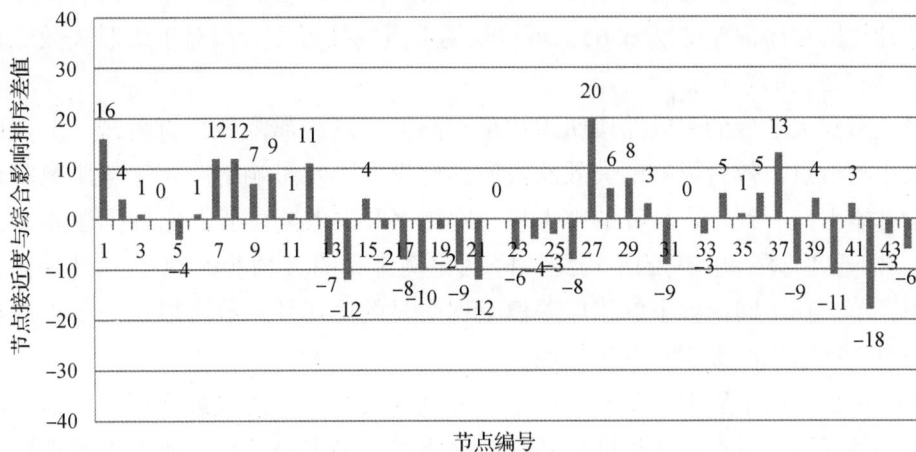

图 12.20 各节点接近度与综合影响结果对比

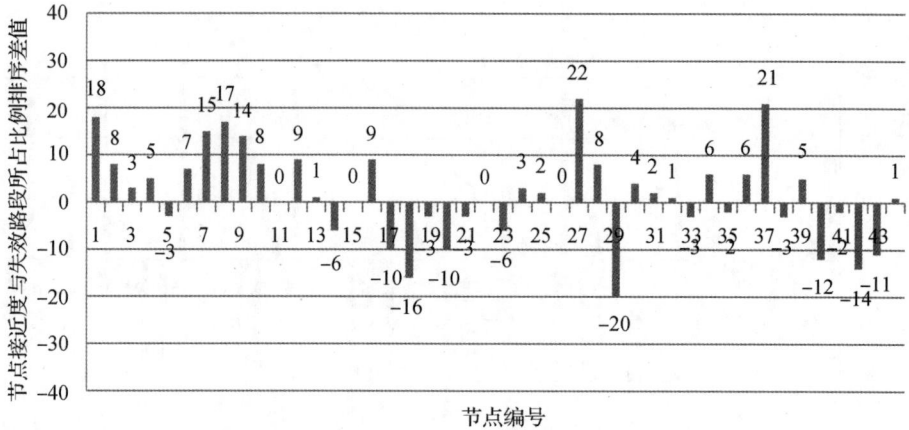

图 12.21 各节点接近度与失效路段所占比例对比

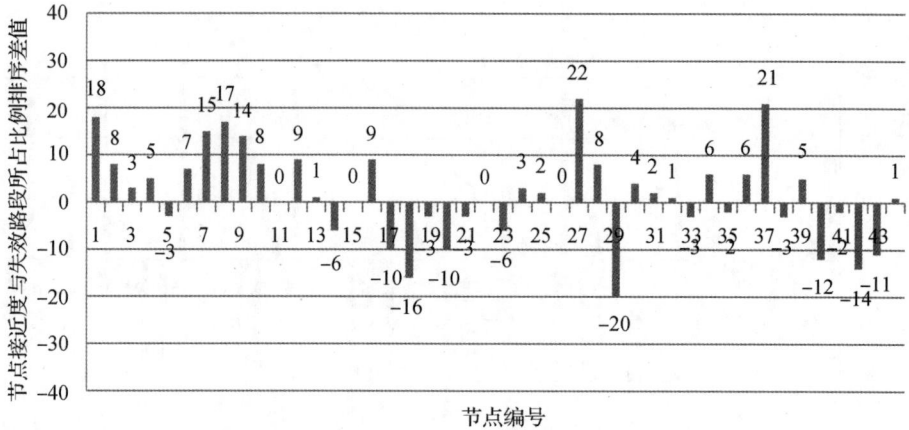

图 12.22 各节点接近度与路网平均距离降低比例对比

通过对比节点的接近度大小排序与节点失效后的综合影响结果，两者排序基本接近，计算的排序偏差 Z 为 6.63，可以认为节点的接近度大小对于级联失效综合影响结果具有较大的影响。

对比节点失效后的失效路段所占比例、路网平均距离降低比例发现，节点的接近度大小与节点失效后影响的失效路段所占比例大小及影响的路网平均距离降低比例大小基本保持一致性。计算的节点接近度排序和失效路段所占比例排序的 Z 值为 7.136，接近度排序和路网的平均距离降低比例排序的 Z 值为 8.00，并且对比 3 项分析图，节点在不同指标下的排序差值呈现明显的规律性，故可以认为节点的接近度大小对 3 项指标的影响具有相似性。

节点的接近度本质上反映网络中某一节点到其他节点的接近程度，即节点居于网络中心的程度，节点的接近度越高其越处于网络的中心位置，故节点接近度越大对于网络的平均距离影响越大。

12.6.4 评价指标权重的确定

通过对选取路网中各节点的重要度指标进行计算，运用变异系数法得到各个指标的权重分别为度（0.219）、介数（0.257）、接近中心性（0.299）、失效影响路段所占比例（0.064）、失效影响路网平均距离降低比例（0.161），具体计算结果如表 12.7 所示。

表 12.7　指标权重计算表

	节点度	介数	节点接近度	失效影响路段所占比例	失效影响路网平均距离降低比例
S	2.614 8	7.154 8	0.116 8	0.035 4	0.051 1
V	0.788 0	0.924 2	1.078 4	0.230 9	0.579 7
T	0.218 8	0.256 6	0.299 5	0.064 1	0.161 0

12.6.5 节点的模糊聚类

首先确定将研究的节点划分的类别数，借助 Matlab 软件对路网中所有节点模糊聚类，其中目标函数的迭代次数及聚类的图谱如图 12.23 所示，每个节点相对于不同类别的隶属度如图 12.24 所示，具体的分类结果如表 12.8 所示。

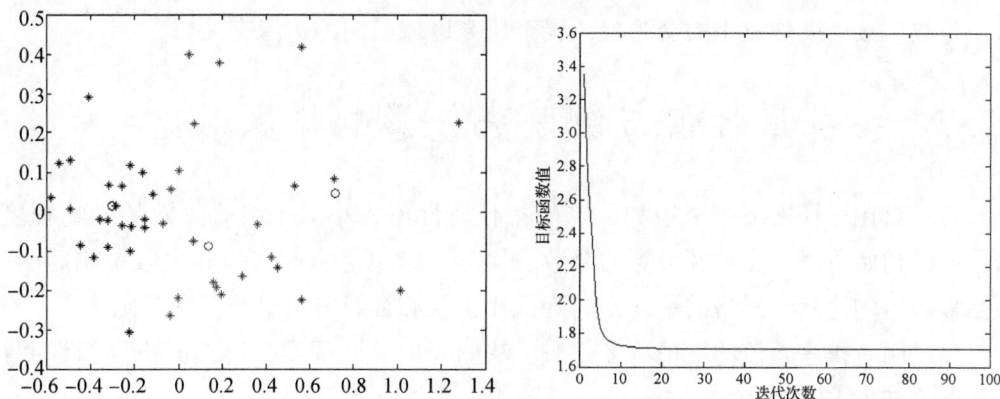

图 12.23　目标函数迭代次数及模糊聚类

表 12.8　各节点聚类分析结果

一类交叉口 失效影响大，重要度高	二类交叉口 失效影响弱，重要度一般	三类交叉口 失效影响小，重要度低
21、22、24、32、33、34、41	1、2、14、15、19、20、23、25、27、28、29、31、35、36、37	3、4、5、6、7、8、9、10、11、12、13、16、17、18、30、38、39、40、42、43、44

从聚类分析的结果来看，对于失效影响大、重要度高的交叉口，交叉口 21、22、24 均位于联合路上的 3 处交叉口，交叉口 32、33、34 均为东北路上的交叉口，

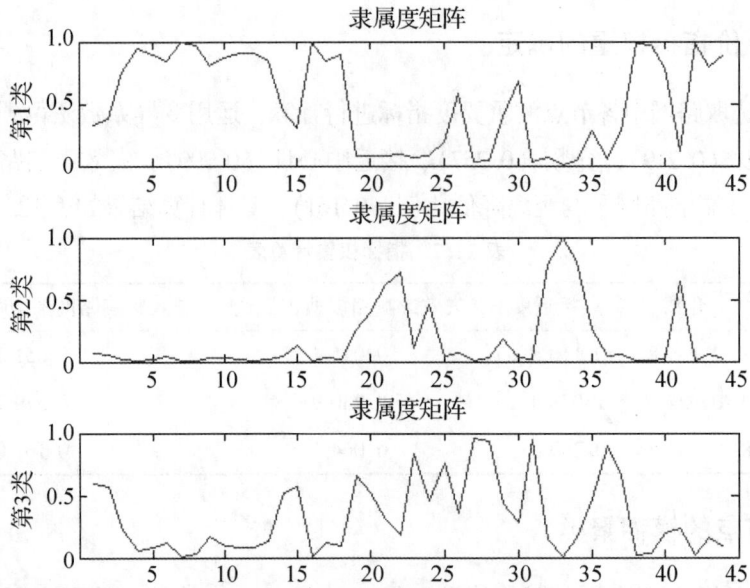

图 12.24　各节点隶属度矩阵值

这些交叉口均有着较高的度值、介数、接近度，并且其失效后影响的路段较多，对于路网的平均距离也有较大的影响；对于失效影响小、重要度低的节点其大多为度值、介数、接近度均较小的交叉口，属于研究区域路网的边缘交叉口。

12.7　拓扑属性值与级联失效影响排序对比

通过对比拓扑网络图中边和节点的拓扑属性值大小对于级联失效的影响程度，分析边的初始负载、介数及节点的介数、接近度大小等指标与级联失效影响后网络中受影响边的比例、网络的平均距离降低比例及综合影响结果的排序对比。

通过两者排序差值的均值（Z）来反映两者的关联程度，得到的不同指标间排序的偏差如表 12.9 所示。

表 12.9　各指标排序偏差对比

偏差（Z）	影响边所占比例/（%）	网络平均距离降低比例/（%）	综合影响结果
边的初始负荷	11.04	13.00	14.27
边的介数	17.67	18.67	17.53
节点介数	7.09	10.32	9.84
节点接近度	6.63	7.14	8.00

　　从对比的结果来看，边的初始负荷相较于边的介数来说，对于级联失效的影响程度更大，特别是边的初始负荷与失效影响边所占的比例两者之间具有较高的关联性，但边的介数大小对于级联失效的后果影响并不明显；节点的接近度大小与级联失效的后果具有明显的关联，及节点的接近度越大其失效后影响的边数越大，网络的平均距离降低的比例越大；而节点的介数大小与失效后影响边的比例大小具有一定的影响，但与网络平均距离降低比例关系并十分不明显。

　　综合来看，无论边的介数及节点的介数对于级联失效后的网络平均距离降低比例都没有明显的联系，从介数的定义来看，节点和边的介数反映的是通过某条边和某个节点的最短路径的数量与所有最短路径的数量的比值，从拓扑图来看介数的大小是没有考虑各条边的权重，但对于城市道路交通网络来说，各条边具有不同的权重，所以通过拓扑属性值并不能反映失效后路网的平均距离降低比例。

参考文献

［1］ Ann E. Krause, Kenneth A. Frank, Doran M. Mason, Robert E. Ulanowicz, William W Taylor. Compartments revealed in food-web structure ［J］. Nature, 2003, 426: 282-285.

［2］ Barrat A., Barthelemy M, Pastor-Satorras R, Vespignani A. The architecture of complex weighted networks ［J］. Proc. Natl. Acad. Sci., 2004, 101: 3747-3752.

［3］ Berdica, K. "An introduction to road vulnerability: What has been done, is done and should be done ［J］. Transp. Policy, 2002: 9 (2), 117 - 127.

［4］ Carrese, S., Gori, S.. An urban bus network design procedure ［J］. Applied Optimization, 2002, 64: 177-196.

［5］ Clark S, Watling D. Modeling network travel time reliability under stochastic demand ［J］. Transportation Research Part B, 2005, 39 (2): 119-140.

［6］ Kinney R, Crucitti P, Albert R, Latora V. Modeling cascading failures in the North American power grid ［J］. Eur. Phys. J. B, 2005, 46: 101-107.

［7］ Magoni D. Tearing down the internet ［J］. IEEE J. Sel. Areas Commun. 2003, 21 (6): 949-960.

［8］ man. M. E. J, Forrest. S, Balthrop. J. Email networks and the spread of computerviruses ［J］. Phys. Rev. E, 2002, 66 (3): 035101

［9］ Menghui Li, Ying Fan, Jiawei Chen, Liang Gao, Zengru Di, Jianshan Wu. Weighted networks of scientific communication: the measurement and topological role of weight ［J］. Physics A, 2005, 350: 643-656.

［10］ Michael APT,. Applying interactive color graphics in traffic planning ［J］. Computers & Graphics, 2007, 11 (3): 241-248.

［11］ Moreno Y, Gomez J B, Pacheco A F. Instability of scale - free networks under node - breaking avalanches ［J］. Europhys. Lett. 2002, 58 (4): 630-636.

［12］ Motter A E. Cascade control and defense in complex networks ［J］. Phys Rev let, 2004, 93 (9): 098-701.

［13］ Motter A E, Nishikawa T, Lai Y C. Cascade-based attacks on complex networks. Phys. Rev. E, 2002, 66 (6): 065-102.

［14］ Dunne J A, Williams R J, Martinez N D. Network structure and biodiversity loss in food webs: robustness increases with connectance ［J］. Ecology Letters, 2002, 5 (4): 558 - 567.

［15］ Newman M E J. Assortative mixing in networks ［J］. Phys Rev Lett, 2002, 89: 208-701.

［16］ Panagiotis Angeloudis, David Fisk. Large Subway Systems As Complex network ［J］. Physica A, 2006, 367: 553-558.

［17］ R. Albert, H. Jeong, A. L. Barabasi. Error and attack tolerance of complex networks ［J］. Nature, 2000, 406: 378-382.

［18］ R. Albert. A. L. Barabdsi. Statistical mechanics of complex network. Review ofmodern physics. 2002，74（1）：47-97.

［19］ Rui Ding, Norsidah Ujang, Hussain bin Hamid etal. Complex Network Theory Applied to the Growth of Kuala Lumpur's Public Urban RailTransit Network ［J］. Plos One. 2015, 10（10）：1-22.

［20］ Sen P, Dasgupta S, Chatterjee A, etal. Small-world properties of the Indian railway network ［J］. Phys. Rev. E, 2003, 67：036-106.

［21］ Sumalee A, Pan T, Zhong R, et al. Dynamic stochastic journey time estimation and reliability analysis using stochastic cell transmission model：algorithm and case studies ［J］. Transportation Research Part C, 2013, 35（5）：263-285.

［22］ Taylor, M. A. P., and Susilawati. Remoteness and accessibility in the vulnerability analysis of regional road networks ［J］. Transp. Res. Part A：Policy Pract., 2012, 46（5）：761-771.

［23］ Vito Latora, Massimo Marchiori. Is the Boston subway as mall world network ［J］. Physica A. 2002, 314：109-113.

［24］ Wang W X, Wang B H. Hu B, et al. General dynamics of topology and traffic on weighted technological networks ［J］. Rev. Letters, 2005, 94（18）：188-202.

［25］ Wang X F, Xu J. Cascading failures in coupled map lattices ［J］. Phys Rev E, 2004, 70：056-113.

［26］ Watts D J. A simple model of global cascades on random networks ［J］. Proc. Natl. Acad. Sci. U. S. A. 2002, 99：5766-5771.

［27］ Wu J J, Gao Z Y, Sun H J, Huang H J. Urban transit system as a scale-free network ［J］. Modern Physics Letters B, 2004, 18：1043-1049.

［28］ Wu J J, Gao Z Y, Sun H J. Complexity and efficiency of Beijing transit network ［J］. International Journal of Modern Physics B, 2006, 20：2129.

［29］ Yang H. Lo H K, Tang W H. Reliability of Transport Networks. Chapter 9. Travel time versus capacity reliability of a road network ［M］. Publication of Research Studies Press Ltd., 2000：119-138.

［30］ Zheng Jianfeng, Gao Ziyou, Zhao Xiaomei. Modeling cascading failures in congested complex networks ［J］. Physical A, 2007, 385：700-706.

［31］ 陈迪，吴亚平，赵怡然，等. 复杂网络分析方法在情报学中的应用研究综述 ［J］，数字图书馆论坛，2015（9）：42-47.

［32］ 陈菁菁. 城市轨道交通网络运营可靠性研究 ［D］. 上海：同济大学，2007.

［33］ 陈琨，于雷. 基于对数正态分布的路径行程时间可靠性模型 ［J］. 北京交通大学学报，2009, 33（3）：35-39.

［34］ 陈卓林. 城市轨道交通网络可靠性研究 ［D］. 北京：北京交通大学，2014.

［35］ 邓亚娟. 基于复杂网络理论的公路网结构特征 ［J］. 中国公路报，2010, 23（1）：98-103.

［36］ 方锦清，汪小帆，刘曾荣. 略论复杂性问题和非线性复杂网络系统的研究 ［J］. 科技导报，2004, 64（2）：9-12.

［37］ 高自友，赵小梅，黄海军，等. 复杂网络理论与城市交通系统复杂性问题的相关研究 ［J］. 交通运输系统工程与信息，2006（3）：41-47.

［38］ 顾前. 城市公共交通网络分布及其应用研究 ［D］. 杭州：浙江工业大学，2007.

［39］ 郭兰兰. 基于复杂网络理论的城市轨道线网可靠性研究 ［D］. 大连：大连理工大学，2013：26-27.

［40］ 郭瑞军，张勇. 城市交通状况的模糊聚类分析 ［J］. 大连铁道学院学报. 2006, 27（1）：34-38.

[41] 郭志勇. 基于行程时间可靠度的区域交通控制系统评价方法 [J]. 东南大学学报（自然科学版），2010，40（4）：848-851.

[42] 侯立文，蒋馥. 城市道路网中路段相对重要性研究 [J]. 系统工程理论方法与应用，2004，13（5）：623-627.

[43] 胡海波，王林. 幂律分布研究简史 [J]. 物理，2005，34（12）：889-896.

[44] 黄爱玲，关伟. 北京公交线路客流加权复杂网络特性分析 [J]. 交通运输系统工程与信息，2013，13（6）：198-204.

[45] 黄霞. 沿海城市公交复杂网络建模与仿真研究 [D]. 青岛：中国海洋大学，2009.

[46] 黄英艺，金淳. 考虑运输有向性的物流网络级联失效模型 [J]. 系统管理学报，2015，9（5）：757-761.

[47] 惠伟，王红. 复杂网络在城市公交网络中的实例分析 [J]. 计算机技术与发展，2008，18（11）：217-219.

[48] 贾炜. 计算机网络脆弱性评估方法研究 [D]. 合肥：中国科技大学，2012.

[49] 金雷. 基于复杂网络的地域公路交通网抗毁性分析 [D]. 长沙：国防科学技术大学，2008.

[50] 李从东，原智峰，邓原，等. 面向级联失效的复杂网络动态增边策略 [J]. 计算机应用研究，2016，33（8）：2325-2327.

[51] 李国峰. 基于复杂网络的太原公交网络模型研究 [D]. 太原：太原科技大学，2010.

[52] 李进. 交通网络复杂性及其优化研究 [D]. 天津：天津大学，2009：46-53.

[53] 李英，周伟，郭世进. 上海公共交通网络复杂性分析 [J]. 系统工程，2007，25（1）：38-41.

[54] 李勇，吕欣，谭跃进. 基于级联试下的战域保障网络节点容量优化 [J]. 复杂系统与复杂性科学，2009，6（1）：69-76.

[55] 刘浩然，崔梦頔，尹荣荣，等. 无标度网络的级联失效缓解策略 [ ]. 控制与决策，2018，33（6）：1088-1092.

[56] 刘杰. 基于复杂网络理论的城市轨道交通网络抗毁性研究 [D]. 成都：西南交通大学，2012.

[57] 刘军. 整体网分析讲义——UCINET 软件实用指南 [M]. 哈尔滨：格致出版社，2009.

[58] 刘思峰，万寿庆，陆志鹏. 复杂交通网络中救援点与事故点间的路段重要性评价模型研究 [J]. 中国管理科学，2009，17（1）：119-124.

[59] 刘霞霞. 太原市公交网络优化研究 [D]. 山西：山西大学，2008.

[60] 刘志谦，宋瑞. 基于复杂网络理论的广州轨道交通网络可靠性研究 [J]. 交通运输系统工程与信息，2010（5）：194-200.

[61] 马嘉琪. 城市轨道交通网络及客流特性研究 [D]. 北京：北京交通大学，2010.

[62] 马景富，王红蕾. 贵阳公交复杂网络抗毁性分析 [J]. 微计算机信息，2010（9）：125-127.

[63] 莫辉辉，王姣娥，金凤君. 交通运输网络的复杂性研究 [J]. 地理科学进展，2008（6）：112-120.

[64] 裴玉龙. 公路网络运营可靠度研究 [J]. 公路交通科技，2005，22（5）：119-123.

[65] 荣力锋. 基于复杂网络理论的城市道路交通网络演化规律研究 [D]. 成都：西南交通大学，2014：9-10.

[66] 孙明. 发展中的大连城市轨道交通 [J]. 城市轨道交通研究. 2004，7（4）：65-69.

[67] 孙宇锋. 基于 MATLAB 的模糊聚类分析及应用 [J]. 韶关学院学报，2006，27（9）：1-4.

[68] 谭跃进，吴俊，邓宏钟. 复杂网络抗毁性研究进展 [J]. 上海理工大学学报，2011，33（6）：653-669.

[69] 唐小勇. 交通网络旅行时间可靠度估计 [J]. 土木工程学报, 2007, 40 (6): 84-88, 110.

[70] 田庆飞. 基于复杂网络理论的城市公交网络生成与优化研究 [D]. 长春: 吉林大学, 2013.

[71] 汪涛, 吴琳丽. 基于复杂网络的城市公交网络抗毁性分析 [J]. 计算机应用研究, 2010, 27 (11): 4084-4086.

[72] 汪小帆, 李翔, 陈关荣. 复杂网络理论及其应用 [M]. 北京: 清华大学出版社, 2006.

[73] 王波, 王万良, 杨旭华. 一种基于加权复杂网络的最优公交换乘算法 [J]. 武汉理工大学学报 (交通科学与工程版), 2008 32 (6): 1113-1116.

[74] 王波. 基于派系的复杂网络及其在公交网络上的应用研究 [D]. 杭州: 浙江工业大学, 2009.

[75] 王罗平. 基于复杂网络理论的城市路网可靠性研究——以兰州市为例 [D]. 兰州: 兰州交通大学, 2014.

[76] 王云琴. 基于复杂网络理论的城市轨道交通网络连通可靠性研究 [D]. 北京: 北京交通大学, 2008.

[77] 王正武, 冯爱武, 王贺杰. 考虑级联失效的交通网络节点重要度测算 [J]. 公路交通科技, 2012, 29 (5): 96-101.

[78] 王正武, 彭烁. 城市道路交通网络级联失效的灾害蔓延动力学模型 [J]. 安全与环境学报, 2014, 6 (3) 1-4.

[79] 王正武, 王杰. 控制城市道路交通网络级联失效的关闭策略 [J]. 系统工程, 2016, 2 (2) 104-108.

[80] 吴建军, 高自友, 孙会君, 等. 城市交通系统复杂性——复杂网络方法及其应用 [M]. 北京: 科学出版社, 2010.

[81] 吴建军, 李树彬. 基于复杂网络的城市交通系统复杂性概述 [J]. 山东科学, 2009, 22 (4): 68-73.

[82] 吴建军. 城市交通网络拓扑结构复杂性研究 [D]. 北京: 北京交通大学, 2007.

[83] 吴俊, 谭跃进, 邓宏钟, 等. 考虑级联失效的复杂负载网络节点重要度评估 [J]. 小型微型计算机系统, 2007, 28 (4): 627-630.

[84] 吴俊, 谭跃进. 复杂网络抗毁性测度研究 [J]. 系统工程学报, 2005, 20 (2): 128-131.

[85] 许良. 基于可靠性分析的城市道路交通网络设计问题研究 [D]. 北京交通大学, 2006.

[86] 叶彭姚. 城市道路网拓扑结构的复杂网络特性研究 [J]. 交通运输工程与信息学报, 2013, 10 (1): 18-19.

[87] 尹洪英, 权小锋. 交通运输网络级联失效影响规律及影响范围 [J]. 系统管理学报, 2013, 11 (6): 870-875.

[88] 袁荣坤, 孟相如, 李明迅, 等. 节点重要度的网络抗毁性评估方法 [J]. 火力与指挥控制, 2012 (10): 40-42.

[89] 张晨, 张宁. 上海市公交网络拓扑性质研究 [J]. 上海理工大学学报, 2006, 28 (5): 489-494.

[90] 张建华. 地铁复杂网络的连通脆弱性研究 [D]. 武汉: 华中科技大学, 2012: 25-26.

[91] 张胜虎. 基于复杂网络的南昌市公交网络优化研究 [D]. 南昌: 南昌大学, 2010.

[92] 张喜平. 城市复杂交通网络级联动力学与路段重要性评估研究 [D]. 四川: 西南交通大学, 2014.

[93] 赵娟, 郭平, 吴俊, 等. 复杂网络可靠性研究进展 [J]. 后勤工程学院学报, 2010, 26 (5): 72-79.

[94] 赵莉莉. 复杂网络理论在城市公交系统中的应用 [D]. 石家庄: 河北师范大学, 2010.

[95] 赵鹏. 基于复杂网络理论的多方式城市交通网络的协同研究——城市道路交通网络与城市轨道

交通网络 ［D］. 北京：北京交通大学，2014：53-55.

［96］ 赵亚龙. 基于复杂网络理论的煤炭运输网络抗毁性研究 ［D］. 北京：北京交通大学，2013：46-49.

［97］ 郑啸，陈建平，邵佳丽，等. 基于复杂网络理论的北京公交网络拓扑性质分析 ［J］. 物流学报，2011，61（19）：95-105.

［98］ 周明. 基于复杂网络的城市公交演化机制研究 ［D］. 济南：山东师范大学，2009.

［99］ 周振宇. 路网级联失效预防及修复策略研究 ［D］. 长沙：长沙理工大学，2015.

［100］ 朱永宏，刘建. 复杂网络鲁棒性研究探讨 ［J］. 科技资讯，2012，32：6.

附　录

附录 A　城市轨道交通网络两种攻击方式下的参数

删除节点个数	随机攻击 E	选择攻击 E	随机攻击 S	选择攻击 S	随机攻击连通可靠性	选择攻击连通可靠性
0	0.124	0.124	1.000	1.000	0.076 0	0.076 0
1	0.117	0.109	0.971	0.993	0.025 1	0.032 2
2	0.107	0.102	0.964	0.985	0.016 7	0.020 0
3	0.078	0.071	0.628	0.540	0.014 7	0.013 6
4	0.078	0.060	0.628	0.431	0.012 6	0.013 3
5	0.075	0.053	0.591	0.350	0.010 8	0.009 4
6	0.071	0.050	0.591	0.350	0.009 1	0.007 7
7	0.071	0.045	0.591	0.299	0.009 1	0.006 4
8	0.069	0.038	0.577	0.270	0.007 9	0.006 0
9	0.068	0.030	0.569	0.226	0.007 3	0.005 8
10	0.068	0.028	0.569	0.226	0.006 8	0.005 1
11	0.065	0.025	0.562	0.226	0.006 0	0.004 3
12	0.064	0.025	0.562	0.226	0.005 3	0.004 0
13	0.061	0.023	0.562	0.182	0.004 7	0.004 6
14	0.059	0.022	0.555	0.182	0.004 3	0.004 3
15	0.058	0.022	0.555	0.182	0.003 9	0.004 1
16	0.056	0.021	0.555	0.124	0.003 6	0.003 8
17	0.055	0.018	0.547	0.124	0.003 6	0.005 6
18	0.053	0.017	0.547	0.124	0.003 3	0.005 4
19	0.053	0.017	0.547	0.124	0.003 0	0.005 3
20	0.052	0.017	0.540	0.124	0.003 0	0.005 2
21	0.049	0.017	0.504	0.124	0.003 0	0.005 1
22	0.047	0.016	0.496	0.124	0.002 9	0.004 8
23	0.047	0.016	0.496	0.124	0.002 8	0.004 6

续表

删除节点个数	随机攻击 E	选择攻击 E	随机攻击 S	选择攻击 S	随机攻击连通可靠性	选择攻击连通可靠性
24	0.040	0.016	0.401	0.124	0.003 2	0.004 6
25	0.030	0.016	0.234	0.124	0.004 7	0.004 6
26	0.030	0.016	0.234	0.124	0.004 5	0.004 5
27	0.029	0.015	0.234	0.124	0.004 3	0.004 2
28	0.028	0.015	0.234	0.124	0.004 1	0.004 0
29	0.028	0.015	0.234	0.124	0.003 9	0.004 0
30	0.028	0.014	0.234	0.124	0.003 9	0.003 9
31	0.027	0.014	0.212	0.124	0.003 8	0.003 9
32	0.025	0.014	0.204	0.124	0.003 3	0.003 9
33	0.024	0.014	0.204	0.124	0.003 2	0.003 8
34	0.021	0.014	0.146	0.124	0.003 6	0.003 7
35	0.020	0.014	0.146	0.124	0.003 6	0.003 7
36	0.019	0.014	0.146	0.124	0.003 3	0.003 6
37	0.018	0.014	0.146	0.124	0.003 2	0.003 6
38	0.017	0.013	0.131	0.124	0.003 4	0.003 5
39	0.016	0.013	0.131	0.124	0.003 2	0.003 5
40	0.014	0.013	0.131	0.124	0.003 4	0.003 3
41	0.012	0.013	0.088	0.124	0.004 6	0.003 3
42	0.011	0.013	0.088	0.124	0.004 6	0.003 2
43	0.011	0.013	0.088	0.124	0.004 5	0.003 2
44	0.011	0.013	0.088	0.124	0.004 4	0.003 2
45	0.010	0.012	0.073	0.124	0.004 9	0.003 1
46	0.010	0.012	0.073	0.124	0.004 8	0.003 1
47	0.010	0.012	0.073	0.124	0.004 7	0.003 0
48	0.009	0.012	0.073	0.124	0.004 5	0.002 9
49	0.009	0.011	0.073	0.124	0.004 4	0.002 9
50	0.009	0.011	0.073	0.124	0.004 3	0.002 8
51	0.009	0.011	0.073	0.124	0.004 3	0.002 8
52	0.008	0.011	0.073	0.124	0.004 6	0.002 8
53	0.008	0.011	0.073	0.124	0.004 5	0.002 8
54	0.008	0.011	0.073	0.124	0.004 5	0.002 8

续表

删除节点个数	随机攻击 E	选择攻击 E	随机攻击 S	选择攻击 S	随机攻击连通可靠性	选择攻击连通可靠性
55	0.008	0.011	0.073	0.124	0.004 4	0.002 8
56	0.007	0.011	0.073	0.124	0.004 2	0.002 8
57	0.007	0.011	0.073	0.124	0.004 2	0.002 8
58	0.007	0.011	0.073	0.124	0.004 2	0.002 8
59	0.007	0.011	0.073	0.124	0.004 1	0.002 8
60	0.007	0.011	0.073	0.124	0.004 1	0.002 7
61	0.007	0.011	0.073	0.124	0.004 0	0.002 7
62	0.007	0.009	0.073	0.073	0.004 0	0.004 3
63	0.007	0.009	0.073	0.073	0.004 0	0.004 2
64	0.007	0.009	0.073	0.073	0.004 0	0.004 1
65	0.007	0.009	0.073	0.073	0.004 0	0.004 1
66	0.007	0.009	0.073	0.073	0.003 9	0.004 1
67	0.007	0.009	0.073	0.073	0.003 9	0.004 1
68	0.007	0.009	0.073	0.066	0.003 9	0.004 2
69	0.006	0.008	0.073	0.066	0.003 8	0.004 3
70	0.006	0.008	0.073	0.066	0.003 7	0.004 2
71	0.006	0.008	0.073	0.066	0.003 7	0.004 2
72	0.006	0.008	0.073	0.066	0.003 7	0.004 1
73	0.006	0.007	0.073	0.066	0.003 6	0.004 0
74	0.006	0.007	0.073	0.066	0.003 5	0.004 0
75	0.006	0.007	0.073	0.066	0.003 5	0.004 0
76	0.005	0.007	0.073	0.066	0.003 4	0.003 9
77	0.005	0.007	0.066	0.066	0.003 6	0.003 9
78	0.005	0.007	0.066	0.066	0.003 6	0.003 9
79	0.005	0.007	0.066	0.066	0.003 6	0.003 9
80	0.005	0.007	0.066	0.066	0.003 6	0.003 9
81	0.005	0.007	0.066	0.066	0.003 5	0.003 9
82	0.005	0.007	0.066	0.066	0.003 4	0.003 8
83	0.005	0.007	0.066	0.066	0.003 4	0.003 7
84	0.005	0.007	0.066	0.066	0.003 4	0.003 7
85	0.004	0.006	0.066	0.066	0.003 3	0.003 6

续表

删除节点个数	随机攻击 E	选择攻击 E	随机攻击 S	选择攻击 S	随机攻击连通可靠性	选择攻击连通可靠性
86	0.004	0.006	0.066	0.066	0.003 3	0.003 5
87	0.004	0.006	0.066	0.066	0.003 2	0.003 4
88	0.004	0.006	0.066	0.066	0.003 3	0.003 4
89	0.004	0.006	0.066	0.066	0.003 3	0.003 4
90	0.004	0.006	0.066	0.066	0.003 2	0.003 4
91	0.003	0.006	0.066	0.066	0.003 2	0.003 4
92	0.003	0.006	0.066	0.066	0.003 1	0.003 4
93	0.002	0.005	0.029	0.051	0.005 7	0.003 8
94	0.002	0.005	0.029	0.051	0.005 9	0.003 8
95	0.002	0.005	0.029	0.051	0.005 8	0.003 7
96	0.001	0.005	0.029	0.051	0.005 7	0.003 6
97	0.001	0.005	0.029	0.051	0.005 5	0.003 6
98	0.001	0.005	0.029	0.051	0.005 5	0.003 6
99	0.001	0.005	0.029	0.051	0.005 5	0.003 6
100	0.001	0.004	0.029	0.051	0.005 7	0.003 5
101	0.001	0.004	0.022	0.051	0.006 5	0.003 4
102	0.001	0.004	0.022	0.051	0.006 5	0.003 4
103	0.001	0.004	0.022	0.051	0.006 5	0.003 4
104	0.001	0.004	0.022	0.051	0.006 7	0.003 5
105	0.001	0.004	0.022	0.051	0.006 5	0.003 6
106	0.001	0.004	0.022	0.051	0.006 5	0.003 6
107	0	0.003	0.022	0.051	0.007 5	0.003 5
108	0	0.003	0.022	0.051	0.007 5	0.003 4
109	0	0.003	0.015	0.051	0.007 5	0.003 3
110	0	0.003	0.015	0.051	0.007 5	0.003 4
111	0	0.002	0.015	0.044	0.007 4	0.003 6
112	0	0.002	0.015	0.044	0.007 4	0.003 8
113	0	0.002	0.015	0.044	0.007 4	0.003 9
114	0	0.002	0.015	0.044	0.007 4	0.003 9
115	0	0.002	0.015	0.044	0.007 4	0.003 7
116	0	0.001	0.015	0.044	0.007 4	0.003 6

附　录

续表

删除节点个数	随机攻击 E	选择攻击 E	随机攻击 S	选择攻击 S	随机攻击连通可靠性	选择攻击连通可靠性
117	0	0.001	0.015	0.044	0.007 4	0.003 5
118	0	0.001	0.007	0.036	0	0.004 1
119	0	0	0.007	0.022	0	0.006 3
120	0	0	0.007	0.022	0	0.006 0
121	0	0	0.007	0.022	0	0.005 6
122	0	0	0.007	0.022	0	0.005 6
123	0	0	0.007	0.015	0	0.007 4
124	0	0	0.007	0.007	0	0
125	0	0	0.007	0.007	0	0
126	0	0	0.007	0.007	0	0
127	0	0	0.007	0.007	0	0
128	0	0	0.007	0.007	0	0
129	0	0	0.007	0.007	0	0
130	0	0	0.007	0.007	0	0
131	0	0	0.007	0.007	0	0
132	0	0	0.007	0.007	0	0
133	0	0	0.007	0.007	0	0
134	0	0	0.007	0.007	0	0
135	0	0	0.007	0.007	0	0
136	0	0	0.007	0.007	0	0
137	0	0	0.007	0.007	0	0

被攻击车站数	随机攻击			选择攻击		
	节点序号	$W1$	$N1$	节点序号	$W2$	$N2$
1	59	3	133	56	2	136
2	52	4	132	10	3	135
3	10	6	86	54	6	74
4	62	7	86	21	8	59
5	132	9	81	81	12	48
6	5	11	81	23	15	48
7	35	11	81	32	18	41

续表

被攻击车站数	随机攻击			选择攻击		
	节点序号	$W1$	$N1$	节点序号	$W2$	$N2$
8	70	13	79	8	22	37
9	94	14	78	44	26	31
10	61	15	78	90	29	31
11	75	16	77	16	33	31
12	113	18	77	52	35	31
13	89	20	77	59	38	25
14	83	22	76	29	40	25
15	116	24	76	24	42	25
16	103	26	76	67	45	17
17	36	27	75	2	47	17
18	32	29	75	1	48	17
19	34	31	75	11	49	17
20	82	32	74	3	50	17
21	41	34	69	4	51	17
22	137	35	68	14	53	17
23	38	37	68	6	55	17
24	50	39	55	7	55	17
25	23	42	32	9	55	17
26	111	44	32	94	57	17
27	48	46	32	19	59	17
28	46	48	32	28	61	17
29	108	50	32	12	62	17
30	49	50	32	30	63	17
31	92	52	29	31	63	17
32	55	53	28	15	63	17
33	74	55	28	17	64	17
34	20	57	20	34	66	17
35	105	58	20	35	66	17
36	56	61	20	36	67	17
37	80	63	20	37	68	17

续表

被攻击车站数	随机攻击			选择攻击		
	节点序号	$W1$	$N1$	节点序号	$W2$	$N2$
38	130	65	18	38	69	17
39	78	67	18	5	69	17
40	28	70	18	40	71	17
41	68	72	12	41	72	17
42	120	74	12	42	73	17
43	95	75	12	43	73	17
44	4	76	12	27	74	17
45	14	78	10	45	75	17
46	22	79	10	46	76	17
47	24	80	10	47	77	17
48	86	82	10	48	78	17
49	66	84	10	49	79	17
50	119	85	10	50	80	17
51	65	86	10	51	80	17
52	126	88	10	18	80	17
53	57	89	10	53	80	17
54	73	90	10	20	80	17
55	63	91	10	55	80	17
56	134	93	10	39	80	17
57	118	93	10	57	81	17
58	29	94	10	58	81	17
59	72	95	10	93	82	17
60	37	95	10	60	83	17
61	97	96	10	61	84	17
62	87	97	10	130	86	10
63	112	97	10	63	87	10
64	60	97	10	64	88	10
65	69	97	10	65	89	10
66	1	98	10	66	89	10
67	58	98	10	33	89	10

续表

被攻击车站数	随机攻击			选择攻击		
	节点序号	$W1$	$N1$	节点序号	$W2$	$N2$
68	131	98	10	68	90	9
69	122	100	10	103	91	9
70	106	101	10	70	93	9
71	115	102	10	71	94	9
72	121	102	10	72	95	9
73	127	103	10	73	96	9
74	136	104	10	74	96	9
75	128	105	10	75	97	9
76	123	106	10	76	98	9
77	6	107	9	77	99	9
78	31	108	9	78	99	9
79	47	108	9	79	99	9
80	114	108	9	80	99	9
81	39	109	9	13	99	9
82	2	110	9	82	100	9
83	85	110	9	83	101	9
84	42	111	9	118	102	9
85	76	112	9	119	103	9
86	21	113	9	86	105	9
87	81	114	9	87	106	9
88	19	115	9	88	107	9
89	135	115	9	89	107	9
90	43	116	9	22	107	9
91	79	118	9	91	107	9
92	11	119	9	92	107	9
93	101	121	4	127	109	7
94	17	123	4	128	110	7
95	53	124	4	95	111	7
96	16	125	4	96	112	7
97	45	126	4	97	112	7

续表

被攻击车站数	随机攻击			选择攻击		
	节点序号	W1	N1	节点序号	W2	N2
98	67	126	4	98	113	7
99	117	126	4	99	113	7
100	7	127	4	100	114	7
101	100	128	3	101	115	7
102	77	128	3	102	115	7
103	15	128	3	120	115	7
104	99	130	3	104	116	7
105	13	132	3	105	117	7
106	91	132	3	106	118	7
107	8	134	3	107	119	7
108	30	134	3	108	120	7
109	25	134	2	109	121	7
110	18	134	2	135	123	7
111	125	135	2	111	124	6
112	96	135	2	112	125	6
113	110	135	2	113	126	6
114	84	135	2	114	127	6
115	9	135	2	115	128	6
116	104	135	2	116	129	6
117	40	135	2	134	130	6
118	26	137	1	126	131	5
119	27	137	1	123	133	3
120	129	137	1	124	134	3
121	88	137	1	121	135	3
122	124	137	1	122	135	3
123	107	137	1	131	136	2
124	12	137	1	132	137	1
125	64	137	1	125	137	1
126	54	137	1	129	137	1
127	109	137	1	133	137	1

续表

被攻击车站数	随机攻击			选择攻击		
	节点序号	$W1$	$N1$	节点序号	$W2$	$N2$
128	3	137	1	110	137	1
129	98	137	1	69	137	1
130	102	137	1	62	137	1
131	133	137	1	85	137	1
132	93	137	1	26	137	1
133	33	137	1	25	137	1
134	90	137	1	117	137	1
135	71	137	1	84	137	1
136	44	137	1	136	137	1
137	51	137	1	137	137	1

附录 B　城市轨道交通网络聚类分析样本指标

车站序号	度	接近中心性	中介中心性	删除节点前后网络效率差
1	2	0	9.837	0.007
2	2	0	11.155	0.008
3	2	0	12.451	0.009
4	2	0	13.725	0.010
5	2	0	14.978	0.011
6	2	0	16.209	0.012
7	2	0	17.418	0.013
8	4	0	29.350	0.023
9	2	0	9.802	0.005
10	4	0	16.245	0.008
11	2	0	4.662	0.004
12	2	0	4.769	0.003
13	2	0	5.041	0.003
14	2	0	5.504	0.003
15	2	0	6.157	0.004
16	4	0.002	17.231	0.008
17	2	0.001	2.259	0.003
18	2	0.002	1.685	0.003
19	2	0.010	1.471	0.003
20	2	0.046	1.799	0.003
21	4	0.222	12.477	0.007
22	2	0.090	2.691	0.003
23	4	0.223	29.605	0.011
24	3	0.049	2.930	0.006
25	1	0.010	0	0.002
26	1	0	0	0.002
27	2	0	1.471	0.003
28	3	0	3.137	0.005
29	2	0	1.656	0.002
30	2	0	2.849	0.003

续表

车站序号	度	接近中心性	中介中心性	删除节点前后网络效率差
31	2	0	4.210	0.003
32	4	0	38.660	0.013
33	2	0	7.482	0.004
34	2	0	6.959	0.004
35	2	0	6.643	0.004
36	2	0	9.135	0.005
37	2	0	8.111	0.004
38	2	0	7.109	0.004
39	2	0	6.168	0.003
40	2	0	5.758	0.003
41	2	0	5.918	0.003
42	2	0	6.190	0.003
43	2	0	6.653	0.004
44	4	0	14.385	0.011
45	2	0	5.428	0.003
46	2	0	5.202	0.003
47	2	0	5.320	0.003
48	2	0	5.798	0.003
49	2	0.002	6.626	0.003
50	2	0.010	7.632	0.004
51	2	0.046	8.659	0.005
52	3	0.002	36.258	0.011
53	2	0.009	31.042	0.006
54	4	0.044	44.109	0.012
55	2	0.191	36.484	0.009
56	5	0.877	44.075	0.015
57	2	0.190	9.314	0.006
58	2	0.040	8.214	0.005
59	3	0.009	8.050	0.007
60	2	0.002	2.919	0.005
61	2	0	1.471	0.003

续表

车站序号	度	接近中心性	中介中心性	删除节点前后网络效率差
62	1	0	0	0.002
63	2	0.002	3.475	0.003
64	2	0	2.495	0.003
65	2	0	1.558	0.003
66	2	0	1.754	0.003
67	3	0	23.410	0.015
68	2	0	20.915	0.013
69	1	0	0	0.001
70	2	0	1.471	0.003
71	2	0	2.919	0.004
72	2	0	4.346	0.005
73	2	0	5.752	0.006
74	2	0	7.135	0.007
75	2	0	7.225	0.004
76	2	0	8.077	0.004
77	2	0	9.094	0.004
78	2	0	10.133	0.005
79	2	0.009	13.449	0.005
80	2	0.009	4.842	0.004
81	4	0.002	8.729	0.009
82	2	0	2.919	0.005
83	2	0	1.471	0.004
84	1	0	0	0.002
85	1	0	0	0.002
86	2	0	1.471	0.003
87	2	0	2.919	0.005
88	2	0	4.346	0.006
89	2	0	5.752	0.008
90	4	0	30.525	0.013
91	2	0.001	4.922	0.004
92	2	0.001	2.504	0.003

续表

车站序号	度	接近中心性	中介中心性	删除节点前后网络效率差
93	2	0	1.621	0.003
94	2	0.002	1.251	0.002
95	2	0.008	1.155	0.003
96	2	0.040	1.875	0.003
97	2	0.190	3.204	0.003
98	2	0	2.870	0.003
99	2	0	4.232	0.003
100	2	0	20.405	0.004
101	2	0	19.815	0.004
102	2	0	19.394	0.004
103	2	0	9.837	0.010
104	2	0	8.497	0.008
105	2	0	7.135	0.007
106	2	0	5.752	0.006
107	2	0	4.346	0.005
108	2	0	2.919	0.004
109	2	0	1.471	0.003
110	1	0	0	0.001
111	2	0	8.497	0.006
112	2	0	7.135	0.005
113	2	0	5.752	0.005
114	2	0	4.346	0.004
115	2	0	2.919	0.003
116	2	0	1.471	0.002
117	1	0	0	0.001
118	2	0.047	24.586	0.005
119	2	0.010	23.606	0.005
120	2	0.002	22.658	0.004
121	2	0	19.771	0.003
122	2	0	18.606	0.011
123	2	0	17.418	0.010

续表

车站序号	度	接近中心性	中介中心性	删除节点前后网络效率差
124	2	0	16.209	0.010
125	2	0	14.978	0.009
126	2	0	13.725	0.008
127	2	0	12.451	0.007
128	2	0	11.155	0.007
129	2	0	9.837	0.006
130	2	0	8.497	0.005
131	2	0	7.135	0.005
132	2	0	5.752	0.004
133	2	0	4.346	0.003
134	2	0	2.919	0.003
135	2	0	1.471	0.002
136	1	0	0	0.001
137	1	0.010	0	0.002

附录 C　城市轨道交通网络聚类分析样本数据标准化

车站序号	度	接近中心性	中介中心性	删除节点前后网络效率差
1	0.25	0	0.223 015 711	0.272 727 273
2	0.25	0	0.252 896 234	0.318 181 818
3	0.25	0	0.282 277 993	0.363 636 364
4	0.25	0	0.311 160 988	0.409 090 909
5	0.25	0	0.339 567 889	0.454 545 455
6	0.25	0	0.367 476 025	0.5
7	0.25	0	0.394 885 398	0.545 454 545
8	0.75	0	0.665 397 084	1
9	0.25	0	0.222 222 222	0.181 818 182
10	0.75	0	0.368 292 185	0.318 181 818
11	0.25	0	0.105 692 716	0.136 363 636
12	0.25	0	0.108 118 525	0.090 909 091
13	0.25	0	0.114 285 067	0.090 909 091
14	0.25	0	0.124 781 791	0.090 909 091
15	0.25	0	0.139 586 026	0.136 363 636
16	0.75	0.002 280 502	0.390 645 900	0.318 181 818
17	0.25	0.001 140 251	0.051 214 038	0.090 909 091
18	0.25	0.002 280 502	0.038 200 821	0.090 909 091
19	0.25	0.011 402 509	0.033 349 203	0.090 909 091
20	0.25	0.052 451 539	0.040 785 327	0.090 909 091
21	0.75	0.253 135 690	0.282 867 442	0.272 727 273
22	0.25	0.102 622 577	0.061 007 958	0.090 909 091
23	0.75	0.254 275 941	0.671 178 218	0.454 545 455
24	0.5	0.055 872 292	0.066 426 353	0.227 272 727
25	0	0.011 402 509	0	0.045 454 545
26	0	0	0	0.045 454 545
27	0.25	0	0.033 349 203	0.090 909 091
28	0.5	0	0.071 119 273	0.181 818 182
29	0.25	0	0.037 543 358	0.045 454 545
30	0.25	0	0.064 589 993	0.090 909 091

续表

车站序号	度	接近中心性	中介中心性	删除节点前后网络效率差
31	0.25	0	0.095 445 374	0.090 909 091
32	0.75	0	0.876 465 120	0.545 454 545
33	0.25	0	0.169 625 247	0.136 363 636
34	0.25	0	0.157 768 256	0.136 363 636
35	0.25	0	0.150 604 185	0.136 363 636
36	0.25	0	0.207 100 592	0.181 818 182
37	0.25	0	0.183 885 375	0.136 363 636
38	0.25	0	0.161 168 922	0.136 363 636
39	0.25	0	0.139 835 408	0.090 909 091
40	0.25	0	0.130 540 253	0.090 909 091
41	0.25	0	0.134 167 630	0.090 909 091
42	0.25	0	0.140 334 172	0.090 909 091
43	0.25	0	0.150 830 896	0.136 363 636
44	0.75	0	0.326 123 920	0.454 545 455
45	0.25	0	0.123 058 786	0.090 909 091
46	0.25	0	0.117 935 115	0.090 909 091
47	0.25	0	0.120 610 306	0.090 909 091
48	0.25	0	0.131 447 097	0.090 909 091
49	0.25	0.002 280 502	0.150 218 776	0.090 909 091
50	0.25	0.011 402 509	0.173 025 913	0.136 363 636
51	0.25	0.052 451 539	0.196 309 143	0.181 818 182
52	0.5	0.002 280 502	0.822 009 114	0.454 545 455
53	0.25	0.010 262 258	0.703 756 603	0.227 272 727
54	0.75	0.050 171 038	1	0.5
55	0.25	0.217 787 913	0.827 132 785	0.363 636 364
56	1	1	0.999 229 182	0.636 363 636
57	0.25	0.216 647 662	0.211 158 720	0.227 272 727
58	0.25	0.045 610 034	0.186 220 499	0.181 818 182
59	0.5	0.010 262 258	0.182 502 437	0.272 727 273
60	0.25	0.002 280 502	0.066 176 971	0.181 818 182
61	0.25	0	0.033 349 203	0.090 909 091

续表

车站序号	度	接近中心性	中介中心性	删除节点前后网络效率差
62	0	0	0	0.045 454 545
63	0.25	0.002 280 502	0.078 782 108	0.090 909 091
64	0.25	0	0.056 564 420	0.090 909 091
65	0.25	0	0.035 321 590	0.090 909 091
66	0.25	0	0.039 765 127	0.090 909 091
67	0.5	0	0.530 730 690	0.636 363 636
68	0.25	0	0.474 166 270	0.545 454 545
69	0	0	0	0
70	0.25	0	0.033 349 203	0.090 909 091
71	0.25	0	0.0661 769 710	0.136 363 636
72	0.25	0	0.098 528 645	0.181 818 182
73	0.25	0	0.130 404 226	0.227 272 727
74	0.25	0	0.161 758 371	0.272 727 273
75	0.25	0	0.163 798 771	0.136 363 636
76	0.25	0	0.183 114 557	0.136 363 636
77	0.25	0	0.206 171 076	0.136 363 636
78	0.25	0	0.229 726 360	0.181 818 182
79	0.25	0.010 262 258	0.304 903 761	0.181 818 182
80	0.25	0.010 262 258	0.109 773 516	0.136 363 636
81	0.75	0.002 280 502	0.197 896 121	0.363 636 364
82	0.25	0	0.066 176 971	0.181 818 182
83	0.25	0	0.033 349 203	0.136 363 636
84	0	0	0	0.045 454 545
85	0	0	0	0.045 454 545
86	0.25	0	0.033 349 203	0.090 909 091
87	0.25	0	0.066 176 971	0.181 818 182
88	0.25	0	0.098 528 645	0.227 272 727
89	0.25	0	0.130 404 226	0.318 181 818
90	0.75	0	0.692 035 639	0.545 454 545
91	0.25	0.001 140 251	0.111 587 204	0.136 363 636
92	0.25	0.001 140 251	0.056 768 46	0.090 909 091

续表

车站序号	度	接近中心性	中介中心性	删除节点前后网络效率差
93	0.25	0	0.036 749 870	0.090 909 091
94	0.25	0.002 280 502	0.028 361 559	0.045 454 545
95	0.25	0.009 122 007	0.026 185 132	0.090 909 091
96	0.25	0.045 610 034	0.042 508 332	0.090 909 091
97	0.25	0.216 647 662	0.072 638 237	0.090 909 091
98	0.25	0	0.065 066 086	0.090 909 091
99	0.25	0	0.095 944 138	0.090 909 091
100	0.25	0	0.462 604 004	0.136 363 636
101	0.25	0	0.449 228 049	0.136 363 636
102	0.25	0	0.439 683 511	0.136 363 636
103	0.25	0	0.223 015 711	0.409 090 909
104	0.25	0	0.192 636 423	0.318 181 818
105	0.25	0	0.161 758 371	0.272 727 273
106	0.25	0	0.130 404 226	0.227 272 727
107	0.25	0	0.098 528 645	0.181 818 182
108	0.25	0	0.066 176 971	0.136 363 636
109	0.25	0	0.033 349 203	0.090 909 091
110	0	0	0	0
111	0.25	0	0.192 636 423	0.227 272 727
112	0.25	0	0.161 758 371	0.181 818 182
113	0.25	0	0.130 404 226	0.181 818 182
114	0.25	0	0.098 528 645	0.136 363 636
115	0.25	0	0.066 176 971	0.090 909 091
116	0.25	0	0.033 349 203	0.045 454 545
117	0	0	0	0
118	0.25	0.053 591 790	0.557 391 915	0.181 818 182
119	0.25	0.011 402 509	0.535 174 227	0.181 818 182
120	0.25	0.002 280 502	0.513 682 015	0.136 363 636
121	0.25	0	0.448 230 520	0.090 909 091
122	0.25	0	0.421 818 676	0.454 545 455
123	0.25	0	0.394 885 398	0.409 090 909

续表

车站序号	度	接近中心性	中介中心性	删除节点前后网络效率差
124	0.25	0	0.367 476 025	0.409 090 909
125	0.25	0	0.339 567 889	0.363 636 364
126	0.25	0	0.311 160 988	0.318 181 818
127	0.25	0	0.282 277 993	0.272 727 273
128	0.25	0	0.252 896 234	0.272 727 273
129	0.25	0	0.223 015 711	0.227 272 727
130	0.25	0	0.192 636 423	0.181 818 182
131	0.25	0	0.161 758 371	0.181 818 182
132	0.25	0	0.130 404 226	0.136 363 636
133	0.25	0	0.098 528 645	0.090 909 091
134	0.25	0	0.066 176 971	0.090 909 091
135	0.25	0	0.033 349 203	0.045 454 545
136	0	0	0	0
137	0	0.011 402 509	0	0.045 454 545

附录 D 大连市公交线网及站点

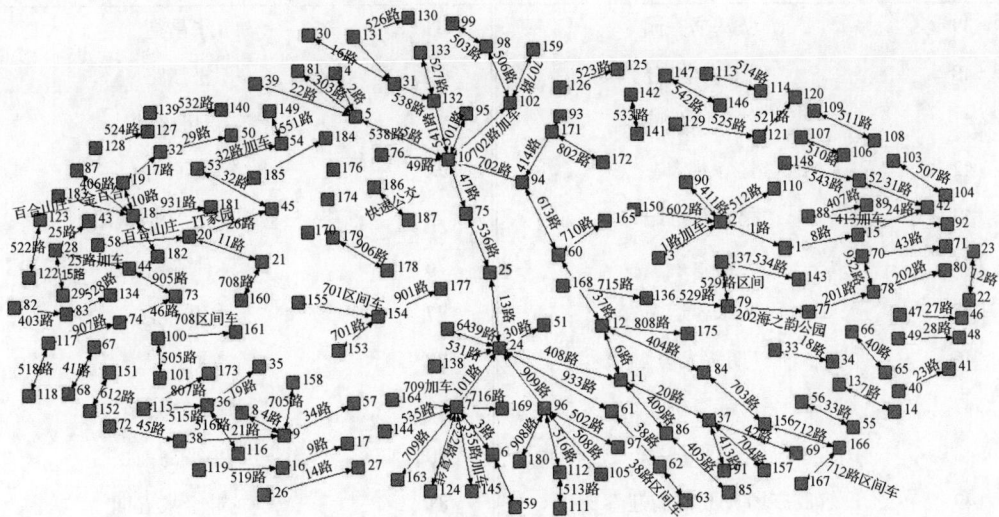

表 D1 站点代号对应的站点名称

站点序号	站点名称	站点序号	站点名称
1	姚家	20	五一广场
2	青泥洼桥	21	码头
3	第六人民医院	22	奥林匹克广场（中山路）
4	虎滩新区	23	大连市房地产学校
5	青泥洼桥（解放路）	24	大连火车站
6	诺德滨海公园	25	海之韵
7	马栏广场	26	熟食品交易中心
8	老虎滩	27	星海湾
9	香炉礁快轨站	28	星海公园
10	森林动物园南门	29	明泽街
11	甘井子	30	大连海洋大学
12	和平广场	31	青海街
13	金海花园	32	石葵路
14	华乐街东	33	千山心诚
15	五四广场	34	星海广场
16	博雅中学	35	华南广场
17	南松路（虹霞路—哲林街）	36	中山广场（鲁迅路）
18	百合山庄	37	华南国际商城
19	沙河口火车站	38	泉水客运服务中心

续表

站点序号	站点名称	站点序号	站点名称
39	弘基书香园	71	华昌街
40	理工大学东门	72	松江路
41	外国语学院	73	新星绿城
42	寺儿沟	74	太原街
43	鹏辉新世纪	75	会议中心（地铁站）
44	钻石湾	76	孙家沟
45	凌水客运站	77	华乐广场
46	期货大厦	78	兴工街
47	港湾桥	79	海之韵公园
48	小平岛	80	小平岛前
49	解放广场（成仁街迎春街）	81	龙畔金泉五期
50	绿波公寓	82	景山小区
51	景山街（临时站）	83	菜市街
52	锦泉南园	84	山屏街
53	奥林匹克广场	85	康顺街
54	西郊园艺超市	86	中山广场（民康街）
55	泡崖八区	87	希望广场
56	东北财经大学	88	天洋路
57	白山路南	89	鲁迅路
58	泡崖市场	90	绿波小区
59	万科溪之谷	91	吉祥物业
60	兰花小区	92	周水子
61	康顺园	93	榆林街
62	龙泉小学	94	天津街
63	检测中心	95	新柳街
64	锦城园市场	96	大连市北站
65	林茂街	97	阳光花园养老院
66	勤俭街	98	星海中龙园
67	嘉和物业	99	光明路
68	沈阳路	100	彩霞园
69	福佳新城	101	武昌小区
70	动力院景	102	民主广场

续表

站点序号	站点名称	站点序号	站点名称
103	未来街	135	森林动物园
104	前程南街	136	二七广场
105	中华城	137	高新一中
106	朗润园	138	辛寨子地铁站
107	辛寨子地铁站	139	安阳街
108	工业大学	140	凌水路
109	蓝天山庄	141	安民街
110	锦华南园	142	盛新园
111	后盐快轨站	143	鞍子岭
112	泉水快轨站	144	南岔鞍
113	五金机电城	145	新星绿城北
114	电视大学	146	会展中心
115	市公共行政服务中心	147	虹港路地铁站
116	奥林园	148	朝阳寺
117	卫生中心	149	锦华园
118	盐岛湖小区	150	榆水街
119	惠丰小区	151	山明街
120	捷凤街	152	绿城客运站
121	香榭里广场	153	中山广场（玉光街友好街）
122	方程街	154	诺维溪谷
123	建业街	155	青泥洼桥（向前街）
124	富民小区	156	西山宿舍
125	青林美地	157	棠梨西街
126	自然博物馆	158	美树日记
127	石门山公园	159	张家村
128	春柳河新玛特	160	中山广场（同兴街）
129	天源山庄	161	祥和桥西
130	炮台山	162	上沟
131	景润小区	163	捷胜街
132	火车站北广场	164	渔人码头
133	莲花小区	165	石槽村
134	黑石礁	166	富民广场

续表

站点序号	站点名称	站点序号	站点名称
167	革镇堡	177	虹棉路
168	高能街广场	178	锦绣小区
169	普罗旺斯	179	白山路北
170	未名山	180	IT 家园
171	金山花园	181	金百合
172	欧尚购物广场	182	秀月街
173	星雨街西	183	桃仙街
174	泡崖街道	184	张前北路（BRT）
175	大连理工大学	185	兴工街（BRT）
176	金龙寺		

附录 E 大连市公交网络度量指标统计

表 E1 静态加权公交首末站点网络节点度统计

站点序号	站点名称	节点度	站点序号	站点名称	节点度
7	马栏广场	8	67	嘉和物业	1
24	大连火车站	8	68	沈阳路	1
10	森林动物园南门	7	69	福佳新城	1
2	青泥洼桥	5	71	华昌街	1
18	百合山庄	5	72	松江路	1
96	大连北站	5	76	孙家沟	1
5	青泥洼桥（解放路）	4	80	小平岛前	1
9	香炉礁快轨站	4	81	龙畔金泉五期	1
11	甘井子	4	82	景山小区	1
12	和平广场	4	85	康顺街	1
37	华南国际商城	4	87	希望广场	1
20	五一广场	3	89	鲁迅路	1
28	星海公园	3	90	绿波小区	1
31	青海街	3	91	吉祥物业	1
36	中山广场（鲁迅路）	3	92	周水子	1
60	兰花小区	3	93	榆林街	1
78	兴工街	3	95	新柳街	1
79	海之韵公园	3	97	阳光花园养老院（通达检测中心）	1
94	天津街	3	99	光明路	1
102	民主广场	3	101	武昌小区	1
121	香榭里广场	3	103	未来街	1
132	火车站北广场	3	104	前程南街	1
154	中山广场（玉光街友好街）	3	105	中华城	1
1	姚家	2	106	朗润园	1
6	诺德滨海公园	2	107	辛寨子地铁站	1
15	五四广场	2	108	工业大学	1
16	博雅中学	2	109	蓝天山庄	1
19	沙河口火车站	2	110	锦华南园	1
21	码头	2	111	后盐快轨站	1
25	海之韵	2	113	五金机电城	1
32	石葵路	2	114	电视大学	1

续表

站点序号	站点名称	节点度	站点序号	站点名称	节点度
38	泉水客运服务中心	2	116	奥林园	1
42	寺儿沟	2	118	盐岛湖小区	1
44	钻石湾	2	119	惠丰小区	1
45	凌水客运站	2	120	捷凤街	1
52	锦泉南园	2	122	方程街	1
53	奥林匹克广场	2	123	建业街	1
54	西郊园艺超市	2	124	富民小区	1
61	康顺园	2	125	青林美地	1
62	龙泉小学	2	126	自然博物馆	1
70	动力院景	2	127	石门山公园	1
73	新星绿城	2	128	春柳河新玛特	1
74	太原街	2	129	天源山庄	1
75	会议中心（地铁站）	2	130	炮台山	1
77	华乐广场	2	133	莲花小区	1
83	菜市街	2	134	黑石礁	1
84	山屏街	2	138	高新一中	1
86	中山广场（民康街）	2	139	辛寨子地铁站	1
88	天洋路	2	140	安阳街	1
98	星海中龙园	2	141	凌水路	1
100	彩霞园	2	142	安民街	1
112	泉水快轨站	2	143	盛新园	1
115	市公共行政服务中心	2	144	鞍子岭	1
117	卫生中心	2	145	南岔鞍	1
131	景润小区	2	146	新星绿城北	1
136	森林动物园	2	147	会展中心	1
137	二七广场	2	148	虹港路地铁站	1
156	青泥洼桥（向前街）	2	149	朝阳寺	1
166	渔人码头	2	150	锦华园	1
3	第六人民医院	1	151	榆水街	1
4	虎滩新区	1	152	山明街	1
8	老虎滩	1	153	绿城客运站	1
13	金海花园	1	155	诺维溪谷	1
14	华乐街东	1	157	西山宿舍	1

续表

站点序号	站点名称	节点度	站点序号	站点名称	节点度
17	南松路（虹霞路—哲林街）	1	158	棠梨西街	1
22	奥林匹克广场（中山路）	1	159	美树日记	1
23	大连市房地产学校	1	160	张家村	1
26	熟食品交易中心	1	161	中山广场（同兴街）	1
27	星海湾	1	163	祥和桥西	1
29	明泽街	1	164	上沟	1
30	大连市海洋大学	1	165	捷胜街	1
33	千山心诚	1	167	石槽村	1
34	星海广场	1	168	富民广场	1
35	华南广场	1	169	革镇堡	1
39	弘基书香园	1	171	普罗旺斯	1
40	理工大学东门	1	172	未名山	1
41	外国语学院	1	173	金山花园	1
43	鹏辉新世纪	1	175	星雨街西	1
46	期货大厦	1	177	大连理工大学	1
47	港湾桥	1	178	金龙寺	1
48	小平岛	1	179	虹棉路	1
49	解放广场（成仁街迎春街）	1	180	锦绣小区	1
50	绿波公寓	1	181	白山路北	1
51	景山街（临时站）	1	182	IT家园	1
55	泡崖八区	1	183	金百合	1
56	东北财经大学	1	184	秀月街	1
57	白山路南	1	185	桃仙街	1
58	泡崖市场	1	186	张前北路（BRT）	1
59	万科溪之谷	1	187	兴工街（BRT）	1
63	检测中心	1	170	高能街广场	0
64	锦城园市场	1	174	欧尚购物广场	0
65	林茂街	1	176	泡崖街道	0
66	勤俭街	1			

表 E2　静态加权公交首末站点网络节点强度统计

站点序号	站点名称	节点强度	站点序号	站点名称	节点强度
20	五一广场	27	98	星海中龙园	2
5	青泥洼桥（解放路）	23	100	彩霞园	2
74	太原街	17	104	前程南街	2
137	二七广场	16	111	后盐快轨站	2
78	兴工街	15	113	五金机电城	2
7	马栏广场	14	116	奥林园	2
19	沙河口火车站	14	117	卫生中心	2
34	星海广场	13	121	香榭里广场	2
147	会展中心	13	150	锦华园	2
68	沈阳路	12	153	绿城客运站	2
87	希望广场	12	154	中山广场（玉光街友好街）	2
134	黑石礁	12	156	青泥洼桥（向前街）	2
11	甘井子	10	163	祥和桥西	2
26	熟食品交易中心	10	173	金山花园	2
88	天洋路	10	174	欧尚购物广场	2
102	民主广场	10	3	第六人民医院	1
35	华南广场	9	13	金海花园	1
76	孙家沟	9	14	华乐街东	1
96	大连北站	9	17	南松路（虹霞路—哲林街）	1
143	盛新园	9	23	大连市房地产学校	1
160	张家村	9	27	星海湾	1
37	华南国际商城	8	29	明泽街	1
10	森林动物园南门	7	39	弘基书香园	1
42	寺儿沟	7	40	理工大学东门	1
92	周水子	7	41	外国语学院	1
184	秀月街	7	48	小平岛	1
9	香炉礁快轨站	6	49	解放广场（成仁街迎春街）	1
15	五四广场	6	50	绿波公寓	1
72	松江路	6	51	景山街（临时站）	1
112	泉水快轨站	6	59	万科溪之谷	1
1	姚家	5	63	检测中心	1

续表

站点序号	站点名称	节点强度	站点序号	站点名称	节点强度
2	青泥洼桥	5	65	林茂街	1
16	博雅中学	5	66	勤俭街	1
18	百合山庄	5	80	小平岛前	1
56	东北财经大学	5	89	鲁迅路	1
62	龙泉小学	5	90	绿波小区	1
67	嘉和物业	5	93	榆林街	1
140	安阳街	5	94	天津街	1
12	和平广场	4	95	新柳街	1
28	星海公园	4	97	阳光花园养老院（通达检测中心）	1
31	青海街	4	101	武昌小区	1
32	石葵路	4	103	未来街	1
36	中山广场（鲁迅路）	4	105	中华城	1
38	泉水客运服务中心	4	106	朗润园	1
46	期货大厦	4	107	辛寨子地铁站	1
55	泡崖八区	4	109	蓝天山庄	1
58	泡崖市场	4	110	锦华南园	1
99	光明路	4	119	惠丰小区	1
114	电视大学	4	120	捷风街	1
115	市公共行政服务中心	4	122	方程街	1
133	莲花小区	4	123	建业街	1
151	榆水街	4	124	富民小区	1
8	老虎滩	3	125	青林美地	1
21	码头	3	126	自然博物馆	1
22	奥林匹克广场（中山路）	3	127	石门山公园	1
43	鹏辉新世纪	3	128	春柳河新玛特	1
45	凌水客运站	3	129	天源山庄	1
54	西郊园艺超市	3	130	炮台山	1
57	白山路南	3	131	景润小区	1
60	兰花小区	3	132	火车站北广场	1
61	康顺园	3	138	高新一中	1
70	动力院景	3	141	凌水路	1

续表

站点序号	站点名称	节点强度	站点序号	站点名称	节点强度
71	华昌街	3	142	安民街	1
77	华乐广场	3	144	鞍子岭	1
81	龙畔金泉五期	3	145	南岔鞍	1
83	菜市街	3	146	新星绿城北	1
85	康顺街	3	148	虹港路地铁站	1
108	工业大学	3	149	朝阳寺	1
118	盐岛湖小区	3	152	山明街	1
136	森林动物园	3	155	诺维溪谷	1
139	辛寨子地铁站	3	157	西山宿舍	1
158	棠梨西街	3	159	美树日记	1
166	渔人码头	3	161	中山广场（同兴街）	1
168	富民广场	3	164	上沟	1
4	虎滩新区	2	165	捷胜街	1
6	诺德滨海公园	2	167	石槽村	1
24	大连市火车站	2	169	革镇堡	1
25	海之韵	2	170	高能街广场	1
30	大连海洋大学	2	171	普罗旺斯	1
33	千山心诚	2	172	未名山	1
44	钻石湾	2	175	星雨街西	1
47	港湾桥	2	176	泡崖街道	1
52	锦泉南园	2	177	大连理工大学	1
53	奥林匹克广场	2	178	金龙寺	1
64	锦城园市场	2	179	虹棉路	1
69	福佳新城	2	180	锦绣小区	1
73	新星绿城	2	181	白山路北	1
75	会议中心（地铁站）	2	182	IT 家园	1
79	海之韵公园	2	183	金百合	1
82	景山小区	2	185	桃仙街	1
84	山屏街	2	186	张前北路（BRT）	1
86	中山广场（民康街）	2	187	兴工街（BRT）	1
91	吉祥物业	2			

表 E3 静态加权公交首末站点网络承载压力统计

站点序号	站点名称	承载压力	站点序号	站点名称	承载压力
34	星海广场	13	25	海之韵	1
147	会展中心	13	27	星海湾	1
68	沈阳路	12	29	明泽街	1
87	希望广场	12	31	青海街	1
134	黑石礁	12	39	弘基书香园	1
26	熟食品交易中心	10	40	理工大学东门	1
20	五一广场	9	41	外国语学院	1
35	华南广场	9	44	钻石湾	1
76	孙家沟	9	48	小平岛	1
143	盛新园	9	49	解放广场（成仁街迎春街）	1
160	张家村	9	50	绿波公寓	1
74	太原街	8.5	51	景山街（临时站）	1
137	二七广场	8	52	锦泉南园	1
19	沙河口火车站	7	53	奥林匹克广场	1
92	周水子	7	59	万科溪之谷	1
184	秀月街	7	60	兰花小区	1
72	松江路	6	61	康顺园	1
5	青泥洼桥（解放路）	5.75	63	检测中心	1
56	东北财经大学	5	65	林茂街	1
67	嘉和物业	5	66	勤俭街	1
78	兴工街	5	73	新星绿城	1
88	天洋路	5	75	会议中心（地铁站）	1
140	安阳街	5	80	小平岛前	1
46	期货大厦	4	84	山屏街	1
55	泡崖八区	4	86	中山广场（民康街）	1
58	泡崖市场	4	89	鲁迅路	1
99	光明路	4	90	绿波小区	1
114	电视大学	4	93	榆林街	1
133	莲花小区	4	95	新柳街	1
151	榆水街	4	97	阳光花园养老院（通达检测中心）	1
42	寺儿沟	3.5	98	星海中龙园	1

续表

站点序号	站点名称	承载压力	站点序号	站点名称	承载压力
102	民主广场	3.33	100	彩霞园	1
8	老虎滩	3	101	武昌小区	1
15	五四广场	3	103	未来街	1
22	奥林匹克广场（中山路）	3	105	中华城	1
43	鹏辉新世纪	3	106	朗润园	1
57	白山路南	3	107	辛寨子地铁站	1
71	华昌街	3	109	蓝天山庄	1
81	龙畔金泉五期	3	110	锦华南园	1
85	康顺街	3	117	卫生中心	1
108	工业大学	3	119	惠丰小区	1
112	泉水快轨站	3	120	捷凤街	1
118	盐岛湖小区	3	123	建业街	1
139	辛寨子地铁站	3	124	富民小区	1
158	棠梨西街	3	125	青林美地	1
168	富民广场	3	126	自然博物馆	1
1	姚家	2.5	127	石门山公园	1
11	甘井子	2.5	128	春柳河新玛特	1
16	博雅中学	2.5	129	天源山庄	1
62	龙泉小学	2.5	130	炮台山	1
4	虎滩新区	2	138	高新一中	1
30	大连海洋大学	2	141	凌水路	1
32	石葵路	2	142	安民街	1
33	千山心诚	2	144	鞍子岭	1
37	华南国际商城	2	145	南岔鞍	1
38	泉水客运服务中心	2	146	新星绿城北	1
47	港湾桥	2	148	虹港路地铁站	1
64	锦城园市场	2	149	朝阳寺	1
69	福佳新城	2	152	山明街	1
82	景山小区	2	155	诺维溪谷	1
91	吉祥物业	2	156	青泥洼桥（向前街）	1
104	前程南街	2	157	西山宿舍	1

续表

站点序号	站点名称	承载压力	站点序号	站点名称	承载压力
111	后盐快轨站	2	159	美树日记	1
113	五金机电城	2	161	中山广场（同兴街）	1
115	市公共行政服务中心	2	164	上沟	1
116	奥林园	2	165	捷胜街	1
150	锦华园	2	167	石槽村	1
153	绿城客运站	2	169	革镇堡	1
163	祥和桥西	2	171	普罗旺斯	1
173	金山花园	2	172	未名山	1
96	大连北站	1.8	175	星雨街西	1
7	马栏广场	1.75	177	大连理工大学	1
9	香炉礁快轨站	1.5	178	金龙寺	1
21	码头	1.5	179	虹棉路	1
45	凌水客运站	1.5	180	锦绣小区	1
54	西郊园艺超市	1.5	181	白山路北	1
70	动力院景	1.5	182	IT 家园	1
77	华乐广场	1.5	183	金百合	1
83	菜市街	1.5	185	桃仙街	1
136	森林动物园	1.5	186	张前北路（BRT）	1
166	渔人码头	1.5	187	兴工街（BRT）	1
28	星海公园	1.33	122	方程街	1
36	中山广场（鲁迅路）	1.33	79	海之韵公园	0.67
2	青泥洼桥	1	121	香榭里广场	0.67
3	第六人民医院	1	154	中山广场（玉光街友好街）	0.67
6	诺德滨海公园	1	131	景润小区	0.5
10	森林动物园南门	1	94	天津街	0.33
12	和平广场	1	132	火车站北广场	0.33
13	金海花园	1	24	大连火车站	0.25
14	华乐街东	1	170	高能街广场	0
17	南松路（虹霞路—哲林街）	1	174	欧尚购物广场	0
18	百合山庄	1	176	泡崖街道	0
23	大连市房地产学校	1			

表 E4　动态加权公交首末站点网络节点强度统计

站点序号	站点名称	节点强度	站点序号	站点名称	节点强度
7	马栏广场	114 984	137	二七广场	14 464
24	大连火车站	107 496	167	石槽村	14 000
12	和平广场	99 552	32	石葵路	13 941
11	甘井子	93 884	39	弘基书香园	13 732
5	青泥洼桥（解放路）	84 834	139	辛寨子地铁站	12 963
9	香炉礁快轨站	78 522	140	安阳街	12 963
37	华南国际商城	76 074	96	大连北站	12 785
60	兰花小区	72 476	90	绿波小区	12 042
78	兴工街	71 357	22	奥林匹克广场（中山路）	11 740
154	中山广场（玉光街友好街）	684 09	23	大连市房地产学校	11 740
2	青泥洼桥	67 551	112	泉水快轨站	11 629
18	百合山庄	67 479	17	南松路（虹霞路—哲林街）	11 396
10	森林动物园南门	67 071	141	凌水路	10 903
28	星海公园	63 470	142	安民街	10 903
80	小平岛前	55 755	59	万科溪之谷	10 840
6	诺德滨海公园	55 750	117	卫生中心	10 719
100	彩霞园	51 629	70	动力院景	10 489
186	张前北路（BRT）	43 312	71	华昌街	10 445
187	兴工街（BRT）	43 312	150	锦华园	10 105
21	码头	41 246	54	西郊园艺超市	9 821
62	龙泉小学	40 832	121	香榭里广场	8 916
86	中山广场（民康街）	39 900	72	松江路	8 904
19	沙河口火车站	38 894	118	盐岛湖小区	8 885
4	虎滩新区	37 755	46	期货大厦	8 680
1	姚家	36 011	47	港湾桥	8 680
102	民主广场	35 892	58	泡崖市场	8 578
160	张家村	35 721	110	锦华南园	8 242
161	中山广场（同兴街）	35 721	125	青林美地	8 194
91	吉祥物业	35 003	126	自然博物馆	8 194
20	五一广场	34 814	119	惠丰小区	8 037
158	棠梨西街	34 730	144	鞍子岭	7 903

续表

站点序号	站点名称	节点强度	站点序号	站点名称	节点强度
87	希望广场	34 462	145	南岔鞍	7 903
136	森林动物园	33 807	50	绿波公寓	7 827
165	捷胜街	33 297	122	方程街	7 691
151	榆林街	32 564	123	建业街	7 691
152	山明街	32 564	98	星海中龙园	7 625
29	明泽街	32 014	130	炮台山	7 377
79	海之韵公园	31 970	131	景润小区	7 377
84	山屏街	31 912	25	海之韵	7 308
36	中山广场（鲁迅路）	31 496	74	太原街	7 236
77	华乐广场	31 116	73	新星绿城	7 114
153	绿城客运站	31 090	67	嘉和物业	6 879
155	诺维溪谷	31 090	68	沈阳路	6 879
45	凌水客运站	30 252	134	黑石礁	6 510
94	天津街	30 114	95	新柳街	6 259
85	康顺街	28 586	143	盛新园	6 258
40	理工大学东门	28 069	177	大连理工大学	6 229
41	外国语学院	28 069	57	白山路南	6 183
31	青海街	26 788	129	天源山庄	5 107
42	寺儿沟	26 057	127	石门山公园	5 083
15	五四广场	25 869	128	春柳河新玛特	5 083
168	富民广场	25 601	115	市公共行政服务中心	4 989
55	泡崖八区	25 490	111	后盐快轨站	4 370
56	东北财经大学	25 490	133	莲花小区	4 275
30	大连海洋大学	25 148	26	熟食品交易中心	4 195
156	青泥洼桥（向前街）	24 721	27	星海湾	4 195
166	渔人码头	24 721	146	新星绿城北	4 121
48	小平岛	24 594	147	会展中心	4 121
49	解放广场（成仁街迎春街）	24 594	120	捷凤街	3 809
35	华南广场	24 438	116	奥林园	3 620
169	革镇堡	24 336	99	光明路	3 089
8	老虎滩	24 073	173	金山花园	3 083

续表

站点序号	站点名称	节点强度	站点序号	站点名称	节点强度
33	千山心诚	23 838	75	会议中心（地铁站）	2 982
34	星海广场	23 838	76	孙家沟	2 872
38	泉水客运服务中心	22 440	113	五金机电城	2 422
157	西山宿舍	22 320	114	电视大学	2 422
64	锦城园市场	21 117	180	锦绣小区	2 151
61	康顺园	20 577	103	未来街	1 979
63	检测中心	20 416	104	前程南街	1 979
16	博雅中学	19 433	178	金龙寺	1 353
53	奥林匹克广场	19 080	179	虹棉路	1 353
69	福佳新城	18 751	171	普罗旺斯	1 155
3	第六人民医院	18 581	172	未名山	1 155
82	景山小区	18 573	170	高能街广场	1 101
83	菜市街	18 573	183	金百合	1 070
88	天洋路	18 089	97	阳光花园养老院（通达检测中心）	1 052
89	鲁迅路	18 024	106	朗润园	1 018
52	锦泉南园	17 852	107	辛寨子地铁站	1 018
13	金海花园	17 462	174	欧尚购物广场	969
14	华乐街东	17 462	182	IT 家园	525
44	钻石湾	17 440	176	泡崖街道	445
138	高新一中	17 026	108	工业大学	328
159	美树日记	16 995	109	蓝天山庄	328
51	景山街（临时站）	16 776	149	朝阳寺	280
93	榆林街	16 690	184	秀月街	243
81	龙畔金泉五期	16 358	185	桃仙街	243
65	林茂街	16 116	181	白山路北	237
66	勤俭街	16 116	148	虹港路地铁站	234
101	武昌小区	15 908	124	富民小区	180
43	鹏辉新世纪	15 728	175	星雨街西	155
132	火车站北广场	15 353	105	中华城	154
163	祥和桥西	14 876	92	周水子	65
164	上沟	14 876			

表 E5　动态加权公交线路网络节点度统计

线路序号	线路名称	节点度	线路序号	线路名称	节点度
53	101 路	14	41	38 路	2
63	408 路	11	47	43 路	2
142	909 路	11	49	46 路	2
6	5 路	9	56	202 路	2
4	3 路	8	68	414 路	2
14	13 路	8	83	517 路	2
105	541 路	8	93	527 路	2
114	702 路	8	103	536 路	2
115	702 路加车	8	112	701 路	2
145	933 路	8	113	701 路区间车	2
7	6 路	7	116	703 路	2
21	20 路	7	119	707 路	2
32	30 路	7	124	710 路	2
43	39 路	7	125	712 路	2
50	47 路	7	131	803 路（环线）	2
88	522 路复线	7	134	807 路	2
97	531 路	7	137	901 路	2
101	535 路	7	138	905 路	2
102	535 路加车	7	140	907 路	2
122	709 路	7	10	9 路	1
123	709 路加车	7	17	16 路	1
128	716 路	7	31	29 路	1
51	49 路	6	39	36 路	1
69	501 路	6	42	38 区间车	1
1	1 路	5	48	45 路	1
11	10 路	5	58	403 路	1
40	37 路	5	60	405 路	1
64	409 路	5	62	407 路	1
82	516 路	5	67	413 路加车	1
2	1 路加车	4	71	503 路	1
22	21 路	4	72	505 路	1

续表

线路序号	线路名称	节点度	线路序号	线路名称	节点度
52	50 路（环线）	4	79	513 路	1
59	404 路	4	84	518 路	1
61	406 路	4	85	519 路	1
65	411 路	4	86	521 路	1
70	502 路	4	91	525 路	1
75	508 路	4	94	528 路	1
78	512 路	4	100	534 路	1
109	602 路	4	107	543 路	1
111	613 路	4	108	551 路	1
141	908 路	4	120	708 路	1
143	931 路	4	121	708 路区间车	1
144	932 路	4	126	712 路区间车	1
146	百合山庄—IT 家园	4	127	715 路	1
147	百合山庄—金百合	4	132	805 路（环线）	1
3	2 路	3	8	7 路	0
5	4 路	3	13	12 路	0
12	11 路	3	15	14 路	0
23	22 路	3	19	18 路	0
27	25 路加车	3	24	23 路	0
28	26 路	3	29	27 路	0
37	34 路	3	30	28 路	0
46	42 路	3	36	33 路	0
54	201 路	3	44	40 路	0
55	201 路海之韵公园	3	45	41 路	0
57	303 路	3	74	507 路	0
66	413 路	3	76	510 路	0
73	506 路	3	77	511 路	0
81	515 路	3	80	514 路	0
95	529 路	3	87	522 路	0
96	529 路区间	3	89	523 路	0
104	538 路	3	90	524 路	0

续表

线路序号	线路名称	节点度	线路序号	线路名称	节点度
117	704 路	3	92	526 路	0
118	705 路	3	98	532 路	0
135	808 路	3	99	533 路	0
9	8 路	2	106	542 路	0
16	15 路	2	110	612 路	0
18	17 路	2	129	801 路（环线）	0
20	19 路	2	130	802 路（环线）	0
25	24 路	2	133	806 路（环线）	0
26	25 路	2	136	809 路（环线）	0
33	31 路	2	139	906 路	0
34	32 路	2	148	秀月桥—桃仙街	0
35	32 路加车	2	149	快速公交	0
38	35 路	2			

表 E6　动态加权公交线路网络节点强度统计

线路序号	线路名称	节点强度	线路序号	线路名称	节点强度
53	101 路	222 480	42	38 区间车	40 832
63	408 路	189 082	104	538 路	40 501
21	20 路	169 958	60	405 路	39 900
4	3 路	156 502	34	32 路	39 793
40	37 路	146 428	73	506 路	38 981
88	522 路复线	145 662	125	712 路	38 721
101	535 路	145 662	96	529 路区间	38 228
102	535 路加车	145 662	119	707 路	35 892
122	709 路	145 662	38	35 路	34 814
123	709 路加车	145 662	127	715 路	33 807
128	716 路	145 662	81	515 路	33 047
7	6 路	140 830	110	612 路	32 564
64	409 路	122 470	20	19 路	31 496
6	5 路	120 555	83	517 路	31 496
142	909 路	118 112	24	23 路	28 069
59	404 路	110 428	126	712 路区间车	28 000

续表

线路序号	线路名称	节点强度	线路序号	线路名称	节点强度
14	13 路	107 687	17	16 路	26 788
32	30 路	107 496	33	31 路	26 291
43	39 路	107 496	36	33 路	25 490
97	531 路	107 496	94	528 路	25 083
145	933 路	107 496	30	28 路	24 594
111	613 路	103 527	19	18 路	23 838
135	808 路	99 707	138	905 路	22 842
114	702 路	97 185	48	45 路	22 440
52	50 路（环线）	93 884	10	9 路	19 433
46	42 路	91 628	85	519 路	19 433
66	413 路	91 628	35	32 路加车	19 362
115	702 路加车	88 602	58	403 路	18 573
22	21 路	87 426	62	407 路	18 089
54	201 路	86 915	67	413 路加车	18 089
1	1 路	84 984	107	543 路	17 852
3	2 路	84 834	8	7 路	17 462
23	22 路	84 834	82	516 路	17 309
57	303 路	84 834	140	907 路	16 121
144	932 路	82 586	44	40 路	16 116
5	4 路	78 522	93	527 路	15 353
37	34 路	78 522	100	534 路	14 464
118	705 路	78 522	31	29 路	13 941
11	10 路	73 593	98	532 路	12 963
105	541 路	72 986	70	502 路	12 939
117	704 路	72 877	75	508 路	12 939
124	710 路	72 476	141	908 路	12 939
56	202 路	71 357	13	12 路	11 740
12	11 路	70 535	79	513 路	11 629
61	406 路	69 074	47	43 路	11 273
143	931 路	69 074	131	803 路（环线）	11 273
146	百合山庄—IT 家园	69 074	99	533 路	10 903

续表

线路序号	线路名称	节点强度	线路序号	线路名称	节点强度
147	百合山庄—金百合	69 074	84	518 路	10 719
112	701 路	68 409	103	536 路	10 099
113	701 路区间车	68 409	108	551 路	9 821
137	901 路	68 409	49	46 路	8 948
2	1 路加车	67 551	86	521 路	8 916
65	411 路	67 551	91	525 路	8 916
78	512 路	67 551	29	27 路	8 680
109	602 路	67 551	89	523 路	8 194
50	47 路	67 262	87	522 路	7 691
51	49 路	67 071	71	503 路	7 625
69	501 路	67 071	92	526 路	7 377
27	25 路加车	65 182	45	41 路	6 879
16	15 路	63 470	134	807 路	6 521
26	25 路	63 470	90	524 路	5 083
95	529 路	57 571	15	14 路	4 195
39	36 路	55 750	106	542 路	4 121
72	505 路	51 629	132	805 路（环线）	3 083
121	708 路区间车	51 629	80	514 路	2 422
55	201 路海之韵公园	47 528	74	507 路	1 979
18	17 路	46 721	139	906 路	1 353
116	703 路	45 912	130	802 路（环线）	1 155
68	414 路	44 475	129	801 路（环线）	1 101
9	8 路	44 450	76	510 路	1 018
28	26 路	44 355	133	806 路（环线）	969
25	24 路	43 487	136	809 路（环线）	445
149	快速公交	43 312	77	511 路	328
120	708 路	41 246	148	秀月桥—桃仙街	243
41	38 路	40 993			

表 E7 静态权重和动态权重

静态权重	权重数值	动态权重	权重数值
$w1$	18 581	$w1$	36 011
$w2$	18 581	$w2$	67 551
$w3$	37 755	$w3$	18 581
$w4$	44 910	$w4$	37 755
$w5$	24 073	$w5$	84 834
$w6$	16 989	$w6$	55 750
$w7$	52 606	$w7$	114 984
$w8$	17 462	$w8$	24 073
$w9$	17 430	$w9$	78 522
$w10$	11 396	$w10$	67 071
$w11$	32 780	$w11$	93 884
$w12$	5 525	$w12$	99 552
$w13$	11 740	$w13$	17 462
$w14$	7 117	$w14$	17 462
$w15$	4 195	$w15$	25 869
$w16$	32 014	$w16$	19 433
$w17$	25 148	$w17$	11 396
$w18$	6 114	$w18$	67 479
$w19$	23 838	$w19$	38 894
$w20$	24 438	$w20$	34 814
$w21$	15 554	$w21$	41 246
$w22$	13 536	$w22$	11 740
$w23$	13 732	$w23$	11 740
$w24$	28 069	$w24$	107 496
$w25$	8 439	$w25$	7 308
$w26$	15 728	$w26$	4 195
$w27$	15 728	$w27$	4 195
$w28$	20 711	$w28$	63 470
$w29$	8 680	$w29$	32 014
$w30$	24 594	$w30$	25 148
$w31$	7 827	$w31$	26 788

续表

静态权重	权重数值	动态权重	权重数值
$w32$	16 776	$w32$	13 941
$w33$	17 618	$w33$	23 838
$w34$	9 541	$w34$	23 838
$w35$	9 541	$w35$	24 438
$w36$	25 490	$w36$	31 496
$w37$	6 183	$w37$	76 074
$w38$	8 578	$w38$	22 440
$w39$	10 840	$w39$	13 732
$w40$	25 755	$w40$	28 069
$w41$	20 416	$w41$	28 069
$w42$	20 416	$w42$	26 057
$w43$	21 117	$w43$	15 728
$w44$	16 116	$w44$	17 440
$w45$	6 879	$w45$	30 252
$w46$	18 751	$w46$	8 680
$w47$	10 445	$w47$	8 680
$w48$	8 904	$w48$	24 594
$w49$	5 402	$w49$	24 594
$w50$	2 791	$w50$	7 827
$w51$	2 872	$w51$	16 776
$w52$	2 112	$w52$	17 852
$w53$	30 678	$w53$	19 080
$w54$	15 558	$w54$	9 821
$w55$	15 558	$w55$	25 490
$w56$	55 755	$w56$	25 490
$w57$	16 358	$w57$	6 183
$w58$	18 573	$w58$	8 578
$w59$	21 191	$w59$	10 840
$w60$	28 586	$w60$	72 476
$w61$	34 462	$w61$	20 577
$w62$	18 024	$w62$	40 832

续表

静态权重	权重数值	动态权重	权重数值
$w63$	12 298	$w63$	20 416
$w64$	11 314	$w64$	21 117
$w65$	12 042	$w65$	16 116
$w66$	35 003	$w66$	16 116
$w67$	65	$w67$	6 879
$w68$	16 690	$w68$	6 879
$w69$	6 259	$w69$	18 751
$w70$	1 052	$w70$	10 489
$w71$	3 089	$w71$	10 445
$w72$	15 908	$w72$	8 904
$w73$	4 536	$w73$	7 114
$w74$	1 979	$w74$	7 236
$w75$	154	$w75$	2 982
$w76$	1 018	$w76$	2 872
$w77$	328	$w77$	31 116
$w78$	8 242	$w78$	71 357
$w79$	4 370	$w79$	31 970
$w80$	2 422	$w80$	55 755
$w81$	3 438	$w81$	16 358
$w82$	7 259	$w82$	18 573
$w83$	3 620	$w83$	18 573
$w84$	8 885	$w84$	31 912
$w85$	8 037	$w85$	28 586
$w86$	3 809	$w86$	39 900
$w87$	7 691	$w87$	34 462
$w88$	180	$w88$	18 089
$w89$	8 194	$w89$	18 024
$w90$	5 083	$w90$	12 042
$w91$	5 107	$w91$	35 003
$w92$	7 377	$w92$	65
$w93$	4 275	$w93$	16 690

续表

静态权重	权重数值	动态权重	权重数值
$w94$	6 510	$w94$	30 114
$w95$	8 206	$w95$	6 259
$w96$	8 206	$w96$	12 785
$w97$	17 026	$w97$	1 052
$w98$	12 963	$w98$	7 625
$w99$	10 903	$w99$	3 089
$w100$	6 258	$w100$	51 629
$w101$	7 903	$w101$	15 908
$w102$	7 903	$w102$	35 892
$w103$	191	$w103$	1 979
$w104$	1 640	$w104$	1 979
$w105$	9 438	$w105$	154
$w106$	4 121	$w106$	1 018
$w107$	234	$w107$	1 018
$w108$	280	$w108$	328
$w109$	10 105	$w109$	328
$w110$	32 564	$w110$	8 242
$w111$	13 424	$w111$	4 370
$w112$	31 090	$w112$	11 629
$w113$	31 090	$w113$	2 422
$w114$	14 361	$w114$	2 422
$w115$	14 361	$w115$	4 989
$w116$	10 721	$w116$	3 620
$w117$	22 320	$w117$	10 719
$w118$	34 730	$w118$	8 885
$w119$	16 995	$w119$	8 037
$w120$	35 721	$w120$	3 809
$w121$	35 721	$w121$	8 916
$w122$	14 876	$w122$	7 691
$w123$	14 876	$w123$	7 691
$w124$	33 297	$w124$	180

续表

静态权重	权重数值	动态权重	权重数值
$w125$	14 000	$w125$	8 194
$w126$	14 000	$w126$	8 194
$w127$	25 601	$w127$	5 083
$w128$	24 336	$w128$	5 083
$w129$	1 101	$w129$	5 107
$w130$	1 155	$w130$	7 377
$w131$	784	$w131$	7 377
$w132$	1 532	$w132$	15 353
$w133$	969	$w133$	4 275
$w134$	1551	$w134$	6 510
$w135$	155	$w136$	33 807
$w136$	445	$w137$	14 464
$w137$	6 229	$w138$	17 026
$w138$	1 712	$w139$	12 963
$w139$	1 353	$w140$	12963
$w140$	1 834	$w141$	10 903
$w141$	2 151	$w142$	10 903
$w142$	2 323	$w143$	6 258
$w143$	237	$w144$	7 903
$w144$	44	$w145$	7 903
$w145$	161	$w146$	4 121
$w146$	525	$w147$	4 121
$w147$	1 070	$w148$	234
$w148$	243	$w149$	280
$w149$	4 3312	$w150$	10 105
		$w151$	32 564
		$w152$	32 564
		$w153$	31 090
		$w154$	68 409
		$w155$	31 090
		$w156$	24 721

续表

静态权重	权重数值	动态权重	权重数值
		$w157$	22 320
		$w158$	34 730
		$w159$	16 995
		$w160$	35 721
		$w161$	35 721
		$w163$	14 876
		$w164$	14 876
		$w165$	33 297
		$w166$	24 721
		$w167$	14 000
		$w168$	25 601
		$w169$	24 336
		$w170$	1 101
		$w171$	1 155
		$w172$	1 155
		$w173$	3 083
		$w174$	969
		$w175$	155
		$w176$	445
		$w177$	6 229
		$w178$	1 353
		$w179$	1 353
		$w180$	2 151
		$w181$	237
		$w182$	525
		$w183$	1 070
		$w184$	243
		$w185$	243
		$w186$	43 312
		$w187$	43 312

附录 F 大连市区域路网的边级联失效影响结果

编号	初始负荷	失效传播过程	影响边数 N'	影响路段所占比例/(%)	排序	影响后路网平均距离/m	平均距离降低比例/(%)	排序	重要度排序
1	4 922	1→18、20→17、19、21、23、72	8	10.96	20	648.53	3.29	9	19
2	5 009	2→3、20、24→19、23、25、27、72→29	10	13.70	5	641.22	2.12	31	7
3	2 608	3→4、24→27	4	5.48	63	642.77	2.37	25	64
4	4 988	4→3、5、31→24、29、32→27、72	9	12.33	8	641.60	2.18	30	17
5	4 776	5→6、31→30	4	5.48	63	636.28	1.34	55	66
6	4 786	6→5、30→4、29、32→3、27	8	10.96	20	632.88	0.80	67	34
7	5 079	7→30、33→29、32、36、51、52→27、34、36	11	15.07	1	638.71	1.72	43	5
8	5 034	8→33、52→36、51、44→34	7	9.59	30	631.83	0.63	69	46
9	4 865	9→10、52→11、54→12、36、56	8	10.96	20	631.01	0.50	70	38
10	4 817	10→9、11→52、56→55	6	8.22	40	636.54	1.38	54	51
11	5 121	11→10、12、56→9、55→52	7	9.59	30	645.23	2.76	15	30
12	5 420	12→13、56、68→57、60	6	8.22	40	644.08	2.58	18	42
13	5 321	13→12、58、71→60、61→59	7	9.59	30	640.01	1.93	37	37
14	5 061	14→13、64、71→42、62、63	7	9.59	30	641.14	2.11	32	35
15	1 459	15→16→37	3	4.11	67	629.13	0.20	72	73
16	3 027	16→15、17、37→19、73	6	8.22	40	630.40	0.40	71	58
17	2 816	17→16、37→70、38	5	6.85	56	628.23	0.06	73	65

续表

编号	初始负荷	失效传播过程	影响边数 N'	影响路段所占比例/(%)	排序	影响后路网平均距离/m	平均距离降低比例/(%)	排序	重要度排序
18	5 009	18 → 1、17、19、21、69→16、37、72→27	10	13.70	5	640.09	1.94	36	8
19	2 799	19 → 17、18、21 → 16、37	6	8.22	40	635.86	1.27	57	53
20	5 173	20→1、2、19、23、72→17、18、27、69	10	13.70	5	639.39	1.83	40	10
21	5 550	21→17、19、22、42、73 → 20、37、38 → 27、40	11	15.07	1	646.29	2.93	12	3
22	5 301	22→21、23、42、44、73→19、37、72	9	12.33	8	648.34	3.26	10	9
23	5 345	23→19、20、26、72→17、27、34	8	10.96	20	643.81	2.54	21	26
24	4 994	24→2、3、25、27、72→4、19	8	10.96	20	645.50	2.81	14	24
25	5 299	25→26、27、34、72→19、29→30	8	10.96	20	652.20	3.87	6	14
26	5 455	26→25、34、44、46、47→36、48	8	10.96	20	645.70	2.84	13	22
27	2 983	27→25、24、72→19、20、23→17	8	10.96	20	640.48	2.01	34	29
28	3 664	28→27、29→24、30、32、72→3、6	9	12.33	8	637.52	1.53	47	21
29	2 987	29→27、28、→72	4	5.48	63	644.06	2.58	19	62
30	2 494	30 → 29、32 → 27、28→72	6	8.22	40	635.37	1.19	60	55
31	3 272	31→4、5→3、6→30	6	8.22	40	635.84	1.27	58	54
32	3 958	32→29、30→7、27→33、72	7	9.59	30	637.37	1.51	49	40
33	5 167	33 → 7、8、36、51 → 30、52→29	8	10.96	20	643.23	2.44	22	27

续表

编号	初始负荷	失效传播过程	影响边数 N'	影响路段所占比例/(%)	排序	影响后路网平均距离/m	平均距离降低比例/(%)	排序	重要度排序
34	5 553	34→25、26、35、36、46 → 27、28、29 → 32、72	11	15.07	1	657.10	4.65	3	1
35	3 579	35→34、36→26、33→23	6	8.22	40	638.98	1.77	42	48
36	5 477	36→33、34、35、51→27、28、29、54	9	12.33	8	651.32	3.73	7	6
37	1 654	37→38、73	3	4.11	67	632.87	0.79	68	72
38	4 987	38→37、39、40、73→16、17	7	9.59	30	644.55	2.65	16	31
39	4 975	39→15、38→16、37、73→17	7	9.59	30	653.19	4.03	5	25
40	5 156	40→38、41→37、42、43、73→22、42	9	12.33	8	642.81	2.38	24	15
41	7 291	41→40、42、64、66、67→21、38、73	9	12.33	8	641.65	2.19	29	16
42	5 786	42→21、22、41、43、73→37、38	8	10.96	20	653.40	4.06	4	12
43	6 934	43→41、42、44、45、62、63、64 → 62、63、73	11	15.07	1	643.12	2.43	23	4
44	4 716	44→26、45	3	4.11	67	635.02	1.14	61	69
45	6 985	45→43、44、48、49、59、62→26、61	9	12.33	8	640.18	1.96	35	18
46	4 877	46→25、26、34、47→22、23、36、44	9	12.33	8	636.97	1.45	52	23
47	4 908	47→26、44、46→25、34→27、36	8	10.96	20	634.64	1.08	64	32
48	5 038	48→45、46、47、49	5	6.85	56	640.75	2.05	33	56
49	7 353	49→45、48、50、54、59→34、36→51	9	12.33	8	644.47	2.64	17	13
50	3 878	50→49、54→45、52	5	6.85	56	637.45	1.52	48	59

续表

编号	初始负荷	失效传播过程	影响边数 N'	影响路段所占比例/(%)	排序	影响后路网平均距离/m	平均距离降低比例/(%)	排序	重要度排序
51	3 687	51→33、36→8、34→52	6	8.22	40	636.69	1.40	53	50
52	6 540	52→8、9、53、54→10、33→11、29	9	12.33	8	639.84	1.90	38	20
53	3 248	53→10、52	3	4.11	67	634.72	1.09	63	70
54	7 335	54→49、50、53→11、36、48、59→56	9	12.33	8	647.08	3.06	11	11
55	3 449	55→56、57→60→61	5	6.85	56	637.20	1.48	51	61
56	3 623	56→11、12→10、13、58→71	7	9.59	30	635.69	1.24	59	41
57	2 374	57→56→12	3	4.11	67	637.90	1.60	45	68
58	4 779	58→12、13、57→14、55	6	8.22	40	642.26	2.29	27	44
59	5 022	59→45、49、61→62	5	6.85	56	637.21	1.48	50	60
60	4 922	60→57、61→55、63、71	6	8.22	40	648.93	3.35	8	36
61	4 959	61→59、60、62、71→58	6	8.22	40	641.99	2.25	28	45
62	4 230	62→44、45、61、71	5	6.85	56	634.82	1.10	62	63
63	5 212	63→42、43、62、64、71→44	7	9.59	30	642.51	2.33	26	33
64	5 193	64→14、42、43、63、65	6	8.22	40	637.57	1.54	46	49
65	4 886	65→64、66、68→42、67	6	8.22	40	659.93	5.10	2	28
66	3 035	66→41、68	3	4.11	67	634.34	1.03	65	71
67	4 761	67→41、66、68→65→64	6	8.22	40	636.20	1.32	56	52
68	4 690	68→66、67→40、41→42	6	8.22	40	639.83	1.90	39	47
69	4 881	69→18、70→17、19、21、39	7	9.59	30	638.32	1.66	44	39

续表

编号	初始负荷	失效传播过程	影响边数 N'	影响路段所占比例/(%)	排序	影响后路网平均距离/m	平均距离降低比例/(%)	排序	重要度排序
70	4 795	70 → 15、69 → 1、16、18	6	8.22	40	644.05	2.58	20	43
71	3 254	71→13、14、61	4	5.48	63	633.49	0.89	66	67
72	2 877	72→19、20、23→17	5	6.85	56	639.20	1.80	41	57
73	6 065	73→21、22、37、42→16、17、19→18	9	12.33	8	669.62	6.65	1	2

附录 G　大连市区域路网的节点级联失效影响结果

编号	节点失效影响路段过程	影响边数 N′	影响路段所占比例/(%)	排序	影响后路网平均距离/m	平均距离降低比例/(%)	排序	综合影响排序
1	1、18、69→20、17、19、21、70→23、73、16、37、72→27	15	20.55	5	693.9	11.7	11	7
2	1、2、20→18、3、24、19、23、72→17、21、25、27	13	17.81	9	679.4	9.4	17	13
3	2、3、24→20、4、25、27、72→19、23	10	13.70	21	659.3	6.1	27	23
4	3、4→24、5、31→27、29、32	8	10.96	32	642.9	3.5	37	37
5	4、5→3、6→24、30	6	8.22	42	629.4	1.3	41	43
6	5、6→31、30→29、32→27	7	9.59	36	624.5	0.5	42	42
7	6、7、30→5、33、29、32→4、36	9	12.33	26	661.7	6.5	24	29
8	7、8、33→30、52、36、51→29、32、54	10	13.70	21	657.6	5.9	29	26
9	8、9、52→33、10、53、54→36、51	9	12.33	26	645.7	3.9	33	33
10	9、10→52、11→54、56→55	7	9.59	36	657.6	5.9	28	35
11	10、11→9、12、56→52	6	8.22	42	637.9	2.7	40	41
12	11、12、56→10、13、58→9、60→52	9	12.33	26	667.8	7.5	21	24
13	12、13、58→56、71、57→61、55→59	9	12.33	26	645.5	3.9	34	34
14	13、14、71→12、58、64、61→60、42→59	10	13.70	21	657.0	5.8	30	27
15	14、64、65→13、71、42、43、63、66、68→62、67	12	16.44	13	711.2	14.5	8	9
16	15、39、70→16、38、69→37、73、1、18	10	13.70	21	643.5	3.6	35	32
17	15、16→17、37→19、73	6	8.22	42	640.5	3.1	39	40
18	16、17、37→15、19、21、73	7	9.59	36	677.3	9.0	18	30

续表

编号	节点失效影响路段过程	影响边数 N'	影响路段所占比例/（%）	排序	影响后路网平均距离/m	平均距离降低比例/（%）	排序	综合影响排序
19	17、18、21 → 16、37、1、69、22、42、73→38→40	12	16.44	13	700.6	12.8	9	12
20	19、20、23 → 17、18、21、1、2、26→69、34	11	15.07	18	685.2	10.3	12	17
21	21、22、42、73→17、19、23、44、41、43、37→20、72、16	14	19.18	7	665.2	7.1	23	16
22	22、23、26、44、47→21、42、73、19、20、72、25、34、46、45→37、17、27、36、48	20	27.40	1	815.5	31.3	1	1
23	24、25、72 → 2、3、26、34、28、19、20、23	11	15.07	18	682.3	9.8	15	18
24	25、26、34、46→27、72、44、47、35、36→19、29、48、28→30、32	16	21.92	3	675.2	8.7	19	10
25	27、35→25、72、34、36→26、33→23	9	12.33	26	660.3	6.3	26	31
26	29、31→27、28、4、5→3	7	9.59	36	616.2	-0.8	44	44
27	33、36、32 → 7、8、34、35、29、30→52、27、28→72	13	17.81	9	699.5	12.6	10	11
28	34、50、36→25、26、46、49、54、33、51→45、52	12	16.44	13	683.5	10.0	14	15
29	38、73→39、40、21、22、42	7	9.59	36	754.6	21.5	3	8
30	38、39、40→37、73、15、41→16、17、42、43	11	15.07	18	673.0	8.3	20	19
31	40、41、66、67→38、42、64、68→37、73、21、65→64	13	17.81	9	652.4	5.0	31	20
32	41、42、43、63、64→40、66、67、21、22、73、44、45、62、71、14、65→38、37	19	26.03	2	715.6	15.2	7	3
33	43、44、45、62→41、42、63、64、26、48、49、59、61、71→73	15	20.55	5	716.0	15.3	6	5

续表

编号	节点失效影响路段过程	影响边数 N′	影响路段所占比例/(%)	排序	影响后路网平均距离/m	平均距离降低比例/(%)	排序	综合影响排序
34	45、48、49、59→43、44、62、46、47、50、54→26、61、34、36、→51	16	21.92	3	731.2	17.7	4	4
35	46、47、48→25、26、34、45、49→22、23、36、44→27	13	17.81	9	723.9	16.5	5	6
36	49、55、54→45、48、59、56、57、53→60、11→61	12	16.44	13	683.7	10.1	13	14
37	52、53、54→8、9、10、49、50→33、36、48、59	12	16.44	13	651.6	4.9	32	21
38	56、57→11、12→10、13、58→71	8	10.96	32	642.1	3.4	38	38
39	57、58、60→56、12、13、61→14、63、71	10	13.70	21	661.1	6.4	25	22
40	59、60、61→45、49、57、62、71→55	9	12.33	26	667.5	7.5	22	25
41	61、62、63、71→59、60、44、45、42、43、64、13、14→58	14	19.18	7	786.2	26.6	2	2
42	65、66、68 → 64、41、67 → 42、40	8	10.96	32	643.4	3.6	36	36
43	67、68→41、66→65→64、42	7	9.59	36	679.7	9.4	16	28
44	69、70 → 18、15 → 17、19、21、16	8	10.96	32	624.2	0.5	43	39